Einführung in die philosophische Ästhetik
Brigitte Scheer

© Original Edition
"Einführung in die philosophische Ästhetik", 1997,
by Primus Verlag
an imprint of WBG (Wissenschaftliche Buchgesellschaft), Darmstadt, Germany.
All rights reserved. Korean translation rights © 2016 by Misul Munhwa Publishing Co.

이 책의 한국어판 저작권은 Primus Verlag와의 독점계약으로 미술문화에 있습니다.
신저작권법에 의해 한국 내에서 보호를 받는 저작물이므로 무단전재와 무단복제를 금합니다.

철학적 미학 입문
미와 예술

초판 발행 2016. 9. 5
초판 2쇄 2017. 10. 24
지은이 브리기테 셰어 | **옮긴이** 박정훈
펴낸이 지미정
편집 문혜영 | **디자인** 한윤아 | **영업** 권순민 박장희
펴낸곳 미술문화 | **주소** 경기도 고양시 일산동구 중앙로 1275번길 38-10, 1504호
전화 (02)335-2964 | **팩스** (031)901-2965
홈페이지 www.misulmun.co.kr
등록번호 제 2012-000142호. | **등록일** 1994. 3. 30
인쇄 동화인쇄

이 도서의 국립중앙도서관 출판시도서목록(CIP)은 서지정보유통지원시스템
홈페이지(http://seoji.nl.go.kr)와 국가자료공동목록시스템(http://www.nl.go.kr/kolisnet)
에서 이용하실 수 있습니다.(CIP제어번호: CIP 2016018134)

ISBN 979-11-85954-16-5 (93600)
값 16,000원

철학적 미학 입문 ————

미와 예술

브리기테 셰어 지음
박정훈 옮김

브루노 리브룩스를 기리며

"우리가 완전한 인식에 도달한다면
이런 천상의 인식은,
지상에서도 여전히 자신을 견지하면서 제반 인간사를 조명한다.
반면 예술은 일견 가상에 불과한 듯 보이지만
인식하는 인간이 도달한 지점이
어디까지인지를 보여준다는 점에서,
그러니까 본질까지 도달한 바는 없고
그때그때마다 가상에 도달했을 따름이라는 사실을
보여준다는 점에서 더 참되다."

브루노 리브룩스, 『언어와 의식』, 제 2권

철학적 미학 입문 미와 예술

차례

서문 9
서론 철학적 미학의 개념 및 영역 11

1장 **미학 이전의 역사** ·········· 17

고대의 미 18
중세의 미 29
고대와 중세의 예술 34
르네상스의 미와 예술론 39

2장 미학, 독자적 학문의 동기를 부여받다
데카르트, 라이프니츠 ·········· 55

3장 미학, 감성적 인식의 학문이 되다
바움가르텐 ·········· 75

4장 미학, 인식 일반으로서의 반성이 되다
칸트 ·········· 101

코페르니쿠스적 전회 105
판정을 통한 미의 조명 108
인식 일반 121
숭고 126
미적판단론 134
칸트의 예술관 137

5장 예술, 직관 가능한 진리가 되다
헤겔, 쇼펜하우어 ·········· 155

헤겔 체계의 단서　156
미학에 대한 편견들에 관한 헤겔의 논박　163
미와 예술의 근본 특징들　169
세 가지 예술형식 및 예술의 종말　176
개별 예술들의 체계　193
쇼펜하우어의 예술관　197

6장 예술, 작품 속에 정립된 진리가 되다
하이데거 ·········· 213

7장 미학, 합리성 비판을 통해 비동일자를 구제하다
아도르노 ·········· 239

진리 내용, 논리성, 예술의 수수께끼적 성격　248
예술의 언어적 성격　255
미메시스　259

역자후기　268
참고문헌　272
사항색인　276
인명색인　279

일러두기

- 원문에서의 책명은 『 』로, 논문은 「 」로 표기하였다.
- 본문 속에서 숫자로만 표기된 각주는 저자에 의한 것이다. 역자의 주는 주 번호)로 표시하고 각 장의 마지막에 미주로 처리하여 전문용어에 대한 이해를 돕고자 했다.
- [ ]의 내용은 역자가 추가한 것이고, ( )의 내용은 모두 저자의 표기에 의한 것이다. 단 저자가 고전어나 비독일어를 병기할 때 사용한 ( )의 일부는 번역 과정에서 생략한 경우도 있다.
- 원문에서 저자가 이탤릭체 및 ' '로 표시한 부분은 고딕체로 표기했다. 번역 과정에서 강조가 필요하거나, 간접 인용으로 표시할 필요가 있는 경우 역자에 의해 ' '가 추가되었다.
- 독일어 외의 언어는 필요한 경우에만 원문을 병기하였다.

서문

이미 예고했던 이 책을 너무 오래 기다리게 만들고 말았다. 인내심을 갖고 기다려주신 출판사 사장 브루노 프리슈씨, 그리고 편집 담당자분들께 감사의 말을 전한다.

미학이 큰 호황을 누릴 즈음 이 분과학에 대한 적절한 입문서를 구상했지만, 최근의 경향들을 적절히 반영할 생각으로 인해 이를 전면적으로 수정할 수밖에 없었다. 이 경향들이 고전적 미학의 전통들과 대척되는 것임이 현재 입증되고 있다.

이 과정에서 나는 다음과 같은 이해에 도달했다. 미학이 철학의 근본 분과학이 될 수 있었던 것은 미학이 갖는 인식론적 · 인식비판적 잠재력 때문이며, 고전 미학에 내재한 이런 비판적 잠재력이 부각되는 방향으로 논의가 전개되어 왔다. 이에 따라 본 연구를 통해 바움가르텐에서 아도르노에 이르기까지 미학과 인식이 맺는 관계에서 큰 획을 그은 이들의 발자취를 살펴본다. 여기에서 선택된 이론들은 각기 다른 것이었지만 이 이론들은 애초부터 철학의 체계에서 미학이 갖는 장점을 보여주기에 적합하다. 또한 이를 통해 최근 미학 분야에도 등장한 포스트모던의 의미를 규명할 수 있다. 포스트모던의 동기들 가운데 다수가 사실은 전통 미학의 구성요소에 포함되어 있었기 때문이다.

  이 자리를 빌려 저자의 미학 강의를 수강했던 학생들에게 감사의 뜻을 표한다. 이들이 제기한 물음들은 본 입문서에 적지 않은 기여를 하였다. 또한 원고를 세심하게 읽고 교정해 준 카이자 베르너, 르네 하이넨 씨에게도 감사의 말을 전한다.

1996년 7월, 프랑크푸르트
브리기테 셰어

서론

철학적 미학의 개념 및 영역 ─────
19세기 중반 이래 다소 경시되어 온 철학적 미학[1]이 1980년대 이후 엄청나게 부흥했음을 실감하는데, 이 학문은 자신의 분과의 한계에 머물지 않고 마치 일종의 효소처럼 철학의 거의 모든 분야에 침투하여 변화를 일으킬 만큼의 영향력을 발휘했다. 이런 효소에는 비판적 잠재력이라는 성분이 담겨 있다. 이를 통해 서구 철학의 핵심 패러다임이라 할 전통적인 합리성 관념에 대해 공격이 가해지게 되었다. 한편으로 인간의 감성적 조건, 그리고 인식의 유한성이 덜 고려되었고, 다른 한편으로 지각이나 미적 경험이 갖는 본래의 인지적 의미가 축소되었다.

  최근의 미학이 주로 합리성 비판을 표방하고 있는데, 이는 18세기 중반의 미학이 자신을 제약했던 조건들에 대해 반발하는 과정에서 태동했던 상황의 재연이라 할 수 있다. 즉 계몽주의 시대의 미학도 이성 편향의 인식 개념을 공략했었다. 미학의 창시자인 알렉산더 고틀리프 바움가르텐은 감각적[감성적][2] 인식의 독립성이 요구된다는 점을 입증하였고, 합리주의적 인식관을 절대시하는 경향을 비판하면서도 감성에 인지적 기능을 부여함으로써 합리주의적 인식관을 보완하였다.[3]

통상적으로 미학은 미와 예술에 대한 이론으로 이해된다.[01] 이 두 영역들은 미학이 철학 분과로서 존립했던 250여 년간 실제로 철학적 성찰의 중요한 주제들이었고, 감각적 인식을 통해 보증되어야 할 분야들이었다. 그런데 미·예술에 대한 철학적 고찰들은 서구 사상사의 초창기부터 있었다. 또한 아름다움 이외의 미적 성질들도 주제로 삼고 예술제작 및 수용론을 전개한, 보다 광의의 미학이 존재해왔다.

미학 이론이 이렇듯 경계를 넘어선다는 사실에 대한 두 가지 전거, 그러니까 예로부터 분과의 경계를 넘어서는 전통이 있었다는 점과 광의의 미학으로서의 이러한 전통이 나름의 체계를 갖추고 있었다는 점은 미학적 방법론의 측면에서 다음과 같은 의미가 있다. 우선 미학에 대한 입문이라면 미학이 독립적 분과로 되기 이전에 미와 예술 및 여타 근접 분야들에 대해 논했던 학설들까지도 돌이켜 보아야 한다.[02] 더욱이 미학에는 협의의 미학적 관심들, 즉 미와 예술의 규정들을 넘어서는 기능이 있다.

미학이라는 표현이 그리스어 아이스테시스aisthesis(= 지각, 감정, 이해)에서 유래한다는 추정에 따라 미학의 시각은 미와 예술에 대한 관심 너머로 확

---

01   쿠체라는 『미학Ästhetik』(Berlin/New York, 1988)에서 분석철학적 입장에 따라 미학사에서 전제되어 온 과제영역을 예술철학, 미적 가치의 이론, 미적 가치에 대한 경험 및 판정의 이론(p.1) 등이라고 말한다.

02   미학 이전의 미학사에 대해서는 다음을 참조. Ernesto Grassi, *Die Theorie des Schönen in der Antike*(Köln, ²1980); Wilhelm Perpeet, *Antike Ästhetik*(Freiburg/München, ²1988); Umberto Eco, *Kunst und Schönheit im Mittelalter*(München/Wien, 1991); Wilhelm Perpeet, *Ästhetik im Mittelalter*(Freiburg/München, 1977); Rosario Assunto, *Die Theorie des Schönen im Mittelalter*(Köln, 1963); Katharine Everett Gilbert, Helmut Kuhn, *A History of Aesthetics*(Bloomington, 1953); Paul Oskar Kristeller, *Humanismus und Renaissance*, Bd. II(München o. J., UTB 915).

대되었다. 광의의 미학은 기존 철학에서 다소 경시되어 왔던 감성적 지각을 주로 다룬다. 이를 통해 감성적 지각이 지닌 근본적이고 생산적인 성격이 강조되었으며, 이런 경험방식의 합법칙성에 대해, 그리고 예술 속에서 이런 경험방식이 견지되는 과정에 대해 연구되어 왔다. 이로써 감성과 의미형성 간의 연관[4)]에 관한 문제에도,[03] 동시에 소리와 뜻의 결합과 같이 순수 언어철학과 유사한 문제들을 체계적으로 응용하는 과정에도 미학이 관여하게 되었다. 예술에서의 의미형성 과정에 대한 분석을 통해 제작과 관련한, 즉 ― 생활세계이든 학문적으로 해명된 세계이든 간에 ― 창출된 것임에도 자립성을 갖는 존재와 관련한 통찰을 감성화할 수 있게 된다. 또한 우리와 세계의 연관을 일종의 메타포로 해석할 길은 미학이 열어준다.[04] 미학의 관점에 따르면 예술적 제작은 세계에 대한 해석이라는 점에서 학문과 유사하다. 20세기 철학에서의 언어적 전회를 통해 세계에 대한 우리의 관념이 언어에 의거해 있다는 의식이 생겨났다. 이로부터 [근대] 철학에서의 미학적 전회를 유추하여 논의해 봄직하다. 미학은 우리의 감성적 지각이 언제나 [감각적] 촉발Affektion에 대한 해석적 · 제작적 응답이었다는 통찰을 진지하게 받아들인다. 우리의 지각이 세계를 그 자체

---

03 젤은 이 점을 모든 미학 작업의 정점으로 보았다. "미학적으로 볼 때 우리는 우리 경험의 의미심장함을 경험하려는 목적 이외의 그 어떤 것도 추구하지 않는다." Martin Seel, *Die Kunst der Entzweiung. Zum Begriff der ästhetischen Rationalität*, Frankfurt am Main, 1985, p.172.

04 이에 대해서는 다음을 참조. Nelson Goodman, *Ways of Worldmaking*(Indianapolis, 1978); Günter Abel, *Interpretationswelten*(Frankfurt am Main, 1993); Josef Simon, *Philosophie des Zeichens*(Berlin/New York, 1989).

로 모사한 개념과 똑같을 수는 없다는 것이다.[05]

여느 지각보다도 특히 미적 지각에 집중할 때 우리가 지닌 본연의 창조성이 작동하며, 이를 통해 세계가 해명된다. 지각된 것을 신속히 행동으로 옮기기 위해서 혹은 개념적·이론적 작업을 수행하기 위해서 우리가 지각을 축소할 것인지, 아니면 지각을 세분화하여 이것들 각각을 독자적 가치를 띤 목적으로 (미학적 목적이든 도덕적 목적이든 간에) 삼을지에 따라 세계의 성격은 달라지며 이에 따라 다양한 분위기들이 창출된다.[06] 최근의 환경미학은 자연이 감각적으로 오도되고 왜곡되면서 야기된 고통으로 인해 생겨났다. 인간 및 자연에 걸맞은 분위기를 창출하기 위해, 그래서 자연을 그저 유용성 측면으로만 바라봄으로써 상실되고 말았던 현실성을 복원하기 위해 환경미학은 지각에 대한 감성을 새로이 함양케 한다.

고감도의 미적 지각을 전범으로 삼는 지각은 도덕적 실천에 대한 작금의 논의와도 관련된다. 영어권에서는 18세기 이래 (가령 허치슨에 의해) 미적 지각 개념의 유비에 따라 도덕적 가치판단을 위한 지각을 세분화함으로써 도덕적 지각론이 나왔다.[07] 도덕적 행위가 정당화되기 위해서 얼마나 상세히, 그리고 얼마나 광범위하게 특정상황이나 구체적인 인간이 지

---

05 지각표상이 지닌 창조성 및 무한한 발전능력에 대해서는 피들러가 다음의 저작을 통해 논한 바 있다. Konrad Fiedler, *Schriften zur Kunst*, 2 Bde., hrsg. v. Gottfried Boehm, München, ²1991.

06 이에 입각하여 뵈메는 분위기에 대한 이론으로서 환경미학을 구상하였다. Gernot Böhme, *Für eine ökologische Naturästhetik*, Frankfurt am Main, 1989, p.11.

07 도덕적 지각의 개념은 누스바움에 의해 재수용되었고, 이를 제임스의 소설과 같은 문학 작품에서 미학적으로 범례화했다. Martha Nußbaum, "Finely Aware and Richly Responsible: Moral Attention and the Moral Task of Literature", *The Journal of Philosophy 82*, pp.516-529.

각되어야 하는지, 상상력이 미래의 일을 얼만큼 생생하게 그려내는지가 도덕적 지각과 관련되어 있다는 것이다. 법칙의 형식에 얽매인 윤리학의 경우 개별 사안들의 특수성에 대한 고려 없이 이를 오직 규범의 사례로서 다루는데, 미적 지각은 이를 교정하는 기능을 한다.

현재 미학이 전개되는 상황에 대해서나 철학의 다른 영역들에 미학이 어떻게 전파되고 있는지에 대해서까지 이 입문서가 상세하게 접근할 수는 없다. 다만 여기에서는 미학이 자연철학, 도덕철학을 위시한 여타 분야에 영향을 미쳤다는 점에 대한 단편적인 언급 정도로 만족하고자 한다. 이런 영향은 궁극적으로 미학과 인식론의 관계로 인해 생겨난 것인데, 이런 맥락에 따라 본 입문서에서는 역사적·체계적으로 전개된 다양한 단계에 따라 이 관계에 천착하는 것 또한 방법론적 근간이 된다.

18세기의 합리주의 인식관을 비판하기 위한 동기에서 독립 분과학으로서의 규범을 역사적·체계적으로 확보해 온 미학은 당대를 풍미하던 인식관과 지속적으로 연관 지음으로써만 이해될 수 있다. 미학은 인식관들을 긍정하거나 배척하거나 보완하는, 혹은 이와 유사한 태도를 취하거나 대안을 제시하는 방식으로 미학적 대상의 존립을, 그리고 미적인 판단양식을 타당하게 만든다. 본서는 미학의 광대한 역사를 서술함에 있어 지극히 선별적인 태도를 취하는데, 이는 몇 가지 중요한 지점들, 즉 미학에 새로운 전개 국면을 제공하는, 그래서 예술과 인식의 미적 성격과 인지적 성격의 관계에 결정적 변화를 야기한 지점들에 주목하기 위함이다. 본서에서는 미학의 체계 문제가 우선하겠지만, 이는 미학사에 대한 분석을 통해서만 명료해질 수 있다. 역사적 전개와 더불어 체계에 대한 이해가 증진되며 미학의 근본 범주들이 생명력을 얻는 것이다. 예술작품, 미, 취미, 자연의 모방, 천재, 미적 경험, 감각적 인식과 같은 미학의 중심개념들이 특수한[5] 방식으로 작동됨으로써 미학의 진면목이 드러난다. 즉 이러한 개념들은 미학사의 매 국면마다 특수한 방식으로 부각됨으로써 그것의 의미가 정확히 드러나게 된다.

독자들이 본서를 통해 미학을 인식론과 결부시켜 이해할 때 이것이 결코 철학의 부차적 분과가 아니라 오히려 철학의 근본 분과라는 통찰을 얻게 된다면 소기의 목적은 달성한 셈이다.

역자 주

1) 저자는 미학이라는 학문이 철학의 분과학으로서 이해되어야 한다는 관점하에 시종일관 철학적 미학philosophische Ästhetik이라는 용어를 사용한다. 이 용어법은 실제로 독일어권에서 널리 사용되고 있다. 다만 본 번역에서는 미학을 철학적 미학의 지평 안에서 다룬다는 전제하에 가독성을 고려하여 철학적 미학을 미학으로 바꿔 표기한다.

2) 기본적으로 sinnlich는 감성적, sensitiv는 감각적이라는 번역어를 택한다. 그러나 이 양자는 사실상 크게 구분되지 않는다. 바움가르텐은 미학을 cognitio sensitiva에 대한 학문으로 규정하는데, 이때 sensitivus는 sensitiv뿐만 아니라 sinnlich로도 번역된다. 책의 저자 또한 두 단어를 혼용해서 사용하고 있다.

3) 바움가르텐은 감성이 지성의 도움 없이 독자적으로 인식하는 능력을 갖추었다는 입장을 표명했다. 그에 따르면 감성적 인식의 구체적 풍부함은 지성적·논리적 인식의 추상성을 보완하는 기능을 갖는다.

4) 저자는 여기에서 감각적인 것과 의미 있는 것 간의 연관을 말하고 있다. 감성 Sinnlichkeit과 의미형성Sinnbildung에 등장하는 독일어 Sinn은 영어의 sense와 마찬가지로 '감각'과 '의미'라는 뜻을 동시에 내포한다.

5) 특수한besonder 혹은 특수하게besonders라는 표현을 통해 저자는 미학이 다루는 영역이 여타의 철학 분과와 구별되는 고유성을 갖는다고 주장한다. 철학적 미학의 대상이 결코 반복되거나 추상적 개념으로 환원될 수 없는, 질적 차별성을 갖는 일회적 현존이라는 주장은 본문에서 지속적으로 확인될 것이다.

1

미학 이전의 역사

Zur Vorgeschichte der philosophischen Ästhetik

미학이라는 분과가 성립되기 이전의 미학사는 장구하며 이 역사의 현재적 의미를 검토하지 않은 채 미학 분과의 정초가 지닌 혁명성을 이해할 수는 없다. 본서에서는 미학의 **반反형이상학적 기류**를 다루는데, 이를 제대로 살피기 위해서는 미학이 형이상학의 발전 국면과 어떻게 대비되는지를 고려해야 한다.

그렇기 때문에 아래에서는 고대와 중세의 철학에 나타난 미와 예술론 가운데 일부만이라도 간략하게 다룰 것이다. 여기에서는 근대미학과 대조되는 특징은 물론 양자의 연속성도 입증될 것이다.

고대와 중세에는 미론과 예술론이 독립적으로 전개되었다. 예술은 아름다움이 거주하기에 적합한 장소로 간주되지 않았으며, 아름다움을 통해 예술이 정의되지는 않았다. 즉 예술만을 대상으로 하는 미학적 개념은 아직 존재하지 않았다. 이 개념은 르네상스의 예술론을 통해 등장했다.[01] 따라서 여기에서는 미와 예술의 근본 특징을 분리하여 서술할 것이다.

고대의 미 ─────

서구에서 아름다움에 대한 폭넓은 성찰을 우리에게 최초로 보여준 전거는 플라톤의 초기 대화편 『대 히피아스 *Hippias maior*』이다. 소피스트인 히피아스와 논의하는 과정에서 소크라테스는 아름다움을 따져 물을 가치가 있는 아주 특별한 현상으로 이해한다. 다른 대화편에서처럼 여기에서

---

[01] 미와 예술이 근대에 이르러 비로소 긴밀한 연관 속에서 다루어졌음을 고려할 때, '더 이상 아름답지 않은 예술'이라는 현대의 판정은 [근대의 시각과는] 또 다른 시각에 따른 현상이다. 이에 대해서는 다음을 참조. Hans Robert Jauß(Hrsg.), *Die nicht mehr schönen Künste*, München, ²1968.

도 소크라테스는 개별 사물들의 존재방식, 즉 다수의 아름다운 현상들보다는 오히려 아름다운 개별자들이 개별성을 갖도록 하는, 일자一者로서의 아름다움 자체auto to kalon를 문제로 삼는다. 즉 아름다운 것의 로고스가 추구된다. 이 로고스는 개별 현상의 아름다움의 근거가 된다. 이러한 로고스를 찾으려는 노력에 대해서는 사유하는 인간의 경험을 통해 해명된다. 인간의 사유는 그 자체로 다음과 같은 경험을 한다. 즉 인간은 지속적으로 변화하는 다수의 현상들이 귀일하는 불변의 것을 보편자로 여기고 이를 견지하는 힘이 있음을 경험한다. 보편자를 사유하고 이에 입각해서 개별자를 바라보는 기능에 대해 설명하려는 시도를 통해 이 기능은 존재하는 보편자, 본질의 실존 형태, 즉 이념[이데아][1])으로 규정된다.

어떤 형이상학에서든 근본문제로 제기되는 이념이 이제 아름다움이라는 사례를 통해 뚜렷하게 나타나는 것을 경험한다. 오직 감각적 지각에 의해서만 경험 가능한 아름다움의 참된 근거는 지각 너머의 영역에 놓여 있기 때문이다. 이런 영역을 통해 불변의 아름다움 자체가 보증된다.

플라톤은 소피스트인 히피아스를 통해 아름다움을 파악하기 위한 시도를 세 차례 감행한다. 이 시도들 모두가 철학적 문제는 아니지만, 이를 순차적으로 언급할 가치는 충분하다. 왜냐하면 이 시도들은 미에 대한 당대의 통념과 고대에서 "아름다운"이라는 개념의 내실을 나타내기 때문이다. '아름다운 소녀가 아름답다'는 말이 히피아스에 의해 최초로 제시된 것은 우연이 아니다. 당시 사람들의 눈에 생명체의 미는 인공물의 미보다 언제나 우월했고, 살아 있는 형태의 미는 건강함이나 원활한 신진대사와 합치했다. 두 번째 정의 시도인 '황금이 존재하는 곳에서는 황금이 사물을 아름답게 만들기 때문에, 황금이야말로 아름답다'라는 주장에서 다소 일반화된 미 규정이 나온다. 이 논증은 아름다움이 '빛이 강한 것, 광채로 가득한 것, 빛나는 것' 등의 표상과 연결되어 있음을 분명하게 보여준다. 이는 『파이드로스Phaidros』에서 플라톤이 아름다움의 이념을 "가장 찬란하게 빛나는 것"이라고 말하면서 이념에 대한 철학적 신화를 구성했던 맥락에 닿아 있다. 빛이라는 화두는 인식을 달리 표현하기에 적합하다는 점을 고려하면 이로써 아름다움도 인식영역과 밀접한 연관을 갖는다.

마지막으로 세 번째 시도에서는 '어디에서나, 누구에게나 존재하고 명예를 통해 고양되어 습속에 맞게 수행되는 까닭에 유구한 생명을 갖는 것이야말로 가장 아름답다'라는 오해가 나타난다. 히피아스는 그러한 선함조차 상대적인 것일 수 있다는 생각을 하지 못한 반면, 소크라테스는 (영웅의 관점과 같은) 견해조차 상대화될 수 있으며 이런 것들로는 아름다움의 규정을 도출할 수 없다는 점을 히피아스가 동의하도록 만든다. 이 세 번째 시도를 통해 미 개념의 윤리적·실천적 차원이 해명된다. 즉 행위방식이나 습속도 아름답다고 불릴 수 있는 것이다.

『대 히피아스』 2부에서 소크라테스는 자신이 제시한 세 가지 정의에 대해 숙고한 후 결국 이것들을 모두 기각하였다. 미란 그 자체로 존재하는 원형이자 보편타당한 것이어야 한다는 논리적 요구가 충족되지 않는다는 것이 그 이유였다. 작품에 쓰이는 질료의 ─ 가령 예술작품에 쓰이는 황금의 ─ 적합성에 관한 대화에 이어 소크라테스는 아름다운 것이란 잘 어울리는 것이라는 정의를 내세운다. 그러나 잘 어울리고 적합한 것이란 단지 외적인 효과에 따른 만족일 뿐이고, 잘 어울리는 (옷과 같은) 것은 아름답게 **현현**[2]하도록 만든 것에 불과하다. 반면 아름다움에 대한 질문은 아름다운 **존재**를 겨냥하고 있다. 따라서 미학적 성찰의 길을 연 플라톤에서부터 '가상'이 부각되지만, 이 범주는 (아름다움을 이념의 감각적 현현이라고 이해했던 헤겔의 경우와는 달리) 아직 미적 현상에 적극적으로 적용되지 않았다. 그러나 아름다움이 한낱 기만일 수는 없으며, 아름다움에 대한 존재론적·형이상학적 접근 자체가 아름다움의 자립성에 대한 생각을 바탕에 두고 있음에 틀림없다. 다만 아름다움의 본질이 존재와 가상의 결합을 통해 성립한다는 것, 그래서 아름다움이 가상으로 드러난다는 것은 플라톤에 의해 서술된 소크라테스로서는 전혀 생각할 수 없었다. 고대의 사유에서는 아름다움이 윤리적 의미와 무관하게 이해될 수 없기 때문에 더욱 그럴 것이다. 좋음과 정의로움 및 여타 도덕 규정에서는 한낱 가상이 아닌 존재가 요구된다.

소크라테스는 아름다움에 대한 정의를 두 가지 더 제시했는데, 하나는 유용함이고 다른 하나는 눈과 귀를 통한 쾌적함이다. 후자는 아름다움에 대한 미적 파악에 가장 근접한 것이다. 그러나 이 정의들 역시 논리적 문제로 인해 좌절되는데 여기에서는 따로 논하지 않겠다.

『대 히피아스』에서는 아름다움에 대한 광범위한 문제의식을 보여주며 훗날 미학 이론을 통해 본격적으로 다루어지는 중심개념들이 소개되고 있다. 존재와 가상의 대립, (취미 범주를 예고하는 듯한) 아름다운 현상에 대한 평가의 상대성, 질료성이 갖는 아름다움, 좋음과 아름다움의 연관 등이 바로 그러한 개념들이다.[02]

중기 대화편에서 플라톤은 아름다움의 고유함을 신화적으로 설명한다. '아름다운 것을 대할 때 우리는 어떤 태도를 취하는가? 아름다운 것은 우리에게 어떤 작용을 하는가?'라는 물음이 핵심 내용을 이룬다. 플라톤의 『향연Symposion』은 에로스를 다루고 있으며 이를 통해 인간 내면의 아름

---

02 짐머만의 이러한 설명은 결코 과장된 것이 아니다. "대화록 『대 히피아스』에는 19세기에 이르기까지 아름다움에 대한 철학적 담론이 담지하고 있는 구조가 간명하게 전개되어 있다." Jörg Zimmermann, 'Das Schöne', E. Martens, H. Schnädelbach (Hrsg.), *Philosophie. Ein Grundkurs*, Hamburg, 1986, p.351.

다움이 가시화되기 시작했다. 아름다운 인간과 에로스의 관계는 아름다움의 형태를 갖춘 **모든** 것을, 그리고 궁극적으로는 그것의 최고 형태인 아름다움의 이념 자체를 일깨워준다. 에로스는 인식의 단계적 도정을 이끌어가며, 이 도정에 가장 적합한 것이 아름다운 사물이다. 왜냐하면 이러한 사물의 현현이야말로 이것이 이념과 연관되어 있다는 점을, 즉 이것이 이념의 모상이며 이념에 의해 현실화된 것이라는 점을 분명하게 보여주기 때문이다.『파이드로스』에서도 미가 에로스적 광기와 갖는 관계를 설명하기 위해 신화적 이미지를 차용한다. 즉 아름다움은 "가장 찬란하게 빛나는"(250b-e) 이념이라는 특별한 지위를 갖는다. 말하자면 미 이념은 육화되기 이전에 영혼에 의해 지극히 명료하게 파악되었다는 것이다. 그래서 나중에 육체에 갇혀 있는 중에도 영혼에 아름다운 현상이 깃들면 이전의 복된 관조를 재인식하려는 동경이 충만해진다. 여기에 나타난 미 이론이 플라톤의 '상기Anamnesis' 사상을 뒷받침하고 있으며 특히 중세에 강조되었던, 아름다움의 **유비적 기능**을 정초하고 있다. 감각적으로 지각되는 것에서 윤리적인 것 또는 지성적으로 파악되는 것을 도출할 때 아름다운 현상보다 더 적합한 것은 없다. 미 영역의 서열화는 플라톤이 감각의 적대자로 불린 계기가 되었다. 그러나『향연』이나『파이드로스』에 비추어 볼 때 해석가들의 이러한 해설은 잘못된 듯하다. 감각적으로 지각 가능한 아름다움에 대한 열광은 그 자체로 중차대하며 인식을 위해 필수불가결하기 때문이다. 다만 이런 열광을 절대시하여 미에 대한 경험이 오로지 감각적인 것에만 치중될 때, 인간은 자신의 감각적 본능으로 퇴행하게 되고 영혼과 이념의 연관을 발견하지 못하게 된다.

그렇지만 인간의 형태가 갖는 아름다움에 대한 에로스적 열광은 성적인 매력과는 다르기 때문에 아름다움의 실현을 위해서는 욕망을 절제해야 한다는 점을 알 수 있다.

이후 등장할 미학 미론을 구성하는 모티브들 가운데 대부분이 플라톤에서 이미 감지되는데, 다만 아름다움이 특별히 주관성의 미학 차원에서 고찰되지는 않을 뿐이다. 아름다움은 취미와 같은 특정한 판정 능력과 무관하다. 오히려 그것은 존재자 자체의 성질이며 보편적 매력을 갖는다. 우리의 감관을 매혹케 하는 아름다움의 발현은 아름다운 현상이 광휘를 발산하고 기쁨을 유발하면서 현현하기 때문인 것으로 기술되었다. 따라서 아름다움을 지각하는 데 있어 시각이 가장 중요하다.『파이드로스』에 따르면 우리의 감관 가운데 시각이 가장 명료하며(250d), 시각이야말로 아름다운 현상을 대할 때 미로부터 모든 아름다움의 근거인 아름다움의 이념으로 나아가게 한다. 가장 인지적인 감관인 눈[03]은 지각 가능한 것과 사유 가능한 것을 매개하는데, 이는 아름다운 현상에서도 나타난다. 아름다운 현상이 자신의 근거인 이념과 관계 맺는 방식은 여타 현상들과는 전혀 다른 차원에서 이루어진다. 아름다운 현상은 찰나적일지언정 자신의 영원한 근거를 통찰하게 해준다. 플라톤은 에로스가 갖는 위력 및 이를 통해 발산되는 아름다움을 영원한 미에 대한 예감으로 해석한다. 영혼은 이런 발산에 대해 동경의 마음을 품고 응답하며 아름다움과 결합된다.

후기 플라톤은 좀 더 광범위한 아름다움의 영역을 해명하는데, 척도[3]로서의 아름다움이 그 주제가 된다. 대화편『티마이오스Timaios』는 조물주 데미우르고스의 신화를 빌려 우주의 조화 속에 실현된 아름다움을 주제화하고 있다. 그의 초기 저작들에서도 생명체의 미가 인공물의 미보다

---

03 아리스토텔레스의 입장도 이와 비슷했다. "이 감관은 우리에게 인식하는 능력을 부여한다"(『형이상학』, 980a, 26).

우월하다는 점은 표명되었다. 『티마이오스』에 따르면 전 우주는 영혼이 깃든 이성적인 생명체로 생각되어야 하며, 데미우르고스는 그 어떤 악의도 없기 때문에 최선을 다해 가장 아름다운 방식으로 이 우주를 창조했다. 이러한 미는 무질서가 질서로 변화할 때, 즉 데미우르고스가 이념에 견주어 세계를 창조할 때 태동했다. 이념은 자신의 모사물인 다수의 현상들과 달리 철두철미한 통일성을 유지한다. 따라서 인식 가능한 모든 선함과 아름다움에서도 다수에 대한 일자의 우월성이 견지된다. **다수성 속의 통일성**을 촉진하는 모든 요소들은 결국 세계 전체의 미에 기여한다. 이것[다수성 속의 통일성]은 코스모스 전체의 형태이며 이런 형태는 완전히 단일한 물체인 구㻏로 생각되고, 더 나아가 비례("모든 결합 가운데 가장 아름다운 결합", 31c)가 분리된 것을 한데 모으기에 탁월한 수단이다. 우리는 비례를 통해 우주의 네 가지 원소[지·수·화·풍]를 결합함으로써 하나의 통일적 세계를 만들어낼 수 있다. 다수성에 깃든 가능한 한 최고의 **통일성**이라는 모티브는 추후 등장할 '완전성'의 미학론 및 라이프니츠의 우주론에서 결정적인 역할을 한다. 물론 이를 위해서는 최대의 **다수성** 속의 통일성을 중요한 논제로 다뤄야만 한다.

『법률Nomoi』 2권에서 아름다움은 적절한 척도를 갖춘 것으로서 교육 및 치료의 맥락에서 다루어진다. 음악적 아름다움, 특히 음악과 무용, 즉 화성과 리듬이 감정에 영향력을 행사하여 감정이 이성적 통찰과 화합하고, 좋은 것에는 사랑으로 응대하며 나쁜 것에는 증오와 경멸로 응대한다. 여기에서는 아름다움과 거리를 둔 채 고찰하기보다는 이를 내면화하는 일이 중요하다. 이를 통해 척도와 수에 기반을 둔 우주의 질서와 유비 관계에 있는, 그런 영혼 내면의 질서가 형성된다.

미에 대한 아리스토텔레스의 언급은 비교적 간략하다. 아름다움은 주로 잘 형성된 것, 건강한 것, 적절한 것 등으로 이해되었다. 특히 생명체에서 아름다움의 최고 성격이 드러난다. 아리스토텔레스의 『시학*Poetik*』에 나타난 비극적 구성은 유기체의 미에 비유되는데, 이때 각 구분의 특정 역할들만이 아니라 (한 번에 일람이 가능한 만큼의) 적절한 크기도 중요하다(『시학』, 1450b, 34이하). 아리스토텔레스는 이를 정식화하여 '미란 크기와 질서에 의거한다'고 누차 언급한다. 『형이상학』 13권에서 그는 아름다움의 연원 가운데 가장 중요한 것은 질서, 균형, 제한(다시 말해 질서, 균제, 한정)이며 [이것들은] 모두 수학을 통해 입증된다고 역설한다. 수학은 아름다움의 존재에 대한 근거를 추적하게 해주는 학문이다(『형이상학』, 1078a, 36참조). 아리스토텔레스는 좋음과 아름다움을 플라톤보다 좀 더 명확하게 구분하면서 '좋음은 언제나 행위를 통해서, 그러나 아름다움은 부동의 것에서도 발견된다'(『형이상학』, 1078a, 31)고 말한다. 아리스토텔레스는 미에 대한 그리스인의 통념과 후기 플라톤의 척도 미학을 모두 중시했다. 그러나 그가 플라톤의 이념론을 비판함으로써 플라톤의 척도 미학은 형이상학적 의미를 상실하고 말았다.

플로티노스에 이르러 미에 대한 신플라톤주의적 사유라는 새로운 철학적 동력이 등장하였다. 사실 플로티노스는 혁신의 주창자가 되기를 원하지 않았고 스스로를 플라톤의 해석가라고 이해했다. 플라톤이 보기에 이념은 단일한 형상을 지닌 불변의 것이므로 일자가 다수보다 존재론적으로 우월한데, 플로티노스는 여기에서 더 나아가 일자를 모든 존재자 너머에 있는 절대자로 완전히 고양시켰다. 플로티노스에 따르면 다수의 존재자들은 일자의 유출을 통해 산출된다. 이러한 산출은 일자가 너무나 충만하여 스스로를 자신 속에 가두어두지 못하기 때문에 이루어진다는 것이다. 스스로의 힘을 통한 발산은 태양빛의 방출에 비유된다. 이 비유는 플라톤의 『국가*Politeia*』에 등장하는 태양의 비유를 재수용한 것으로 이 저작에서는 모든 존재의 근본 근거인 좋음 자체가 태양에 비유된다. 플로티노스는 우주를 양극 사이에 놓인 단계들을 서열화하는 체계로 생각했다. 한편에는 무조건적 선 혹은 근원적 일자가, 반대편에는 형식[선]이 결여된 다수 혹은 악이 서 있다. 일자에서 질료성을 띤 다수로 하강하면 세계가 산출되고, 이를 역진하여 질료가 일자로 상승하면 세계가 구원된다. 플로티노스는 다양한 단계에 속하는 존재자들 모두 구원받아야 한다는 사명을 갖고 있었는데, 이는 모든 존재자가 형식의 실현을 동경한다는 아리스토텔레스의 생각과 유사하다. 그러나 플로티노스와 달리 아리스토텔레스에게 각 존재자를 아우르는 유적 형식은 영원하기 때문에 존재자가 이 형식을 넘어설 가능성은 없다.

플로티노스에 따르면 코스모스에서 인간이 점하는 지위는 다음과 같다. 유독 인간만이 유출의 반대 방향으로 거슬러 올라가면서 근원적 일자와의 합일에 따른 황홀경에 이를 수 있다. 신적인 일자와의 합일, 즉 단일화Henosis는 플로티노스 사유의 목적지이자 출발지이다.

일자와의 신비스런 합일로 상승하기 위해서는 일자의 대척점인 질료로부터 최대한 멀리 벗어나는 것이 중요하다. 존재자의 단계들이 낮아질수록 형식이 (즉 빛이) 질료에 침투하고 여기에 영혼과 생명을 부여하는 일은 그만큼 줄어든다. 형식이 결여되었다는 것은 추하다는 것과 동의어이다. 존재자가 낮은 단계에서 높은 단계로 상승하면 각 단계의 형식이 갖춰지면서 미가 증진한다. 그렇기 때문에 아름다운 것은 유비적 기능을 갖고 있으며 일자로의 상승을 돕는데, 이는 플라톤의 『향연』에서 아름다운 것을 향한 에로스가 아름다움의 이념으로의 고양을 야기하는 것과 마찬가지이다. 양자 모두에게서 아름다움이라는 주제는 결코 협의의 (다시 말해 주관의 만족과 관련한) 미학적 주제가 아니라 일종의 존재론적 주제이다. 미는 인간의 정신적·도덕적 완성에 결정적 기여를 한다. 인간에게, 즉 미는 절대적 인식 및 온전한 행복의 전조이다. 그래서 영혼은 아름다운 것에 자신과 동류의 것이 담겨 있음을 발견하고 강렬한 정념으로 이에 화답한다. 열광과 경이감, 그리고 동요와 충격이 바로 그것들이다.

『아름다움에 관하여Peri tou kalou』(『에네아데』, I, Schrift 6)에서 플로티노스는 아리스토텔레스, 스토아주의자는 물론 후기 플라톤까지도 대변했던 아름다움에 관한 척도 미학 사상에 대한 반론을 논리적으로 제시하였다. 미가 균제에 의거한다는 가정에 따른다면 단일하고 정순한 것이 아니라 부분들로 합성된 것을 아름답다고 할 여지가 생긴다고 플로티노스는 지적한다. 반면 태양빛, 황금, 별이 총총한 밤 같은 것들은 단순하며 결코 균제에 의거하지 않으면서도 아름답다. 그리고 나서 플로티노스는 부분 간 적절한 상호관계로 전체가 아름답다면 각 부분들도 모두 아름다워야 하지 않겠느냐고 반문한다. 아름다운 것은 결코 추한 부분들로 이루어지지 않을 것(『에네아데』, I, 6, 1, 30)이기 때문이다. 플라톤과 스토아 철학의 균제 이론에 대한 플로티노스의 반론은 다음과 같다. 아름다움을 균제와 연관 짓는 태도를 넘어서야만 아름다움에 매력을 안기는 **광채**(『에네아데』, VI, 7, 22, 25이하)를 접할 수 있다. 이 광채는 감각적으로 지각되지 않는다. 이런 광채를 통해 아름다움은 자신의 유래가 모든 빛의 총체이며 누스 혹은 이성으로 실체화되었던 일자라는 점이 드러난다. 이를 통해 광채는 누스에 깃들며 누스는 광채로 가득하다(『에네아데』, VI, 7, 21, 6). 이런 예지적 빛은 이념에도 전달되는데 감각적인 것은 이 이념을 분유함으로써 아름답게 빛난다. 이에 플로티노스는 모든 현상들이 많든 적든 형식 (즉 예지적 빛)의 강도를 분유한다는 점에 입각하여 삼라만상의 전일적 아름다움을 논한다. 그에 따르면 형식의 본질을 이루는 이런 성격은 통일성을 향해 합일하는 형식의 힘, 즉 영혼에게 전달하는 힘으로 인해 존립한다. 통일성에 이르는 이 형식을 통해 존재자는 존재하게 되고, 아름다울 수 있으며, 그것도 존재자가 형식을 갖춘 그만큼 아름답다.

아름다움에 대한 이런 수용방식은 본질적으로는 미에 대한 **인식**이다.

이런 인식은 논증적이기보다는 직관적으로 수행된다. 노에시스는 최고 형식의 인식이자 정신적 관조이다. 이는 이념들에 대한 파악과 관련하여 플라톤에 의해 이미 언급되었다. 플로티노스가 보기에 아름다움을 위해 최고의 인식방식인 정신적 관조가 요구되는 까닭은 아름다운 것은 모두 이념과 연관되어 있기 때문이다. 따라서 감각적으로 지각 가능한 사물이 아름다우려면 이 사물의 근거를 이루는 이념이나 형식이 비쳐야 한다. 지각 가능한 사물이 아름다울수록 형식이 질료·소재에 영향을 미치고 이런 재료들이 형식(이념)의 표현이 된다. 그래서 미는 우선 정신적으로 파악될 수 있다. 감각적으로 지각 가능한 사물들의 미를 인식자 외부에 놓인 무언가로 간주하지 않는다. 오히려 정신적 관조를 통해 고찰자와 사물 간의 합치가 이루어진다. 이때 아름다움의 근거는 관조자와 일치하는 그 무언가에서 나온다. 또한 영혼은 통일성의 형태를 띠고 자신과 유사한 것을 만나는데, 영혼과의 이러한 유사성이야말로 관조자가 보기에 아름다움의 매력을 나타낸다. 즉 주관과 대상의 합일이야말로 정신적 관조를 통한 인식의 이상이 된다. 아름다움을 인식한다는 것은 다음과 같은 의미를 갖는다. 아름다움의 근거는 영혼도 속해 있어야 이 근거가 파악될 수 있다. 미를 통해 영혼의 형성력Formkraft이 인식되며 아름다움을 경험함으로써 영혼은 내면화된다.

플로티노스가 넓게는 서구 철학 전반에, 좁게는 미학에 미친 영향은 강력하고 지속적이었다. 그 가운데 몇 가지 근본 특징들을 생각해보겠다.[04]

---

04 플로티노스의 사유를 영향사의 관점에서 소개한 다음을 참조. Venanz Schubert, *Plotin. Einführung in sein Philosophieren*, Freiburg/München, 1973.

중세의 미

중세에는 아름다움에 대한 토대가 플라톤의 철학에 있었으며 이를 기독교의 신 및 피조물의 사상과 연결하려는 시도가 이어졌다. 이러한 매개는 역사적으로 후기 고대에서 기독교적 중세로 진입하는 시기 아우구스티누스의 경우 가장 두드러졌고 아우구스티누스가 자신의 정신적 성장 및 기독교로의 개종을 기록한 『고백록 Confessiones』에는 고대 철학과 성서 신앙 간 융합이 뚜렷하게 드러난다. 이러한 결합은 미 이론의 측면에서도 아주 중요하다.

아우구스티누스는 『고백록』에서 자신이 감각적 지각 내지 감각적 아름다움에 예민한 인간임을 보여준다. 개종 전의 그에게 사랑은 "차안의 아름다움"과 관련된 것이었지만, 결국 "아름다운 것이란 무엇인가? 미란 무엇인가?"라는 보편적 문제가 그를 사로잡았고 아름다움과 적절함에 대한 저서를 집필할 의향을 갖게 되었다(『고백록』, IV, 13). 아우구스티누스에 따르면 이 저작의 과제는 아름다움을 정의하는 일이 되었어야 했지만, 아름다움을 규정하는 과정에서 자신의 물질주의적 관념으로부터 벗어나지는 못했다. 『고백록』을 저술하는 중에 이따금 아우구스티누스는 참된 미에 대한 추구를 신의 희생(『고백록』, IV, 15)에 대한 동경, 즉 아름다운 모든 것들의 참된 근거에 대한 동경으로 이해했다. 플라톤이나 플로티노스처럼 아우구스티누스도 감각적으로 지각되는 아름다움을 향해 사랑한다면 이는 비감각적인, 즉 예지적이고 초월적인 미를 드러내는 것이라고 주장했다. 그는 두 위대한 철학자를 추종하면서도 그들이 미의 이념이나 일자에서 근거를 찾으려 할 뿐 모든 미의 궁극적 근거를 보지 못했다고 힐난했다. 아우구스티누스가 보기에 이러한 근거는 오직 아름다운 사물을 심중에 품고 있는 창조주 속에서만 찾을 수 있다(『참된 종교』, 11, 21). 이런 형성 능력은 무조건적으로 유일 존재인 신으로부터 나온다. 개별적인 아름다운 것들이 부분들의 통일을 바라고 제 나름의 완전성에 도달할 것을 추구하지만, 절대적 존재인 신은 그 자체로 아름답고 완전하다(『고백록』, X, 27). 이런 관념은 일자를 미 너머의 미(『에네아데』, VI, 7, 32, 29) 혹은 초월미(『에네아데』, VI, 7, 33, 20)라고 규정한 플로티노스와 유사하다.

　아우구스티누스를 포함한 중세의 다른 사상가들에 대한 오해를 불식할 필요가 있다. 초월성에 입각해서 미의 본질을 찾고 미를 정초하면 부득불 감각적으로 지각되는 아름다운 사물을 향유하는 일이 거부될 것이라는 생각이 바로 그것이다.[05] 아우구스티누스를 위시한 여러 저자들에게 아름다운 사물은 신의 피조물로서 사랑받았으며 경탄의 대상이었다. 『고백록』에 따르면 창조를 마친 후 신은 이것이 아주 좋다는 것을, 즉 아주 아름답다는 것을 알게 되었다. 물론 아름다운 피조물은 창조주에 미치지 못한다. 플라톤의 경우에도 현상은 이념에 뒤처지는 것이었다. 위계상의 차별에 따라 현상의 아름다움은 거부된다는 점에 대한 오해는 불식될 수 있지만, 사물들이 위계상 하위에 놓여 있는 것은 분명하다.

　아우구스티누스의 미 이론 이외에 위僞 디오니시오스의 저작들에서도 중세의 미 관념이 잘 나타나 있다. 그의 저작에 대한 주석서가 계속 이어졌고 아퀴나스도 이를 집필한 바 있다. 그의 미론은 카롤링거 시대 이후의 조형예술론에 심대한 영향을 미쳤다. 이렇게 이론의 여지가 없는 그의 권위는 그의 신원에 대한 역사상의 오해와 무관하지 않을 것이다. 디오니시오스는 중세 후기까지 『사도행전Acta apostolorum』에서 언급되는, 즉

05　"중세에는 감각적 미의 파악이 도덕적으로 거부되었을 것이라는 견해는 저작에 대한 이해가 부족한 탓도 있지만 중세의 인간성에 대한 근본적 몰이해를 드러낸다"(Umberto Eco, 1991, p.18).

아테네의 초대 주교이자 나중에 성인으로 추존된 디오니시오스 아레오파고스Dionysius vom Areopag로 여겨졌다. 그러나 우리에게 전해지는 이 저작의 저자는 5세기 시리아의 한 수도사를 지칭하는데 그의 이름은 전해지지 않기에 위 디오니시오스 혹은 디오니시오스 아레오파기타Dionysius Areopagita라 불렸다. 그의 저작들은 9세기 중엽 요하네스 스코투스에 의해 그리스어에서 라틴어로 번역되어 당대에 유포되었다.

위 디오니시오스는 기독교적 플라톤주의자였다. 그의 저작은 신학적 논고들이었기에 예술이나 아름다움이 주요 주제는 아니었다. 그는 자신에게 감명을 준 플라톤과 플로티노스의 철학을 기독교 계시 사상을 설명하기 위해 이용했다. 따라서 그의 미 형이상학은 한편으로는 성서에서의 신 개념에, 다른 한편으로는 그리스 철학에서의 절대자 개념에 토대를 두고 있다. 양자가 결합됨으로써, 즉 미가 신 혹은 절대자의 속성이 됨으로써, 미 개념이 체계적 입지를 확보하였다. 그러나 신이 그 자체로 아름답다면, 현상의 아름다움은 절대자 본연의 아름다움에 비해 부차적인 것이 되고 만다. 신의 아름다움은 물론 창조된 사물에 전달되지만 이 사물의 아름다움이 신적 아름다움 내의 참된 근원으로 소급되지 않을 경우 자립성이 결여된 불충분한 것이 된다. 아름다운 개별자가 아름다운 절대자와 분유한다는 사상은 플라톤의 모티브를 통해 쉽게 이해된다. 디오니시오스의 『신명론De divinis nominibus』에 나오는 다음의 인용(IV, 7)에는 플라톤의 『향연』(211a)과 유사점이 어렵지 않게 인식될 수 있다.

> 미를 분유하는 [개별적인] 것이 아름답다고 불린다. […] 그러나 존재 너머의 아름다움도 아름다움이라 불린다. 왜냐하면 그런 존재에 의해, 그것이 지닌 그 모든 본질에 따라 고유한 특성에 맞게 미가 전달되기 때문이고, […] 생성도 소멸도 증가함도 감소함도 없는 까닭에 언제나 같은 연관 안에서 같은 방식으로 아름답기

때문이다. 한편으로는 아름다운데 다른 한편으로 아름답지 않을 수는 없기 때문이고, 때로는 아름답다가 때로는 아름답지 않을 수는 없기 때문이며, 어떤 존재가 보기에는 아름다운데 다른 존재가 보기에 추할 수는 없기 때문이고, 특정한 경우에만 아름답고 대체로 아름답지 않을 수는 없기 때문이다. 오히려 즉자대자적으로, 스스로 한결같이 언제나 아름답기 때문에 아름답다 불리는 것이다.

『신명론』의 다른 곳에서 위 디오니시오스는 신적인 미에 대한 피조물의 분유를 플로티노스의 유출설로 설명한다. 플로티노스의 이론에서 절대자, 즉 일자로부터 유출되는 존재 단계가 있는 것처럼, 디오니시오스에 따르면 충만한 신적 아름다움이 발산되면서 모든 존재자들에 아름다움이 태동한다. 그러나 이렇게 창조된 세계의 아름다움에는 진정 피조물의 것이라 할 만한 게 없다. 디오니시오스가 주장하는 신-피조물의 이원론은 유일신 사상을 위해서도 반드시 극복되어야만 한다. 현상의 유한한 아름다움이 신적 아름다움의 광채와 다르지 않다면, **유일**하게 아름다운 신에게만 진리가 들어 있다. 그렇다고 속세에서 명멸하는 개별자들의 미가 평가절하되는 것은 아니다. 오히려 이것이 신적 아름다움에 미치지 못하는 모사물이라는 점에서 인식자를 미 자체로 고양할 동기를 부여한다. 그러니까 미를 통해 진리가 비쳐 나온다는 생각은 모사물의 유한한 아름다움에 대한 평가와 상충함 없이 공존한다. 이런 이론은 — 처음에는 그리스 정교를 통해, 나중에는 로마 가톨릭 국가들에서도 — 성상숭배에 대한 이론적 토대를 마련해주었다.[06]

---

06 플라톤주의의 영향사를 보면 플라톤이 예술 및 도상에 대해 강한 적대감을 보였다는

아름다움에 대한 위 디오니시오스의 형이상학에 담긴 고도의 사변적 세계는 이론가들의 이목을 끌면서도 미학적인 요소, 즉 아름다움을 지각하는 요소의 고유한 가치는 경시되었다. 이러한 가치는 아리스토텔레스가 『형이상학』의 서두에서 감각적 지각이 그것의 유용성 여부와는 무관하게 "제 스스로에 의해 사랑받는다"라고 밝힌 부분을 통해 잘 드러난 바 있다. 인간의 감성에 대한 고대의 이러한 진솔함은 아름다움에 대한 중세 기독교 사상가들의 사상에서는 보이지 않는다. 아리스토텔레스는 감각적 지각을 통해 지식을 획득했다는 점에서 감각적 지각에 대한 기쁨을 누릴 수 있다고 보았다. 반면, 기독교 철학자들이 감각적 아름다움을 포착하는 일에 민감했던 이유는 이것이 정신적 아름다움을 지시하기 때문이다. 지각된 아름다움은 감성과 정신성의 긴장을 통해서만 인식적 의미를 띠며, 그저 단순히 바라보기만 하면 안 되고 정신적으로 관조하고 직관(관조)함으로써만 이러한 아름다움이 나타난다.

직관적 인식은 중세의 미론 전반에 걸쳐 중요하다. 미는 직관 가능한 **모든 존재자들이 스스로를 드러내는** 방식이며 미학적 맥락에만 국한되지는 않는다. 자연과 예술의 객관적 성질인 직관가능성에 상응하는 것이 주관의 측면에서의 직관 능력이다. 직관은 수동적 자극이 아니라 단번에 고양되는 최고 형식의 인식이라는 의미를 갖는데, 이는 직관이 사물에 깃든 보편자와 관련되기 때문이다. 직관은 논증적 파악과 완전히 분리될 수는

주장이 거짓이었음을 알 수 있다. 플라톤이 예술과 예술가에 대해 비판한 것은 이데올로기적, 정치적, 교육적인 동기가 작용했기 때문이기는 하지만, 그의 철학 체계에는 예술과 인식의 유사성이 드러난다(Erwin Panofsky, *Idea. Ein Beitrag zur Begriffsgeschichte der älteren Kunsttheorie*, Leipzig/Berlin, 1924 참조).

없지만, 구조상의 차이는 있다. 논증적 인식이 사전에 장착된 개념에 따라 허용된 관점에만 따르기 때문에 진리의 단편만을 견지할 수밖에 없는 반면, 직관은 대상을 단번에 포착한다. 또한 직관은 직관 가능한 메타포의 형식을 통해 총체적 진리를 추구한다. 그래서 모든 존재자는 근본적으로 메타포이며 이로써 아름다움은 존재의 보편적 술어가 된다. 신플라톤주의 미론을 통해 아름다움에 대한 미학 본연의 의미에 아름다움에 대한 형이상학적 · 보편적 의미가 덧붙여진다.[07]

고대와 중세의 예술 ─────────
'자율적 예술'이라는 근대미학의 개념은 고대와 중세의 예술관과 매우 다르다. 예술의 그리스어인 '테크네téchnê', 그리고 이에 해당하는 라틴어인 '아르스ars'는 미학 본연의 의미에서의 예술, 그러니까 아름다운 예술이라기보다는 오늘날 우리가 수공업, 숙련 기술, 학문, 예술 등으로 불리는 제반 인간 활동을 표현한 것이었다. 고대에는 대체로 테크네(아르스)의 학습 가능성 여부에 대한 논의에서 출발했다. 『니코마코스 윤리학Ethika Nikomacheia』(VI, 4, 1140a, 10)에 나타난 아리스토텔레스의 정의는 오랜 기간 권위를 지녔는데, 그에 따르면 테크네는 지식에 기반을 두고 무언가를 산출하는 활동이다.

플라톤이 예술가의 제작을 **미메시스**Mimesis(모방, 현시[4])로 이해했다는 것은 미학 이론의 상식이다. 그가 모사하는 예술에 대해, 참된 존재가 아

---

07 이로써 다음과 같은 주장이 더욱 분명해진다. 협의의 미학, 즉 독립 분과학으로서의 미학은 무엇보다 반형이상학적 풍조에 따른 것이었다.

닌 환영을 그리는 회화에 대해 신랄한 비판을 가한 사실은 잘 알려져 있다(특히 『국가』 제10권, 597이하). 그러나 플라톤의 예술비판과 관련한 통념을 고수한다면, 그의 섬세한 예술관을 왜곡하게 된다. 현대에 이르기까지 예술철학에서는 꼭 플라톤은 아니더라도 적어도 플라톤주의로부터 결정적인 동력이 확보되었다.

일단 플라톤의 미메시스 원리가 예술가의 제작에만 한정된 것이 아니라 모든 존재자를 관통하는 원리라는 점은 분명하다. 즉 생성·변화하는 세계의 현상은 플라톤에 따르면 시간을 초월한 본연의 존재인 이념과 관계하면서 이를 모방한 결과이다. 이때 언어는 존재자에 대한 모방적 표현으로 이해된다. 예술이 미메시스(모방)라는 점을 제 아무리 엄밀하게 검증한다 해도 이것만으로는 예술을 배척할 논거가 될 수 없다. 여기에서의 관건은 모방 자체가 아니라 무엇에 대한 모방인가의 여부이기 때문이다. 플라톤은 감각적인 개별 현상에 주목하는, 이를 최대한 자연에 충실하게 재현하고자 하는 대중적 예술가들과 교분이 있었다. 그런데 이들은 순수 사유를 통해 이런 작업을 수행하지는 않았다. 존재자에 충실하지 않은 이들의 작업을 교언영색으로 마치 자신들이 말하는 바를 이미 잘 알고 있는 척하는 소피스트의 수사학에 비유한다.

그러나 플라톤은 이념, 일자 혹은 참된 존재에 견주어 테크네를 추구하는, 대중적이지 않은 예술가들도 잘 알고 있었다. 이들은 미메시스를 통해 존재자나 현상하는 사물들이 이념처럼 존재하기를 원하지만 내용상 이념에 뒤처진다는 정황을 잘 알고 있다. 현상과 참된 존재의 연관에 대해 이런 입장을 갖는 예술가들은 현상을 한낱 모사로 보지 않는다. 그들은 모든 존재자를 주재하는 원리에 이 현상이 접근해 있다고 보기 때문에 미메시스에 인식적 요구를 결부시킨다. 『국가』(가령 401c, 472d, 484c)를 보면 플라톤이 이런 요구에 입각하여 예술을 바라보고 있으며 이런 맥락에서 미메시스를 이해하고 있음을 확인할 수 있다. 플라톤이 미메시스를 예술철학의 제1원리로 여긴 것까지는 아니지만, 예술이 본질(원상)에 대한 모방적 표현이지 한낱 현상의 모사는 아니라는 전제가 확립되어 있었다.

'모든 표현이 긍정성의 계기를 갖는다'는 현대 예술비평의 주장이 예술을 미메시스로 보는 초기의 예술관으로 이해될 수는 없다. 플라톤이 보기에 모든 미메시스적 표현에는 이미 진리와의 관계가 단절되어 있다. 예술가의 활동의 출발점이 되는 현상들은 **모두** 필연적으로 자신들의 근거인 이념보다 뒤처진다. 따라서 예술작품은 이 현상을 넘어서야 하고, 이념과 유사한 것에 대한 감각적 직관을 통해 이념을 사유해야 하며, 이로써 심상을 통해 전체에 대한 관조[08]의 계기를 획득해야 한다. 이에 따라 신플라톤주의의 예술론에서 체계적으로 활용된, 예술작품과 관조 간의 유사성이 확보될 수 있다.

플라톤의 가차 없는 예술비판의 대상은 앞서 언급한 것처럼 가상성을 시인하지 않는, 진리와의 관계가 단절되었음을 은폐하기 위해 시도되는 예술적 실천이었음은 분명하다. 플라톤이 신랄하게 비판했던 대상은 실재인 양 착각하게 만드는 무대 미술로 이용된 회화였다. 즉 이때의 회화는 현상과 실재를 혼동하게 하려는 의도를 갖고 있었다.

중세에도 '아르스'는 고대와 마찬가지로 학문 내지 수공예와 다르지 않았다. 당시 성 빅토르가 처음으로 이론적 예술(학문으로서의 아르스)과 기계적 예술(수공예)을 구분했고, 이론적 예술은 자유로운 예술로 불리기도 했

---

08 이와 관련하여 '알다wissen'에 해당하는 그리스어 eidenai는 원래 "보았다"는 의미를 갖고 있었으며 이데아 및 에이도스라는 표현에도 인도게르만어의 어근 음절인 vid(보다)가 들어 있다는 점을 상기할 필요가 있다.

다. 이런 지식이나 제작 활동이 자유인이 행할 만한 것으로 존중받았던 고대 그리스 후기의 관념과 맞닿아 있다. **자유 7과목**[5])에 속하는 것으로는 문법, 수사학, 논리학(으로 이루어진 3학Trivium), 그리고 음악, 천문학, 대수학, 기하학(으로 이루어진 4과Quadrivium)이 있다.

이론적 예술과 기계적 예술의 구분 관점은 근세 초기까지도 특별한 영향력을 행사했다. 르네상스기에 조형예술의 지위를 격상하는 일은 이 예술의 이론적 내용을 강조함으로써 가능했다. 자유 7과목 가운데 현재까지 예술로 이해되고 있는 것으로는 음악이 유일하다. 음악이 음조라는 질료를 다룸에도 불구하고 이런 지위를 획득할 수 있는 것은 오직 그것이 갖는 이론적 토대 덕분이다.

중세에서 장인(예술가)은 인공품을 제작하기 전에 이를 구상하는 자로 이해되었다. 즉 이념의 창조자가 아니라 수공 기술을 통해 이념을 실현하는 자로 여겨진 것이다. 이런 예술가는 개별자에 대한 보편자의 우월성에 입각하여 작업했고 개인이 아니라 조합의 구성원으로서 누대에 걸쳐 전승된 예술론에 따랐으며 작업 성과에 대한 권리는 해당 조합의 것이었다.

중세 이론가들은 모두 고대의 예술 정의(테크네 혹은 아르스)를 수용했고 예술은 규칙에 따라 무언가를 산출하는 능력으로 여겨졌다. 아퀴나스는 『신학대전*Summa theologiae*』(I-II, 57, 4)에서 "예술은 다루어지는 것에 대한 정확한 지식이다"라고 말한다. 이와 비슷한 정의들에는 인지적 요소와 제작의 요소, 이 양자를 강조한다는 공통점이 있다. 그래서 장인의 활동은 익명성을 띤다. 제작 과정에서 개인의 생각은 논외의 것이었고 전승된 지식에 토대를 둔 실천만이 중요했다.

중세에는 모든 예술이 본질적으로 **미메시스**라는 것에 대해 아무도 이의를 제기하지 않았다. 이런 확신은 아리스토텔레스의 『자연학*Physica*』(II, 8; 199a, 15-17)에 나온 주장에 근거를 두고 있다. 이에 따르면 예술은 한편으로는 자연을 통해서는 결코 도달될 수 없는 바를 완성하고, 다른 한 편으로는 자연에 주어진 것을 모방한다. 아퀴나스도 "예술은 자연을 모방한다"(S. th. I, 117, 1)라고 말한다. 양자 모두 예술은 자연의 **절차**를 모방하여 자연과 똑같게 만드는 것이라고 생각했다. 즉 모방의 대상은 자연의 형상화 방식(능산적 자연natura naturans)인 것이지 완성된 자연 산물(소산적 자연natura naturata)이 아니다. 이런 맥락에서 미메시스에 대한 규정의 근저에 마치 모사에 대한 자연주의적 기획이 결부되어 있는 듯한 오해가 미학사에서 발견된다.[09] 따라서 현대의 예술이론 및 예술가 미학은 미메시스에 대해 냉담한 반응을 보이곤 한다.[10]

중세 예술가들에게 보다 더 중요한 것은 질료에 맞게 제작물을 형성하는 일이다. 관건은 '작품이 어떤 목적에 기여하는가'이다. 목적에 맞게 만들어진 작품은 좋은 것일 수도 있고 아름다운 것일 수도 있다. 더욱이 주어진 소재를 가공할 때 질료 고유의 속성이 고려되었다. 이러한 속성이 외적 강제에 의해 왜곡되지 않도록 예술가는 이것의 고유성을 드러내 보여준다. 예술가의 이러한 작업 태도는 다음과 같은 확신에 따른 것이다. 피조물은 존재하는 그 자체로 이미 좋은 것이기 때문에 좋은 작품을 만들기 위해 굳이 예술가가 그런 고유성에 손을 댈 필요가 없다는 것이다.

중세 전성기 및 후기 미학의 성과는 아리스토텔레스의 영향 아래 나온

09　이와 관련해서 에코는 "언제나 실제보다 더 진부해 보이는 정식 하나"에 대해 말한다. "중세의 예술론은 다음과 같은 견지에서 흥미롭다. 중세 예술론은 인간 기술의 형상화 능력에 대한, 그리고 이 기술이 자연의 형상화 능력과 갖는 연관에 대한 철학이다"(Umberto Eco, *Kunst und Schönheit im Mittelalter*, p.152).
10　자연의 절차에 대한 모방과 자율적 심상의 원리가 상호 배척하지 않는다는 것을 보여주는 사례로서 화가 클레의 작품을 예로 들 수 있다.

예술이론이 가장 주된 것이었다. 반면, 신플라톤주의에 따른 중세 초기에는 미 형이상학에 대한 이론이 주도적이었고 이 이론은 르네상스기에 엄청난 부흥을 맞는다.

르네상스의 미와 예술론 ——————
르네상스기에는 고대에 대한 새로운 이해를 바탕으로 미와 예술을 새로이 파악할 수 있는 동력이 확보되었다. 말하자면 ① 교회의 세속화 및 교권에 대한 비판, ② 교리에 대한 지식인들의 불만, 그리고 고대의 작품 및 인간상의 수용, ③ 신앙과 지성적 인식의 분리가 유명론을 통해 촉발됨, 이에 따라 교회의 권위에 얽매이지 않은 채 학문의 자유가 확보됨, 마지막으로 ④ 강력한 공동체적 연대가 완화되면서 — 12 · 13세기 신비주의를 통해 이미 전개되기 시작했던 — 개인의 가치에 주목하게 된 것 등이 바로 그러한 동력에 해당한다.

 이로 인한 결과로서 인간들이 그 어떤 전제도 없이 직접 외부 자연을 대면하게 된 일을 들 수 있다. 자연은 단지 — 신의 증거이기는 해도 창조주에 비한다면 본래성이 사라지는 — 신의 피조물로서만이 아니라 개인이 직접 관찰하고 체험하는 대상이기도 하다. 자연과의 관계가 이러한 면모를 갖춤에 따라 다시 고대의 자연 관계에 대한 연구가 수행되었다. 자연 모방론은 고대의 작가들에게서 무수히 발견된다. 르네상스기에 비로소 아리스토텔레스의 『시학』이 유포되면서 이 이론을 가속화했다. 초기 르네상스의 예술이론가들 및 바사리가 보기에 피렌체 화가 치마부에와 조토가 예술을 자연의 진리로 다시 인식하기 시작했다. 이들의 작품들은 그리스 · 로마시대의 저술들을 통해 그 명성이 전해져온 고대의 명작들과 어깨를 나란히 할 수 있게 되었다.

 고대 회화들은 대부분 기록을 통해 간접적으로 확인될 뿐이었지만, 당시만 해도 건축 분야에서는 폐허가 된 고대의 자료를 목격할 기회가 무궁무진했다. 고대의 부흥운동을 지지하면서 새로운 예술을 실현하고자 했던 피렌체 예술가의 수장 브루넬레스키는 고대 건축을 본격적으로 연구하기 위해 로마에 갔다 왔다. 그는 정확한 측량을 통해 고대의 기둥 양식들을 최초로 구분한 인물이며, 고전적인 (즉 고대의) 건축술을 적용하여 고전적 전범에 따라 조화와 미를 산출하는 신新건축을 주창하였다. 이러한 신건축과 관련해서 가장 중요한 이론가로는 알베르티가 있다. 그의 저서 『건축론De re aedificatoria』[11]은 1420년대에 나온 비트루비우스의 『건축 10서』를 재발견함으로써 나올 수 있었다. 알베르티는 비트루비우스의 저서에서 상당 부분을 인용하였는데, 그 일부는 고대 건축술을 복원하기 위한 것이었고, 일부는 건축을 과학적으로 명확하게 연구함으로써 조형예술의 지위를 격상하려는 것이었으며, 예술가, 즉 건축가에게 사회적 지위를 확보해 주려는 것도 들어 있었다.

알베르티가 보기에 이런 것들이 달성되기 위해서는 재능을 갖춘 건축가가 다방면에 걸쳐 교양을 쌓아야 하며 그럼으로써 예술가가 아닌 인문주의자가 되어야 한다. 알베르티는 문학과 음악을 즐겼고 수학자이자 자연과학자이면서 화가이자 건축가였으며 또한 예술이론가이기도 했다. 부르크하르트가 보기에 알베르티는 르네상스의 이상에 부응하는 전인적 교양인의 표상이었다.

조형예술의 발전, 그리고 르네상스 예술가의 지위 상승은 예술가들과

---

11 이에 대한 독일어 번역으로는 다음의 책이 있다. Leon Battista Alberti, *Zehn Bücher über die Baukunst*, Darmstadt, 1988.

인문주의자들 간의 유대에서 비롯한 것이었다. 이런 유대는 양측 모두에 도움이 되었다. 인문주의자는 예술가의 제작에 필요한 학문적 토대를 제공하고, 예술가는 인문주의자의 교양을 탁월한 감각으로 표현한다.[12]

고대 건축에 대한 연구를 통해 알베르티는 건축의 효과를 기술함으로써 건축미를 설명하였다. 건축의 미는 일반인이든 아니면 전문가이든 간에 감상자에게 만족과 경탄을 불러일으키며 [거대함으로 인한] 공격성과 위압감을 완화시킨다.[13] 알베르티는 "베누스타스venustas[우아한 비례]"를 보여주는 건축물을 요구함으로써, 관찰자에게 미치는 효과와 관련한 미의 개념을 보여주었다. "베누스타스"는 매력, 경탄, 쾌적감 등을 불러일으킨다. 고대인들은 이 개념을 위해 "콘키니타스concinnitas(=지절의 조화)"라는 말을 사용했는데 이는 수사학에서 청중에게 직접적 영향을 미치는 요소이기도 하다. 반면 중세의 미 형이상학에서는 [미의] 객관적 속성을 "풀크리투도pulchritudo"라고 말한다. 이렇듯 현상하는 미가 만족을 주지만 (아퀴나스는 "보기에 즐거운 것이 아름답다"고 말한 바 있다) 이런 만족만으로는 미의 **본질**을 해명하지 못한다. 반면에 알베르티는 아름다운 현상과 그것의 효과를 직시하면서 미의 문제를 해결하고자 시도했다. 그리고 미의 본질에 대해 규정을 내릴 때도 직관을 떠나지 않았으며, 사물의 부분들 전체의 일치를 지각할 수 있을 때 그것이 만족스러운 통일이라는 의중을 나타낸다.

---

12   "예술가에게 인문주의자는 자신의 정신적 가치를 지켜줄 성채가 되었으며 반대로 인문주의자에게 예술은 자신의 정신을 통해 확보한 이념을 효과적으로 전파할 수단으로 인식되었다. 이러한 상호 결속으로 인해 우리에게는 자명한 것이 된, 그러나 르네상스기까지는 알려지지 않은, 단일한 예술 개념이 비로소 생겨났다"(Arnold Hauser, *Sozialgeschichte der Kunst und Literatur*, München, 1975, p.341).

13   Alberti, 앞의 책, p.293 참조.

그의 건축 이론서에 따르면, 미의 법칙이 자연에 **즉하여**an der Natur 발견되지만 이러한 합법칙성으로 인해 미가 자연보다 우월하다. 왜냐하면 자연은 완전성의 요구를 충족할 만한 꼴을 갖추고 있지 않기 때문이다. 인간의 인식에 대한 칸트의 언급을 빌려 다음과 같이 말할 수 있다. 완전한 아름다움의 법칙은 자연에 대한 고찰에 **즉하여** 개진되지만, 바로 그런 까닭에 그 **원천**은 자연이 아니다. 다시 말해 르네상스기에는 중세에서처럼 자연의 **모방**이 예술에 대한 자연주의적 기획으로 오해되어서는 안 된다. 모방은 (건축에서도) 자연의 원리를 가능한 한 순수하게 준수하기 위해 자연에서 원리나 의도를 추출한다는 의미를 갖는다.

알베르티는 (수사학의 용법에 따라 장식이라고 부르는) 부차적 미를 신체에 깃든 본질적인 미와 구분한다. 이는 존재와 가상을 구분한 플라톤을 연상케 하지만, 알베르티에게 이 양극은 이념과 현상의 구분이 아니다. 오히려 이 양극성은 현상 자체에서 분출한다. 즉 본질이나 이념이 독자적으로 실존할 수는 없고 현상에 즉해서만 드러난다는 아리스토텔레스의 입장에 따른 것이다. 알베르티는 예술가의 제작 활동도 아리스토텔레스의 정신에 입각해서 설명한다. "예술의 본령은 […] 특정한 계획에 따라 무언가를 실행하는 데 있다."[14] 이런 태도는 학문적 연구를 위해 계획성 있게 재료를 가공하는 기술 활동과 뚜렷하게 구분되지는 않는다. 예술가의 원칙을 따라야 한다고 알베르티가 말할 때, 그가 염두에 두었던 것은 예술에 학문적 지식을 적용하는 일이었다. 건축에서는 특히 기하학, 수학, 광학, 재료학 등이 중요하다. 고딕 시대의 대가들이 연역적인 태도를 견지했다

---

14 Alberti, 앞의 책, p.294.

면, 르네상스 건축 대가들의 태도는 오히려 귀납적이었다.

알베르티의 견해에 따르면 건축술은 특별히 아름답다. 왜냐하면 건축을 통해 미의 품격이 높아지면서 만족감을 주기 때문이다. 그는 자신의 건축론을 통해 미를 다음과 같이 정의한다. "가장 완전한 자연법칙인 균형에 대한 요구에 따라 전체가 특정한 수, 연관, 질서 등에 입각해 전개되고 이것이 각 부분들과 일치하고 화합함으로써 아름답다"(p.492). 이 인용에 따르면 알베르티는 미의 개념을 자연에 의해 산출된 신체에 입각해서 개진하고 있으며 신체를 건축물에 빗대고 있다. 이런 착상은 알베르티가 고대에서 찾아낸 것이었다. 그의 생각에 따르면 고대의 예술가 및 이론가들에게 자연은 스스로 형식을 부여하는, 그렇기 때문에 진정한 예술가였다. 알베르티는 균형을 가장 완전한 자연법칙이라 간주하면서 이를 미의 최고 규준으로 삼았다. 그는 예술가의 이상이 자연 속에 각인되어 있다고 보았으며 가능한 한 최고의 다양성 속에서 전체성과 통일성을 확보하고자 하는 이런 이상을 발견하고자 했던 것이다. 이때 수, 연관 및 질서는 이런 다양성을 조직하는 수단이 되며, 균형은 최고의 행동 목표가 된다.

미에 대한 이런 정의에 입각해서 알베르티는 예술가의 행위에 대한 구체적인 일련의 규칙을 도출했는데 이는 건축 이론서뿐만 아니라 회화 및 조각 이론에도 적용된다. 알베르티가 비교적 냉철하게 미를 규정함에 따라 많은 해석가들은 그를 반형이상학적이고 반중세적인, 학자적 면모를 갖춘, 근대적 미론의 주창자로 간주한다.[15] 그렇지만 이는 너무 성급한 결

---

15 타타르키비츠의 견해도 이와 같다. Wladyslaw Tatarkiewicz, *Geschichte der Ästhetik*, 2 Bde., Basel/Stuttgart, 1980.

론이다. 신플라톤주의자인 피치노와 알베르티가 미 이론과 관련해서 대척점을 이루고 있는 듯 보이기도 한다. 알베르티의 미 이론이 실행에 대한 규칙들에서 도출되기는 했지만 그렇다고 해서 그의 이론이 반反사변적이지는 않다. 현상의 미 본연의 근거는 알베르티에게 있어서도 형이상학적으로만 설명될 수 있고, 이는 자연 및 피조물의 최고 원리가 된다.

예술가는 미의 유한한 일부만을 다루면서도 저러한 최고 원리와 지속적으로 연관 짓고자 노력한다. 하지만 인간에 대한 탐구를 통해서는 코스모스의 합법칙성에 총체적으로 접근할 수 없다. 왜냐하면 이는 경험을 통해 포착되지 않는, 불가침의 것으로 전제되어 있기 때문이다. 알베르티를 위시한 여타 르네상스 예술가 및 이론가들은 이 대신에 **인간**을 **마이크로코스모스**[소우주]로 보는 관념을 통해 지극히 중요한 발견술적 사상을 표방했다. 인간이라는 개별 유기체도 코스모스, 즉 우주의 전체 유기체가 그러하듯 동일한 법칙성과 비례성에 입각한다고 가정한 것이다. 따라서 예술가는 인간 신체에 대한 이상적인 규범에 따라 아름다운 산물을 획득하려고 시도했다. 이 무렵에는 우주론적 조화에 대한 사변이 규범화된 미학이나 예술제작론과 상충할 여지가 전혀 감지되지 않았다. 그렇게 해서 플라톤과 아리스토텔레스의 사상이 미와 예술이론에서 통합될 수 있었다. 알베르티는 일견 실재론자나 아리스토텔레스주의자로 분류되는 예술이론가이면서도 이와 동시에 그는 '플라톤 아카데미'의 학설에 공감하면서 이 기관의 행사에 참석하기도 했다.

알베르티의 『건축론』을 보면 저러한 사변 및 규범론적 의도가 결부되어 있음을 알 수 있다. 인간을 마이크로코스모스로 보는 관념은 건축의 비례이론에서 표준이 되는 것이다. 알베르티는 고대 건축의 기둥을 인간의 비율이 건축 구조에 적용된 예로 보았다. 그 밖에도 그는 건물의 균형을 도모하기 위한 여러 시도를 했다. 이에 따르면 건축미를 고양하기 위해서는 유기체의 구조에 접근해야 한다. 그런데 반대로 보면 건축 형식의 유비를 통해 건축의 균제를 해명함으로써 인간의 육체미가 확보된다.

르네상스 회화에서 원근법적 표현을 재발견하는 일은 예술론에 있어, 그리고 인식론적 연관에 있어 중요한 의미를 갖는다. (후기 고대의 무대 미술이나 도자기 미술을 보면 이때 이미 원근법 기술이 알려져 있었음을 확인할 수 있다.) 이러한 재발견이 가능했던 이유는 이것이 현실을 해명하는 새로운 형식이었기 때문이다. 중세 초기의 이론가들이 가시적 현상을 질료 속에 표현된 이념으로 이해함에 따라 이 이념이 자연을 파악하는 데 중요했다. 15 · 16세기에 이르면서 가시적 사물들은 점차 독자성을 지닌 영역으로 이해되었다. 즉 사물의 가상적 성격이 사라지고 독자성을 확보하면서 더 이상 형이상학적 관념의 메타포에 머물지 않게 된다. 이러한 경향은 중세 전성기의 유명론을 통해 가속화되었는데, 이를 통해 현상을 관찰하고 서술하는 엄밀한 방법론을 확보하고자 했다. 이제 이념만이 현실의 규준이 되는 것이 아니라 현상 자체를 통해 드러나는 합법칙성도 부각되면서 현상 자체의 가치가 매우 중요해졌다. 이렇듯 외부 현실을 새롭게 해석함으로써 르네상스 예술의 새로운 기획이 드러난다. 즉 가시적 현상을 가능한 한 자연에 충실하게 재현하는 일이 촉구된다. 왜냐하면 이런 현상 자체를 통해 진리가 (그리고 합법칙성이 혹은 — 다 빈치의 말을 빌리면 — 필연성이) 발견되기 때문이다. 현상을 이렇듯 존중하게 됨에 따라 시각이 유독 강조된다.

대상을, 그리고 대상과 심상의 연관을 관찰자의 눈으로 지각하는 절차와 똑같이 표현하려는 회화에서 시각이 가장 중요하다. 회화에서 이런 시도가 이루어지면서 (브루넬레스키에 의해) **중앙원근법**이 발견되었고 단일한 무한구조를 지닌 광학적 공간이 창안되었다. 이러한 성과를 바탕으로 궁극적으로 회화를 학(아르스)의 지위에 올려놓으려는 노력이 경주되었다. 이와 관련해서 파노프스키는 "심리학적 공간이 수학적 공간으로 전이되었다"라면서 이를 "주관적인 것의 객관화"¹⁶로 이해했다. 나중에 그는 모든 대상이 관찰자의 눈(시점)에 적합해질 경우 이를 객관적 세계의 주관화라고 언급하는 것 또한 타당하다는 점을 분명히했다. 원근법이란 객관성까지 정초하는 주관성을 다루는 일이다. 즉 원근법은 수학적으로 구성된 까닭에 보편화하는 데에 있어 제한을 갖지 않는다.¹⁷ 르네상스 예술가들은 회화를 통해 감각적 경험계를 객관화하는 일을 세계를 현시하는 데 있어 큰 성과로 보았다. 그들이 보기에 기존의 예술에서 세계는 단지 가상의 세계에 머물렀을 따름이었다.

과학적 열망이 가득했던 르네상스기의 중앙원근법적 표현을 후기 고대의 원근법적 예술형식과 비교해보면 흥미로운 점이 발견된다. 우선 양자 모두 당대의 예술 발전 전반에 걸쳐 정점에 놓여 있었다는 점은 분명하다. 또한 두 시기 모두 원근법 양식이 발양됨에 따라 세계관 자체가 획기적으로 달라졌다. 파노프스키는 이러한 계기들을 가리켜 전자는 "고대의 신정Theokratie이 붕괴되는, 종말의 징표"로, 후자는 "근대의 인정Anthropokratie이 성립하는, 시작의 징표"¹⁸라고 생각했다.

고대의 원근법적 표현 형식을 살펴보면 기원전 5·6세기경의 도기화에서 어느 정도 원근법이 실현되었다. 여기에서 신과 인간의 신체는 원근법

---

16 Erwin Panofsky, *Perspektive als symbolische Form*, Vorträge der Bibliothek Warburg, 1924/25, p.287.

17 이런 맥락에서 볼 때 중앙원근법이라는 관점은 칸트의 범주, 그리고 시공간에 대한 선험적 직관 형식과 유사한 체계적 지위를 획득하는데, 주관성에 입각하면서도 현상계의 객관성을 정초할 수 있기 때문이다.

18 Panofsky, 앞의 책, p.291.

적 시각에 따라 (다시 말해 단축법, 측면투시법, [후방에서 정면의 3/4정도만을 표현함으로써 눈, 코 등이] 사라진 프로필[profil perdu] 등에 따라) 재현되고 있다. 여기서의 인물들은 마치 삼차원 공간에서 움직이는 듯하다. 다만 이 그림들은 통일된 관점에 입각해 있지 않기에 원경의 대상이 축소된다거나 평행한 것들이 한 점에 수렴된다거나 단일한 소실점이 있다거나 하는 일은 나타나지 않는다. 오히려 모든 신체가 각각 자신만의 원근법을 갖는다. 그런 까닭에 저런 표현을 "신체원근법"[19]이라 말하기도 했다. 이 신체원근법에 공간표상이 상응하는데, 이는 파노프스키가 근대의 체계공간과 구분하기 위해 "집합공간"이라 불렀던 것으로서 각 신체의 입장에서 전후좌우가 표현되는 공간을 뜻한다.

기원전 5세기 중엽 이래 고대의 회화에서 공간원근법이 점진적으로 적용되었으나 이것이 중앙원근법으로 구축된 것은 아니며 신체원근법과 순수 광학적 원근법의 중간 지점에 속한다. 이로써 대상의 현실성을 주장하는 독특한 방식이 나타난다. 초기 르네상스 회화의 엄격한 중앙원근법의 경우에는 대상이 지각되는 대로 현실화되지는 않았다. 존재론적·인식론적으로 볼 때 중앙원근법은 결국 표현된 대상 가운데 그 어떤 것도 그것의 본질이 사물로부터 나올 수 없다. 실존하는 모든 것은 관점에 따라 이중적 맥락으로 상대화되는데, 첫째로 여타 실존물과의 연관하에서만 표현될 수 있으며, 둘째로 그것이 지닌 속성은 오직 주관의 지각에 달려 있다. 이렇게 지각하는 주관이 현실을 어떤 식으로든 변형하고 매개함

---

19 이에 대해서는 다음의 책 참조. Bernhard Schweitzer, *Vom Sinn der Perspektive*, Tübingen, 1953, p.13.

으로써 그 자체로 확고한 연관을 가진 공간 구조가 생성되고 현실과의 연관이 산출된다.

철학적 관점에서 볼 때, 르네상스기에 원근법을 발견한 일은 다음과 같은 점에서 의미가 있었다. 훨씬 후대에 가서야 자연과학 및 철학을 통해 명시적인 방식으로 전개되었던 인식론적 문제, 즉 주객의 관계 문제, 다시 말해 인식이란 주관의 인식 조건에 종속되어 있다는 문제를 선취하여 시각적으로 보여주는 것이다. 이 문제는 데카르트 이래, 의식철학의 태동기부터 철학의 주요 테마가 되었는데, 이것이 처음으로 첨예화될 즈음 칸트는 이를 철학에서의 코페르니쿠스적 전환으로 이해했다. 르네상스 예술에서 외부 현실에 대한 원근법적[관점주의적] 현시는 후기 데카르트의 인식론과 궤를 같이하는데, 그는 인식을 ① 방법론적으로 제어하고 ② 주관성의 조건에 의해 도출하며 ③ 구성이라는 의미에 따라 수행해야 한다고 했는데 수학이 이에 가장 적절한 방법이 된다. **구성지식**이라는 개념은 회화 예술은 물론 근세 철학에도 적용된다. 눈에 보이는 현실을 화가가 하나의 시점으로 조직화한다면, 데카르트의 철학에서 이 시점에 상응하는 것은 구성하는 주체의 사유이다. 시각적 절차에서는 하나의 관계망으로 엮인 시점에서 출발하여 가시적인 것 전체로 확장되어 모든 개별자를 하나의 연관 구조 안으로 포섭한다면, 데카르트의 경우 "사유하는 자아"의 직관적 통찰에서 출발하여 연역이 이루어진다. 이때 무언가에 대한 앎은 본질적으로 그것이 다른 것과 맺는 관계를 통해 산출된다. 예술의 공간적 연관 구조에 인식적 사유의 선線적 관계 구조가 상응하는 것이다.

르네상스기에 원근법이 재발견됨으로써 자연과학적 탐구, 그리고 자연 연구의 방법론에 대한 더 근본적인 자각이 나타났다. 이 시대의 화가들은 이런 점에서 자연탐구자이기도 했다. 그러나 새롭게 대두된 과학적 방법론의 합법칙성, 그리고 과학적 목표에 따른 관점 내에서 혁신이 이루어진 조형물, 이런 혁명적 성과들을 그저 과학적 노력으로만 이해한다면 이는 원근법에 대한 일면적 해석이 된다. 정신사적 지평에서 본다면 르네상스 회화의 — 중앙원근법을 위시한 — 원근법적 구도는 다양한 기능을 충족할 수 있으며 단지 과학적인 의미에만 국한할 수 없다.

미술사학자 박산달은 15세기의 그림들 속에 나타난 원근법이 오늘날 우리가 짐작하는 것보다 훨씬 더 강력한 시각적 메타포로 이해되었음을 일깨워준다. 1498년에 나온 림베르티누스의 저작 『천국에서의 감각적 환희에 관한 논고 Tractatus de glorificatione sensuum in paradiso』가 이에 대한 전거가 된다. 여기에서는 속세를 사는 우리의 시각 경험을 세련되게 만드는 방식으로서 "보이는 사물들의 더 큰 아름다움, 더 섬세한 시각, 보여야 할 것의 다양화" 등이 언급된다. "더 큰 아름다움의 근거는 더 강렬한 빛, 더 선명한 색채, 그리고 (그리스도의 신체에 나타나는) 더 나은 비례이다."[20] 속세의 시선에서 시각의 섬세함에 도달할 수 있다면 이 섬세함은 원근법적 시각을 통해 표현된다. 구원받은 자의 시선은 고양된 시선이라 할 수 있으며 신체들까지 완전하게 **투시**한다.[21] 림베르티누스의 논고에 나타난 언급을 통해 박산달이 내린 결론은 원근법을 정확하게 관찰하는 일은 단지 표현 기교를 능숙하게 할 뿐만 아니라 신학 논고들을 통해 설명되는 완전함에 피안의 시각이 의식적으로 접근한다는 의미도 갖고 있다는 것이다.

---

20 Michael Baxandall, *Die wirklichkeit der Bilder. Malerei und Erfahrung des 15. Jahrhunderts*, Frankfurt am Main, 1977, p.128 재인용.

21 여기에서 언급되는 "투시perspicuitas"라는 개념은 데카르트의 인식론에서 중요한 역할을 수행한다. (perspicuitas는 독일어로 'Durchsichtigkeit(투시, 명백함)' 혹은 'Deutlichkeit(판명함)'으로 번역된다.)

그러니까 르네상스 회화의 원근법도 중세 예술론의 전형이었던 기호 및 상징의 다면성을 갖는다. 즉 하나의 상징은 다층적 의미를 갖는다. 원근법은 인간중심적 현실 체험 및 현실 지배를 나타내면서도 (원근법은 데카르트 지식관의 "전조"다) 동시에 세속에서는 완전히 실현될 수 없는, (즉 "신에 대한 관조"와의 유비를 통해) 초인간적 통찰력의 상징이기도 하다.

알베르티의 『회화론』[22]은 예술제작의 주된 원리로서 원근법적 표현 외에 어떤 것이 있는지에 대해 해명하고 있다. 원근법적 성격에는 예술을 **자연의 모방**으로 보는 관념이 작동되고 있다. 그런데 알베르티가 보기에 모방의 원리는 미를 실현하려는 노력의 차원에서 강조되어야 한다. 예술가는 자신의 작품을 통해 자연미를 능가해야 하기 때문이다. 현상에 대한 표현에 미를 부여하기 위해서는 자연을 모방하되 이 가운데 잘 선택하고, 이를 개선하고, 이상화하면서도 자연에 충실해야 한다. 미학사에서 처음에는 **예술미**가 예술제작의 최고 목적으로 전개되었다. 이렇게 추구되는 예술미가 직접적 현실이나 현상이 아닌 이상 그것은 **이념**이다. 르네상스 예술론에서 이념은 다소 플라톤주의적이기는 했으나 이를 엄격히 적용하지는 않았다. 즉 예술의 목표로 생각되는 미 이념은 ― 알베르티가 보기에 ― 관조적 사유를 통해서가 아니라 오히려 자연에 대한 지속적인 탐구와 경험을 통해 얻을 수 있다.[23] 이렇게 본다면 미 이념은 오히려 **상대적**

---

22 Cecil Grayson (Hrsg.), lat.-eng. [*On Painting and On Sculpture*], London, 1972.

23 알베르티는 자연에 대한 연구를 통해 이념을 획득하지 않고 자신의 천재성에 기대려는 자들을 비판한다. "그러나 시간과 노력을 헛되이 하지 않으려면, 자신의 재능에 기대어 그저 제 스스로 화가의 명성을 도모하면서 눈과 정신을 통해 좇아야 할 자연의 모범을 뒤로 하는 일부 얼간이들의 습관에서 벗어나야만 한다. 이들은 결코 잘 그리는 법을 배운 적이 없으며 그저 자신들이 만든 오류들에 익숙해 있을 뿐이다. 열심히 연습한

으로 보편적이다. 숙련된 예술가에게 미 이념은 미가 불완전하게 명시된 대다수의 것으로부터 미의 합법칙성을 바라봄으로써 형성된다. 그러니까 "이데아"는 선험적이지도 않고 그렇다고 후험적이지도 않다. 이는 경험 없이는 생각될 수 없지만 그것의 근원을 오직 경험에만 둘 수도 없다. 알베르티는 미 이념을 가능케 하는 정신능력이 무엇인지에 대한 설명 없이 이를 감각적인, 즉 선개념적vorbegrifflich인 보편자로 여긴다. (18세기에 이르러서야 감각적 이념을 제작하는 능력을 상상력이라고 말하게 된다.) 여기에서 자연형식에 대한 직관과 재차 연관 지어짐으로써 이념이 형성된다는 것은 아리스토텔레스의 영향이다. 이념은 고양된 현실에 대한 관념이며, 예술을 통해 "자연적인 것"을 완성하려는 의도를 갖는다. 이때의 완성은 예술가 자신의 창조물로 여겨진다.

르네상스기 예술론에 나타난 이데아론이 플라톤의 이데아론을 아리스토텔레스적으로, 즉 현상 **자체**로부터 드러나는 이상[24]이라는 의미로 수정하기는 했지만 르네상스 당시에 개진된 피치노의 신플라톤주의와 유사성을 갖고 있다. 『향연』에 대한 주석서인 『사랑에 대하여De amore』에서 신플라톤주의와 기독교를 연관 지어 살펴보면서 미의 형이상학에 대해 설명했던 피치노는 『플라톤 신학Theologia Platonica』에서는 예술가의 제작과 관련한 문제들을 다룬다. 피치노는 예술을 통해 이념 및 절대적 미를 지시한다는 점에서 그것의 의미와 기능이 설명될 수 있다고 보았다. 고대의 '테크네'론에 따르면 예술은 인간이 관념적 지향성에 따라 제작하는 활

이조차 인식하기에 쉽지 않은 미 이념은 경험이 부족한 정신을 비껴간다"(Über die Malerei, in : Panofsky, Idea, p.31).

24 결국 바사리는 이념idea을 콘체토concetto의 예술론적 개념으로 한정하였다.

동이다. 자연에서 주어진 질료에 형식과 형태를 부여하면서도 질료의 질적 존재까지 이념의 표현이 되기에 적합한 형태로 고양한다. 피치노는 인간의 이런 창조 행위가 신과 비교할 때 그저 사후적인 제작이라 해도 창조라는 점에서 신과 닮은꼴이라고 보았다. 『플라톤 신학』에서 피치노는 이에 대해 다음과 같이 정식화한다. "인간은 어느 면에서는 신이며 바로 지상의 신이다." 이 점은 르네상스 예술가들이 예술론을 펼 때 중요한 역할을 하게 되는데, 여기에서 "신적 예술가"라는 개념이 정식화된다.[25]

하나의 이념에 따라 질료를 형상화하면서 신과 닮은꼴을 발견한다는 견해는 예술을 자연의 모방으로 간주하는 입장과 완전히 합치한다. 예술이 자연을 모방할 뿐만 아니라 이를 더욱 완전하게 만든다는 아리스토텔레스의 생각은 피치노에게 이어진다. 무엇보다 '완전하게 만듦'이라는 사상은 인간이 자연을 형상화함으로써 자연 본연의 의도를 순수하게 포착하고 수용할 수 있다는 점을 전제로 한다. 여기에서는 자연 자체가 로고스(이념)에 따라 질료를 조직화한 일종의 예술로 이해된다. 피치노는 자연 속에서 작동되고 구현되는 합리적 형식을 "살아 있는 이념"이라 부르면서 자연의 역동적인 형성력을 해명한다. 그래서 자연을 모방한다는 것은 예술가의 입장에서 보면 자연처럼 만든다는 뜻이다. 이때 예술가가 모방하는 것은 행위나 절차이지 결코 자연 산물 자체가 아니다. 피치노는 플로티노스를 좇아 자연의 창조 행위야말로 정신이 스스로를 창조자로

---

25 바이어발테스는 피치노뿐만 아니라 (『인간의 존엄에 대해De hominis dignitate』를 쓴) 미란돌라도 인간의 존엄에 대한 표상을 본질적으로 이념을 창출하는 인간의 능력에서 도출하고 있다는 점을 지적한다. (Werner Beierwaltes, *Marsilio Ficinos Theorie des Schönen im Kontext des Platonismus*, Heidelberg, 1980, p.44, 각주 119).

인식하게 하는 바로 그 방식과 같다고 이해했다. 자연 속에서 가지고 와서 이를 고찰하는 정신의 행위는 정신의 자기모방으로 이해되며 그래서 — 신플라톤주의적 해석에 따르면 — (특히 예술가의) 모방도 인식으로 인정될 만하다. 왜냐하면 피치노의 견해에 따를 때 예술가는 플라톤이 지적했던 바와 같이 가상을 만드는 예술가가 되어 현실을 허구적으로 반복하는 자가 아니라, 자연의 예지적 근거를 현시하는 자이기 때문이다. 이로써 예술은 자연에 비한다면 정신의 자기반성이라는 고상한 단계에 속한다. 자연은 예술을 통해 파악 가능하며 무엇보다도 예술은 자연에서 불완전하게 실현되어 있는 것을 완성한다. 결국 예술은 (라파엘로를 위시한) 르네상스 예술가들로부터 아주 특별한 의미를 부여받는데, 예술에 의한 **자연의 이상화**Idealisierung가 바로 그것이다. 불완전한 현실을 기만하지 않고, 신플라톤주의자들처럼 내밀한 인식에 몰두함으로써 우연한 현상에서 벗어나며, 이 현상의 예지적 근거에 걸맞는 감각적 미의 심상을 통해 초월적인 것을 드러낸다. 이런 기획에 따른 예술가의 제작은 플라톤의 "이데아"개념에도 영향을 받은 것이다.

예지적인 것을 간접적으로 표현하는 일이 예술의 본령이라고 할 때, 피치노는 근원을 추구하는 본질 단계의 운동에 예술이 속한다고 보았다. 왜냐하면 예술은 미에 대한 사랑 혹은 예지적 근거에 대한 동경을 뜻하는 에로스를 특수한 방식으로 일깨우는 능력을 지니고 있기 때문이다. 예술의 형상화 능력은 이념의 관점에서 볼 때 자연보다 더욱 명백한 현상을 산출케 한다. 아름다움 자체가 초월 행위를 유발하는 호소력을 갖는다. 이른바 이념의 광채를 발산하도록 하는 힘을 지닌 예술은 이념과 유비되며 탁월한 매력을 지녔다.

피치노 철학은 다음과 같은 영향사적 의미를 갖는다. 우선 그의 철학은 신플라톤주의적 형식에 입각해서 플라톤주의를 부흥시켰다. 플로티노스에서 시작된 신플라톤주의는 미와 예술을 중점적으로 다루고 이 양자를 최초로 체계적 근거에 따라 종합했다. 피치노의 형이상학은 예술 및 예술가가 중세와는 다른 지위를 지닌 존재로 평가받고 미가 진리와 직접 연관되도록 하는 데 기여했다. 이 시기부터 19세기까지는 플라톤적인 미학을 추구하는 전통이 이어졌다. 자연 관념이 실증주의적 경향에 따라 "외부의 사실 세계"인 것으로 변형됨으로써 미를 통해 진리를 직관한다든가 예지계가 표현된다든가 하는 식의 이해가 불가능해진 국면에 이르러서야 비로소 플라톤적 정식定式을 미학에서 활용하는 일은 불가능해졌다.

역자 주

1) 플라톤에게 이념Idee은 이데아를 뜻한다. 여기에서 저자는 근대 철학의 관념idea론과의 연관성을 고려하여 이념이라는 용어를 사용하고 있다.

2) 여기에서 '현현하다'로 번역된 scheinen은 빛이 비추어진다는 뜻을 갖는다. 서구 사상에서 이 말은 이념이 현실과 관계 맺는 방식을 함축한다. 이와 연관된 어휘들로 현상Erscheinung, 가상Schein 등이 있다.

3) 척도Maß는 적합한 정도라는 뜻도 갖기 때문에 '적도'라는 번역도 가능하다. 즉 측정 기준으로서의 '자(尺)'뿐만 아니라 측정된 결과 적절한 치수나 정도를 가졌다는 뜻을 갖는다.

4) Darstellung은 '재현', '서술', '표현' 등으로도 번역될 수 있으나 본 번역에서는 '현시顯示'를 기본으로 한다.

5) 여기에서 저자는 '자유 7과목septem artes liberales'을 독일어로 자유로운 일곱 예술[기예]들Die sieben freien Künste로 번역한다.

2

미학, 독자적 학문의
동기를 부여받다

⋮

데카르트, 라이프니츠

Die Provokation zur Ästhetik als eigene Disziplin
• *Descartes, Leibniz* •

1장에서 살펴본 바와 같이, 미와 예술에 대한 성찰은 근대 이전까지는 존재론 및 형이상학의 영역에 속했다. 여타 존재자들과 달리 아름다운 사물은 — 특히 예술은 — 진리를 직관하게 한다. 직관을 통해서는 (신)플라톤주의적으로 볼 때 (메텍시스, 즉 분유를 통해 확보되는) 초감성적 진리가, 아리스토텔레스적으로 볼 때는 [지성적인 것에 비해] 하위의 것일지언정 (눈, 귀와 같은 인지적 감관에 의거할 경우에) 인식에 필수불가결한 단계에 속하며, 독자적 가치를 지닌 감각적 지각이 드러난다. [칸트의] 비판철학이 나오기 이전의 형이상학에 따르면 존재자 인식의 척도는 미와 예술의 인식 척도와 동일하다. 즉 ① 사물들을 그것이 존재하는 바대로 인식하려는 의도가 부각되고 ② 인간 지성을 신의 지성과의 유비를 통해 바라봄으로써 "사물과 지성의 일치"라는 인식관의 타당성과 가능성이 주장된다. 이에 따르면 미와 예술에서 인식되는 내용은 직관의 성질 지향적인 잠재력을 갖는다. 중세의 이론에 따르면 이 직관은 단번에 전모를 파악하므로 논증적 지성의 인식보다 더 높은 단계에 속한다. 미는 개념의 매개 없이 직관을 통해 도달되는 진리이며 그렇기 때문에 "신에 대한 관조"와 연관이 있다.

  기존의 인식 구조가 혁신된 이후 미의 진리 내용이 기존의 것으로는 매개될 수 없게 되자 미와 예술의 철학을 위한, 혹은 감성적 인식의 이론을 위한 새로운 토대가 요구되었다. 특히 인식관을 수학화한다는 의미에서 근대 자연과학이 야기한 변화가 철학에 영향을 미쳤다. 과학의 이런 도전에 가장 적극적으로 응대한 이가 바로 데카르트였다.

  여기에서 주목할 것은 철학사에서 근대를 말할 때 역사학에서 근대의 척도로 보는 15세기가 아니라 데카르트가 활동한 17세기 후반을 근대로 보는, 즉 좀 더 엄밀한 의미의 근대 개념을 사용한다는 점이다. 데카르트는 스콜라 철학의 전통과 단절하고자 했다. 그저 논리적으로만 그럴듯한 것을 확고한 교설인 양 독단적으로 주장하는 이 전통에 직면한 데카르트는 새로운 학문의 정초를 위해 인식의 확실성을 수학적 방법으로부터 도출했다. 이렇듯 새로운 — 코페르니쿠스 이래 50년 이상이 흐른 뒤 나타난 — 방법론에 따른 철학적 전범은 근대 자연과학의 영향을 빼놓고는 생각될 수 없다. 케플러와 갈릴레이는 데카르트와 동시대인이었다. 당시 질적 특성 혹은 목적인에 입각한 아리스토텔레스-스콜라적 물리학에 맞서는 수학적 자연과학을 개진한 이가 바로 갈릴레이였다. 갈릴레이가 정립한 방법론은 데카르트의 초기작인 『규칙들』[1]에 표명된 구상, 즉 경험되는 복잡한 정황들을 단순한 요소들로 분석[분해]한 후 이 요소들을 재구성한다는 구상과도 유사하다. 이와 관련해서 갈릴레이는 "분석적 방법"과 "종합적 방법"을 언급했다. 실험을 통해 귀납과 연역이 결합된다는 것이다.

인식의 문제를 방법이라는 새로운 토대에서 제기하려는 데카르트의 의도는 인식의 확신과 확실성을 향한 그의 노력의 산물이었다. 그가 『방법서설 Discours de la méthode』에서 술회한 것처럼,[1] 입증 근거의 확실성과 명증성 때문에 그는 줄곧 수학이라는 분과에 매료되어 있었다. 이런 확실성은 우리가 인식하는 경험 **대상들**로부터, 즉 외적 지각의 대상들로부터 확보되지 않는다.[2] 인식의 고전적 정식인 "지성과 사물의 일치"에 등장하는 두 요소는 상호 독립적인 것으로 생각되었으며 이것들의 일치를 가능케 하는 조건은 인식론적이라기보다는 궁극적으로 신학적이었다. 『규칙

---

01 제1부 열 번째 단락 참조.
02 데카르트는 감각적 지각으로 사물을 인식하는 일이 얼마나 불충분한지에 대해 『〔제1철학에 대한〕 성찰 Meditationes 〔de prima philosophia〕』(제2부 열한 번째 단락)에서 〔온도에 따라〕 상이한 응고 상태가 되는 밀랍의 예를 들어 설명한다. 감관은 언제나 우리의 사념과는 다른 사물을 우리에게 전달하고, 우리가 밀랍이라고 부르는 항존적 사물은 "오직 정신 mens을 통해서만 파악"된다(같은 곳, 열두 번째 단락).

들』에서 양자의 일치를 위한 인식론적 조건을 추적하는 과정에서 데카르트는 사물의 복잡한[2] 정황을 수학적 방법론으로 서술할 근거를 도출하였다. 즉 질서와 척도ordo et mensura라는 구조적 특성들이 지성과 사물의 일치를 보증한다. 수학적 지성이 복합적 구조를 지닌 사물과 합치할 수 있기 때문이다. 한 사물의 복잡성은 수학적 구조를 통해 서술될 수 있다. 질서와 척도를 지향하는 방법론을 데카르트는 "보편수학"이라 명명하는데 이는 유클리드가 앞서 사용했던 개념을 받아들인 것이다.

데카르트가 "명석하고 판명하게clare et distincte"인식된 것만이 참된 것으로서 타당하다고 거듭 말하면서, 이제 지식의 확실성은 이러한 인식을 "어떻게" 확보하는가에 달린 문제가 된다. 따라서 어떤 인식이든 방법의 문제가 우리가 인식할 대상에 대한 고찰보다 우선시되어야 한다. 어떤 대상이 인식 가능한 영역에 속하는가의 여부는 이 사물에 얼마나 적절한 방법론을 적용할 수 있는가의 여부에 달려 있다. 지식을 산출하는 이런 방법론은 '세 번째 규칙'에 따르면 지성의 행위인 명증한 **직관** 및 확실한 **연역**이다. 지식의 제1원리인 근본 공리들은 직관을 통해서만 인식되고 파악된다. 또한 직관에 대한 원리적 통찰은 증명할 수도 증명할 필요도 없다. 데카르트에게 연역이란 숙지하고 있는 특정 명제들로부터 필연성에 따라 도출하는 방법이다. 정합적으로 도출해야 한다는 요구를 데카르트는 끊어지지 않고 연결된 고리의 이미지를 이용해 설명했다. 대상에 대한 학문적 서술의 완전함을 기하기 위해서는 — '일곱 번째 규칙'에 따르면 — 충분한 귀납도 필요한데, 하나의 원리를 제시할 수 있을 만큼 요소들 간의 관계를 충분히 열거해야 한다. 데카르트에 따르면 직관과 더불어 이런 충분한 귀납이 있어야만 인식에 도달하는 가장 확실한 길로 들어선다. '두 번째 규칙'에서 데카르트는 기존의 학문들이 지식에 요구되는 확실성을 제공하고 있는지 여부에 대해 검증한다. 그는 오직 대수학과 기하학에서만 이런 확실성을 발견했기 때문에 기하학적 증명에 상응하는 확실성에 도달할 수 있는 대상들의 인식에만 몰두해야 한다고 요구하였다.

인식의 확실성에 대한 무조건적인 추구는 어떻게 보면 이미 순수 이론으로부터, 즉 사물을 그 어떤 의도도 없이 바라보았던, 그리스인들이 말한 "테오리아theoria"의 태도로부터 벗어나는 것이라 할 수 있다. 이로써 사물을 판정할 때 사물에 대한 처분권이 우리에게 얼마나 주어지는지에 따라 판정하려는, 이른바 '지배지식'[3]이 예고되고 있다.

이 점은 인식과 현실의 관계에 대해 다음과 같은 광범위한 결과를 수반한다. 데카르트의 인식관에 따르면 대상이 무엇으로 이루어져 있는지에 대해 우리의 지성이 확실성을 갖도록 해주는 관점에 따라서만 이 대상이 관찰된다. 데카르트는 '다섯 번째 규칙'을 개관하면서 무릇 방법론이란 사물의 질서와 구성ordo et dispositio을 파악할 수 있도록 하는 것이어야 하며 이 사물의 진리를 발견하기 위해 "정신의 눈"으로 바라보아야 한다. 따라서 사물들은 그것의 실존과는 별개로 우리의 인식 질서에 따라 이해되어야 한다. 가령 붉은 구슬 하나가 있다고 할 때 이것의 현존은 철두철미 단순한 단일체로 나타나지만, 이것을 인식하기 위해서는 이를 형태 · 연장 · 색채의 합성물로 이해한다. 결국 인식은 우리의 생활세계로서의 현실 혹은 지각의 현상이 아니라 단순체로서의 자연에 대해 지성이 성찰한 연장 · 밀도 · 형태를 겨냥한다. 다만 이런 연관에 따라 진리와 오류의 문제를 제기할 경우, 이는 오직 지성과의 연관을 통해서만 나오는 문제일 수밖에 없다. 따라서 데카르트는 다음과 같은 결론을 내린다. 즉 대상의 진리를 다룰 때 자아는 그것의 실존과 관련해서가 아니라 **오직** 우리의 지성과 관련해서만 고찰할 수 있다. 그것들은 어떤 식으로든 단순한 것들이 합성되어 생긴 것이다. 말하자면 데카르트가 생각하는 구성은 언제나 지성의 견지에서 세계를 아우르는 작업이다. 오직 지성과만 연관을 맺는 세계란 엄밀한 수학적 요소들, 순전히 양적인 성질들에 의한 합성체이다. 이로써 르네상스기에 형성된 중앙원근법적 구상이 다시 한 번 확인되는데, 이것이 엄밀하게 견지됨으로써 데카르트적 구성지식이 예술가에게 어떤 조망을 부여하는지가 드러난다.[03] 원근법적 심상을 여는 이 관점은 데카르트가 『성찰』에서 말한 "나는 사유한다"에 상응하는데, 이것이 좌표의 원점이 됨으로써 사물의 위치는 지성의 관점에 입각해서, 즉 사물이 지성과 맺는 관계 구조에 따라 지정된다.

데카르트가 합리적 인식관의 절대화를 시도함으로써 인간은 지각되는 자연 환경으로부터 소외되고 현실성을 상실했으며 결국 합리적 세계연관과 감각적-감정적 세계연관은 상호 분리된다. 미와 예술은 더 이상 순전히 수학적 방법론에 따른 인식 개념의 대상이 될 수 없다. 감각적 지각의 가치가 절하되어 단편적인 것이 됨에 따라 직관의 독립적 인식 기능이 거부되고[4] 직관의 인지적 능력 자체가 문제시되었다. 미와 예술이 인식과 유사성을 갖는다는 주장을 지속하기 위해서라도 미와 예술에 대한 철학이 새롭게 정초될 필요가 있었다.

이에 독자적 학문이 된 수학적 자연과학의 인식관에 입각한 미학 이론이 본격적으로 등장할 여지가 생겼다. 즉 미학 이론에 합리성 자체를 예술 창작 및 판정의 최고 원리로 삼으려는 시도가 나타난 것이다. 이것이 — 데카르트 철학의 영향하에 나온 — 프랑스 고전주의의 방식이었다. 프

---

03 르네상스기 화가에게 과학적으로, 그리고 형이상학적으로 제기되었던, 인식의 이상 혹은 현실적인 것의 "perspicuitas(명백함, 투시)"의 이상에 대해 데카르트도 (가령 '열두 번째 규칙'의 열세 번째 단락에서 "명백하고 판명한 인식cognitio tam perspicua et distincta"에 대해 언급하면서) 논한다.

랑스의 합리주의적 예술론을 가장 잘 대변하는 자로는 부알로가 있다. 그는 1674년 저작 『시학L'art poétique』에서 데카르트의 영향 아래 이성에 입각한 불멸의 작시법을 정립했다고 자평했는데 이는 고대 고전주의 작가들, 즉 이 법칙을 모범적으로 실현했다고 생각되는 이들을 근거로 하는 것이었다. 그 가운데 특히 호라티우스를 예로 들 수 있다. 고대란 결국 그 자체로 르네상스의 전범이자 척도의 역할을 했다기보다는 인간 이성(양식bon sens)의 영원한 규범을 충족한 범례가 된다.[04] 자연에 대한 모방이 예술의 과제로 부과된다. 이성이 진리 인식에 사용되는 까닭에 이성의 지도를 받은 예술미가 진리와 동등한 의미를 갖게 된다. 부알로가 훌륭하게 번역한 롱기누스의 저작 『숭고론Peri hypsous』으로 인해 (버크, 칸트, 실러와 같은) 18세기 미학자들이 숭고 현상에 몰두할 수 있었고, 데카르트의 합리주의가 영어권의 예술론에도 영향을 미쳤다. 이에 따라 교훈시의 형식을 띤 교범인 포프의 『비평론Essay on Criticism』이 나왔다.

그러나 정작 데카르트는 방금 언급한 저자 및 예술이론가들이 행했던 바와는 다른 결론을 도출하였다. 다음은 1630년 3월 18일 데카르트가 그의 친구 메르센에게 쓴 편지의 한 구절이다.

무언가를 아름답다고 할 수 있는 근거를 어떻게 발견할 수 있을지에 대한 당신의 질문은 앞서 제기되었던, 즉 하나의 음이 다른 음보다 더 쾌적한 이유가 무엇인지에 대한 질문과 동일한데, 유일한 차이는 '아름답다'는 표현이 특별히 시각에 적용된다는 데 있습니다. 그렇지만 아름다움과 쾌적함은 대상에 대한 우리의

---

04   Baeumler(1975), p.25 참조.

판정 이상의 것을 의미하지 않습니다. 그리고 인간의 판정 방식이 다양한 까닭에 아름다움과 쾌적함에 대한 특정한 척도를 발견하는 일은 불가능합니다. […] 대다수의 사람들이 마음에 들어 하는 것을 가장 아름답다고 칭할 수 있겠으나, 이는 결코 규정될 수 없는 것입니다.[05]

데카르트가 보기에 학으로서의 미학은 불가능하다. 미에 대한 가치판단의 객관적 기준을 설정할 방법론은 찾을 수 없기 때문이다. 즉 미에 대한 판정을 통해서는 미학이 학문성을 요구한다는 확신에 도달될 수 없으며, 미를 산출하는 교범조차 존재할 수 없다.

미학 이론으로 향하는 정반대의 길이 있다. 학문화에 골몰하지 않고 미적 현상과 미적 태도를 합리성과 무관한 것으로 간주하는, 특히 영미 문화권에서는 지금까지도 큰 비중을 차지하는 감정론Emotivismus의 맥락에서 주관적 감정의 미학 및 취미의 미학을 형성하는 방법이 바로 그것이다. 미학의 창안자인 바움가르텐은 — 미적인 것을 합리화하거나 감정화하는 식의 — 이런 잘못된 대안에 매몰되지 않았다. 그는 감각적 인식의 고유함을 요구하면서도 합리적 인식과의 유비를 인지하였다.

데카르트가 미의 인지적 의미 및 예술의 인식 요구를 거부한 것은 그의 체계상의 불가피한 귀결이다. 데카르트의 이런 태도는 그의 철학이 지닌 반감성적·형이상학적 성격과 관계가 있다. 그의 철학에 따르면 시공간상에서 존재를 전개한다 해도 이로써 인식의 문제를 쉽사리 해결할 수 없고, 수학적 사유는 "유한성의 형식들"인 시공간에서 벗어나기 위해 광범

---

05 *Œuvres de Descartes*, ed. Adam-Tannery, I, Paris, 1897, p.132 이하.

위한 노력을 기울인다. 순식간에 확보되어야 하는, 결코 시간상에서는 성취될 수 없는 가장 단순한 진리에 대한 직관만이 그 어떤 미혹됨도 없이 확실하다. 데카르트에 따르면 시공간상의 사물은 복합체이며 그렇기 때문에 논증적으로만 인식될 뿐 직관적으로는 불가능하다. 모든 요소들을 세밀하게 분석할 경우에만 사물에 대한 인식이 가능한 것이다. 이는 전체를 파악하는 인식이나 미적 경험과는 완전히 다르다. 이제 [논증적] 지성과 [직관적] 감성은 완전히 별개의 것이 된다. 『성찰』의 몇 구절을 살펴봄으로써 이를 보다 분명히 할 필요가 있다. 이 저작에서 데카르트는 지식의 확실성을 위해 모든 지식의 형식들에 대한 방법적 회의를 수행함으로써 가능한 한 의심의 여지가 없는 최고의 지식을 획득하고, 이를 토대로 지식 전체의 구조물을 건립하고자 했다.

데카르트가 지식을 이런 식으로 정립할 때 토대가 되는 '아르키메데스의 점'은 『성찰』에 따르면 순수 주관성으로 소급함으로써 획득된다. '제2성찰'의 세 번째 단락에 나타난 데카르트의 논증에서는 인간을 기만하는 신이 지속적으로 의식을 속이고 있는지도 모른다는, 극심한 회의를 수행하는데, 이를 통해 오히려 확고부동한 것을 얻게된다. 즉 "신이 할 수 있는 한 나를 속인다 해도, 내가 그 무언가로 있다는 사유를 하는 동안은 나를 그 무엇도 아닌 상태로 이끌지 못한다." 따라서 이렇듯 급진적인 방법적 회의는 실존하는 사물을 확실하게 하는 일을 통해서가 아니라 자기 스스로를 확신하는 순수 활동, 즉 사유를 통해 불식된다. "나는 사유한다"는 자기 연관적 활동이며 이로써 모든 회의가 가능했던 것이다. 자아의 현재성에 대한 이런 직접적 경험, 즉 이런 자기의식으로부터 데카르트는 체계적 지식의 첫 번째 원칙인 "나는 있다. 나는 존재한다"를 획득한다. 이렇듯 명석하고 판명하게 서술되는 직관은 이후 직관적으로 획득되어야 할 다른 통찰들의 척도가 된다. 특기할 만한 것은 데카르트가 '내가 그 무언가로서 있다는 사유를 하게 된다면 **그동안** 나는 그 무엇도 아닌 것일 수 없다'고 말한 점이다. 이렇듯 사유가 시간과 결합됨으로써 명확해진 것은 데카르트가 여기에서 그저 사유의 원리적 기능만을 염두에 둔 채 이를 통해 순전히 원리적인 방식으로 존재하는 자아 일반을 도출하려고 하지는 않았다는 점이다. 자아의 확실성은 오히려 사유의 실제 수행과 결부된다. 사유는 여기에서 **논리적** 기능만이 아니라 존재론적 상태 속에서도 관심의 대상이 된다. 그런데 이런 존재론적 상태는 오직 실제 활동을 통해서만 확실해질 수 있다. 사유하는 자아가 '지금'의 시점에서 미래를, 즉 자아가 지속적으로 사유를 통해 존재하게 해줄 그런 미래를 도출할 여지는 없다. 이로써 시간상의 자아의 확실성이 자아 자신의 힘에 따른 것이 아니라는 점이 드러난다. 데카르트에게 자아 유지의 문제는 결국 ('제3성찰' 32번 단락에서) 신 존재의 증명과 연결된다.

공간상의 사물인 물체의 확실성 및 인식 가능성에 대해 물음을 던졌던 것처럼 데카르트는 시간상의 자아의 확실성 및 지속성에 대해서도 물음을 던진다. 자아는 자신의 신체는 물론 물체들과의 연관을 모두 도외시함으로써 자아의 확실성이 인식된다. 이때 인식된 자아는 "사유하는 것res cogitans", 즉 사유하는 무언가로서 내 밖의 공간 및 사물들과의 모든 연관을 도외시한 사유 실체이다. 공간 내 사물들에 대한 표상은 복합적이며, 모든 확실한 지식의 전범을 제공했던 표상과 달리 명석함과 판명함이 결여되어 있다. 특정 형태를 띤 물체에 대한 표상들은 결코 지성에 의해 획득될 수 없으며, 오히려 이 표상들은 육체의 정념에, 그리고 우리 밖에 있는 것의 형태를 표상하는 능력인 상상력에 근거를 둔다. 이런 복합 절차들에 대한 완전한 분석은 불가능하다. 상상력이 작동하면 이것이 확실하고 충분하게 통제될 수 없기 때문이다. 우리의 표상들의 형식에 입각한 외부세계의 사물들이 있는지의 여부는 상상력의 증거에 의해서는 결코 도출될 수 없다. 여기에서는 꿈을 꿀 때의 표상들이 밀랍 상태에 대한 표상과 본질적으로 구분되지 않는다. 감각의 증거는 그 자체로 진리능력이 없는데, 감성 자체로는 그 어떤 통찰력도 갖지 못하기 때문이다. 데카르트의 인식론에서 감성은 그 어떤 논리성도 없기 때문에 인지적 의미를 상실한다. '제2성찰'에서는 밀랍의 예를 통해 감성과 지성 간의 이런 관계를 해명한다. 자아가 지각에 대해 불신을 갖는 까닭은 무엇보다 스스로를 확실하다고 인식하는 사유 실체가 자신과 완전히 다른 것, 즉 공간을 차지하는 연장적 물체와 직접적 연관을 갖지 않기 때문이다. 연장성을 갖는 질료는 오직 정량화된 수치에 따라 인식하는 지성과 관계를 맺을 수 있다. 그러나 이런 식으로는 의식에 확실성을 제공해줄 수 없다. 데카르트는 이제 인간 의식에 연장 실체에 대한 명석한 관념을 불어넣어 줄 신에 대한 표상에 전념한다. 신은 결코 기만하지 않을 것이기에, 자아의 표상에 기만이 있을 수 없다. 따라서 데카르트의 실체 이원론은 사상의 세계와 외부 세계를 매개하는 신이 양자의 동형성을 보장한다는 가정을 통해서만 온전해질 수 있다.[06] 데카르트 철학은 결코 감성계mundus sensibilis와 지성계mundus intelligibilis를 완전히 매개하지 못한다. 그의 철학이 반미학적인 이유가 바로 이 때문이다. 미와 예술이론은 감각적인 것과 의미 있는 것 간의 불가분성[5)]과 직결되기 때문이다. 이 이론은 감각적 질료 자체가 조직화됨으로써 주어진 예술 속에 깃든 의미의 **형성 과정**을 추적한다.

만일 합리주의적 형이상학에 데카르트만 속한다면 미학이라는 학문이

---

06 칸트는 이런 가정에 입각해서 회의주의를 다음과 같이 바라보았다. 회의주의에서 사유는 자율성을 상실하는데, 이것이 신의 마음에 든다고 할지라도 이와는 완전히 다른 인식 조건 및 법칙을 창출할 수도 있기 때문이라는 것이다.

성립할 동기가 형성되지 못했을 것이다. 합리주의는 이를 촉진하기는커녕 오히려 이를 방해했을지도 모른다.

그러나 라이프니츠의 철학이 미학을 촉진하였다. 라이프니츠의 철학 체계는 본질적으로 자연을 기하학의 대상으로 삼아 수학적으로 탐구한 데카르트에 대한 응답이자 그의 자연관에 대한 수정이었다. 데카르트에 따르면 물체의 본질은 연장이고 비물체적 영혼의 본질은 사유이다. 이에 따라 사물의 개별성은 거부되고 사물 전체의 순전한 크기만 인정된다. 그러나 라이프니츠의 인식에 따르면 지각 가능한 사물의 본성은 연장을 통해서는, 다시 말해 순전한 정량화로는 논구되지 않는다. 라이프니츠는 실체를 새롭게 이해했는데, 이는 사물들이 개별성과 다양성을 갖고 있다는 점을 드러내고, 무엇보다 사유 실체가 연장 실체에 영향을 미친다는 점을 설명하기 위함이었다.

라이프니츠가 보기에 사물이 현실성을 갖추려면 사물의 본질을 순전한 크기가 아니라 힘으로 이해해야 했다. 그는 현실의 참된 요소, 그러니까 참된 실체가 자신이 모나드[단자]라고 부르는 형이상학적 힘의 중추들이라고 전제하면서 이를 통해 실체의 불가분성 및 독립성을 언급한다.[07] 지각 가능한 물체들은 다수의 모나드들이 집적된 것으로 파악된다. 모나드들은 그 어떤 제약도 없는 단일체[6]라는 점에서 동등하다. 우주의 다양함이 어떻게 성립하였는지에 대해 대답하기 위해 라이프니츠가 제시한 모나드는 "활동할 수 있는 존재"[08]이다. 우리가 합성물에서 지각하는 변화

---

07 라이프니츠는 『모나드론La Monadologie』(§3)에서 모나드를 "자연의 참된 원자les véritables Atomes de la Nature"라고 부른다.

08 『자연과 은총의 이성원리들Vernunftprinzipien der Natur und der Gnade〔Principes de

들은 모나드들이 집적된 요소에 따른 것이다. 그러나 모나드라는 완전히 비물체적인 것 속에서의 변화가 어떻게 생각될 수 있을까? 모나드들을 상호 구분해주는 표징인 모나드의 변화로 인해 모나드의 단일성이 사라져서는 안 된다. 모나드의 이러한 활동은 '다수성 속의 통일성'의 견본이다. '다수성 속의 통일성'을 우리의 의식 혹은 지각에서 발견한 라이프니츠는 모나드를 지각하는 존재라고 부른다. 모든 모나드는 의식의 상태에서 세계를 지각하는데 지각의 관점은 완전히 개별적이며 극심한 수준 차를 갖는다. 의식 상태에 대한 이런 관점은 "수면 상태"의 모나드에서부터 감각하는 모나드를 거쳐 통각을 갖는 모나드에까지 이르기 때문이다.

라이프니츠의 모나드론은 의식 자체로 실존하는 존재에 대한 이론이다. 그는 '의식이 어떻게 존재와의 일치에 도달할 수 있는가'와 같은 질문을 '의식으로서 실존하는 존재가 어떻게 자기 자신과 일치하는 인식에 도달할 수 있는가'라는 질문으로 수정한다. 모나드들은 모두 **즉자적**으로 의식이 되며 이를 스스로 자각하지 못하는 한 수면 상태에 있다. 이보다 더 높은 두 단계, 즉 감각하는 모나드(영혼)와 지각하는 모나드(자기의식)에는 스스로를 의식으로 파악하는 단계들이 다양하게 분화되어 있다.

그러니까 모나드들 간의 **양적** 구분을 통해 존재자들이 다양해진 것은 아니다. 이런 구분은 각 존재들이 갖는 고유한 불가분적 요소들과 모순되기 때문이다. 즉 모나드는 시공간상의 그 어떤 연장도 갖지 않는다. 오히려 활동하는 모나드들 간의 **질적** 구분에 따라 다양해진다. 실존의 이러한 다양성은 명석함과 판명함의 정도에 따라 산출된 것이며, 이런 질적인 구

la nature et de la Grâce fondés en raison]』(§1), "Un Etre capable d'Action".

분에 따라 존하는 것들이 표상된다. 모나드는 "살아 있는 거울"[09]이며 개별화되는 만큼 각각 우주를 반영한다. 이 거울이 살아 있다 할 수 있는 까닭은 거울에 비친 영상들이 모나드 본연의 능동적 힘에 따라 발생한 것이기 때문이다. 모나드 각각은 표상하는 의식이며, 제 나름의 관점에 따라 세계를 능동적으로 반영한다. 모나드가 명석한 의식에 도달하지 못한다면 그것은 모나드의 활동에 방해 요소가 되며 이는 질료 혹은 물체로 머문다. 그런 한에서 물체인 모나드들도 있는 것이다. 물체는 의식이 수행되지 않은 결과이며 그런 이유에서 물체는 모나드의 "수동적 힘"이 된다.

라이프니츠는 **코스모스**, 즉 르네상스 사상가들에게 매우 의미심장했던 세계 조화의 표상을 견지한다. 그런데 코스모스라는 말이 뜻하는 바인 "정돈된 질서"는 현상 세계의 질서가 아니라 무한히 다양하면서도 통일성을 이루는 모나드 세계의 질서를 뜻한다. 세계를 창조하는 신은 이런 모나드계에서 최대의 (그래서 생각될 수 있는 한 실체가 최대로 개별화되는) 다양성을 최대의 질서 속에서 실현하였다. 이것이 바로 세계의 **완전성**[10]인데 세계는 최대의 다양성 속의 통일성을 갖는다.[11]

미학에 대한 라이프니츠의 언급은 산발적으로 나타난다. 그의 저작을 살펴보면 그가 당대에 나타난 바로크 예술의 이상을 공유하고 있음을 알

---

09 『모나드론』, §56, "un miroir vivant".
10 위의 책, §58.
11 우주의 통일성은 다음과 같은 점을 통해 보증된다. 모든 모나드들은 같은 대상, 즉 전체 세계를 표상하는데 이때 대부분은 무의식적 지각에 머문다. 그러니까 제약이 없는 하나의 개별 의식이 단일한 모나드에 입각한 세계 구조물을 인식할 것이다: "우주의 아름다움은 은닉되어 있는 그 아름다움의 주름들을 모두 펼쳐낼 수 있다고 한다면, 그 어느 영혼에게나 인식될 수 있을 것이다"(『자연과 은총의 이성원리들』, §13).

수 있다. 이런 이상은 바로 '조화'를 추구하는 것이었고, 다양성 속의 통일성 안에서 다양한 개체가 파악될 수 있다. 특기할 점은 라이프니츠의 미 이념이 당대의 예술에 대한, 그리고 아름다움의 미학적 규정에 대한 논구를 통해 나온 것이 아니라 세계에 대한 형이상학적인 서술 과정에서 나왔다는 점이다. 라이프니츠에 따르면 지극히 개별화된 사물들이 무질서하지 않고 질서를 유지하고 있는 세계야말로 신적 이성의 창조 행위 덕분이다. 이에 따라 그는 신이 자신의 무제약적 이성을 통해 "모든 것 가운데 최상의 세계"[12]를 창조하였다는 확신을 표명한다. 이 세계 속에서 최대의 다양성이 최상의 질서 속에 놓인다. 이렇듯 간명한 주장으로 현실의 생생한 변화를 설명한다.

라이프니츠에 따르면 미의 본질은 신이 이룩한 세계의 체계를 인식함으로써 규정된다. 체계 전체가 갖는 미적 특질은 논리적 구조와 무관하지 않다. 체계의 각 부분들, 즉 자연, 예술 및 학문 또한 이런 논리적-미적 성질을 가리킨다. 세계의 전 체계로부터 나오는 미는 존재자의 **완전성**에 대한 통찰에 따라 파악된다. 완전성에 대한 인식은 원리상으로는 더 높은 단계의 모나드, 즉 이성을 갖춘 영혼에서 시작되는데, 다만 이성적 영혼은 (조물주인) 최고의 모나드와 단계상 상이성을 갖는다. 라이프니츠는 인간 정신과 신적 정신 간의 유사성 혹은 동형성에 따라 인간의 창조적 힘을 보증하는데, 이로써 인간은 신의 작품을 지각하는 데 머물지 않고 이와 비슷한 것을 산출한다.[13] 이때에는 신의 행동ce que Dieu fait이 모방될 뿐

---

12 『모나드론』, §54 이하; *Theodizee* (Essais de Théodicée), §8.
13 『자연과 은총의 이성원리들』, §14.

완결된 작품이 나오지는 않는다. 따라서 라이프니츠는 — 중세에서와 같이 — 예술적 **미메시스**에 대한 까다로운 개념을 견지하는데, 여기에서 미메시스는 제작 **원리**에 대한 모방이며 제작물에 대한 모방은 아니다.

완전성에 대한 파악을 통해 미가 경험된다면, 그리고 라이프니츠에게 미가 세계의 논리적 구조를 표현하는 것이라면, 어떤 특정 경험방식을 통해 미가 해명되는지, 그리고 미 고유의 체험방식이 있는 것인지 등에 대한 의문이 제기된다. 미적 경험을 검토하기 위해 우선 라이프니츠가 구분한 인식의 네 단계[7]를 살펴볼 필요가 있다.[14]

1. 어두운, 그러면서 **판명치 않은** 지각, 이른바 "미세지각들petits perceptions", 즉 완전한 의식이나 인상들의 차별화에 이르지 못한 표상이 있다. 라이프니츠는 어둡고 판명치 않은 인식을 바닷물 소리의 근원인 파도를 의식적으로 수용하지 못한 채 그 소리를 분별치 못하면서 이루어지는 지각에 비유했다.[15]

2. 명석하지만 판명치는 않은 지각, 이를 통해 가시적인 현상들을 구분하고 이를 재인식할 수 있지만 이에 대한 개념적 분석이나 정의는 불가능하다. 즉 감관을 통한 이러한 명석함은 하나의 감관을 다른 감관과 구분해주며 현상에 대한 재인식도 가능케 하지만 직관된 표징들에 대한 분석은 이루어질 수 없으므로 지성에게 판명치 않다. 세계는 여기에서 복합체로서 감각을 통해 취득된다. 라이

---

14 라이프니츠는 「인식, 진리 및 관념에 관한 성찰Meditationes de cognitione, veritate et ideis」이라는 논문, 그리고 『형이상학 논고Discours de métaphysique』(§24)를 통해 이 네 단계를 체계적으로 개진한 바 있다.

15 『자연과 은총의 이성원리들』, §13.

프니츠는 이 단계에서의 지식의 방식에 따라 예술 고찰에 대한 다양한 실례를 제공한다. 즉 만족 혹은 불만족 여부와 같은 가치 표상이 이에 대한 개념적 언급 없이 형성되는 것이다. 이러한 감정적 판정에 대해 라이프니츠는 고대 이래 잘 알려진 "알지 못하는 무언가Je ne sais quoi"라는 표현으로 정식화하며 이를 감각에서 비롯하는, 특히 음악에서 나타나는 찬동 혹은 거부에 대한 전거로 삼는다. 라이프니츠는 음악에도 미의 근거가 되는 질서가 놓여 있으나 청자가 이를 의식하지는 못한다고 생각했다. 그는 예술 경험에 대해 다음과 같은 결론으로 일반화한다. "감관의 유희 자체는 혼연하게 인식된 지적 유희에서 비롯한다."[16]

3. 세 번째 인식단계로 **명석하면서 판명한** 지식을 제시하는데, 이를 통해 학문적 해명이나 인식 내용에 대한 정의가 가능해진다. 개념적 명석함의 표징은 여기에서 한 표상에 대한 분석가능성을 가늠하는 논리적 척도가 된다.

4. 그리고 최고의 인식단계는 [사물과] 완전히 **일치**하는 **직관**적 지식이라는 드문 사례를 통해, 그러니까 한 객체의 표징들을 모두 알고 있으며 단 한 번의 조망으로 이것들이 현재하게 되는, 따라서 이미 논증가능성의 수준을 상회하는 지식의 사례를 통해 형성된다. 라이프니츠는 이런 앎의 형식이 인간의 경우 기껏해야 수에 대한 파악을 통해 나타날 수 있으며 본질적으로는 오직 최고의 모나드인 신에게만 귀속한다는 점을 인정하지 않을 수 없었다.

---

16   위의 책, §17: "[…] les plaisirs mêmes des sens se reduisent à des plaisirs intellectuels confusement connus". 혹은 라이프니츠의 논문 「지혜론Von der Weisheit」 참조.

라이프니츠의 「지혜론」이라는 논문에 제시된 사례를 통해 확인되는 점은, 미(미적 경험 일반)에 대한 경험이 주로 두 번째 단계(명석하면서 혼연한 지각)에 해당하기 때문에 명석·판명한 개념을 통해서는 인식되지 않는다는 사실이다. 미적 체험은 "미세지각"이라는 가장 낮은 단계에도, 그러니까 하위의식에도 적용된다.

인간의 인식능력을 서열화하는 라이프니츠의 이론은 바움가르텐 미학에서 가장 중요한 요소를 이룬다. 그러나 이 이론은 미학적 관점에서 아주 양가적이다. 한편으로 미적 경험 및 판정도 인식 상태임을 보증하지만, 다른 한편으로 이런 인식 형식에는 자립성과 고유성이 없다. 감각적 지각을 통해 인식된 것은 그저 지성적 파악의 잠재력이 사라지는 양태일 뿐이고 아직 명석하지 않은 지식형태이며 원리상 더 고차적인 개념적 차원으로 지양될 여지가 있다. 즉 자연 및 예술에 깃든 미에 대한 경험은 아직 순수 지성적인 인식이 수행되지 못한 것이다. 미 경험에는 본질적으로 비판명성의 계기에 따른 결함이 결부된다. 미적 지각의 인식이 갖는 지위에 대한 라이프니츠의 이론은 미학 분과의 창립자인 바움가르텐에게 양가적인 영향을 미쳤다. 라이프니츠의 이론을 바탕으로 하여 미의 실현에서 **인식**이 중요한 사안이라는 바움가르텐의 해석이 나왔다. 반면 바움가르텐이 라이프니츠에 반기를 들고 이런 감각적 인식 원리의 독자성을 대변하기도 했다. 지성적 인식의 논리와 나란히 유비적으로 인간 감성의 법칙성, 즉 "유사 이성analogon rationis"이 등장한다는 것이다. 바움가르텐의 이런 시도는 라이프니츠가 감각적 지각을 폄하했기 때문에 가능한 것이었다. 그렇지만 감각적 인식의 자립성이라는 기획은 18세기 중반 과학적-수학적 인식 개념과 대척점을 이루면서 본격적으로 전개되었고, 그럼으로써 이 철학의 체계에서는 **독립적** 분과가 될 수 있었다.

역자 주

1) 이 저작의 원래 명칭은 『정신의 지도를 위한 규칙들Regulae ad directionem ingenii』이다. 여기서의 ingenium은 타고난 성품, 천재적 기질이나 기지奇智를 뜻하는 말로서 독일어 위트Witz, 천재Genie, 정신Geist 등으로 번역되지만, 데카르트 철학의 문맥에서는 '정신' 혹은 '인식력Erkenntniskraft'으로 번역된다. 즉 데카르트가 생각한 인간의 자연적 소질은 모든 정신능력의 근본적 잠재력을 뜻한다.

2) '복잡한' 혹은 '복합적인'에 해당하는 komplex를 어떤 시각에서 바라볼 것인지, 즉 '혼란스러운'으로 이해할 것인지, 아니면 '표징들로 충만한'으로 이해할 것인지의 여부가 미학의 고유한 대상에 대한 관점과 직결되어 있다. 데카르트는 이를 전자의 의미로 이해했는데 이런 한에서 미학 이론이 적극적으로 제기될 여지는 없다. 반면 바움가르텐은 이를 후자의 의미로 이해함으로써 미학이라는 분과의 독자성이 정초될 근거를 마련했다.

3) 지배지식Herrschaftswissen은 특정 지위에 있는 자가 특정 대상에 대해 지배권을 행사할 힘을 뒷받침하는 지식을 뜻한다. 이 글에서 저자는 대상을 주관의 관점에서 통제하고자 하는, 가령 아도르노에 의해 "동일성의 사유"라고 불렸던 근대 사유의 중요한 특징을 이 개념으로 설명하려는 듯하다.

4) 근대 이전의 직관은 사물과의 직접적 대면을 통해 그것의 본질을 단번에 통찰하는 독자적 인식 기관으로 인정받았다. 그런데 감각적 지각이 폄하되어 이를 통해서는 사물에 대한 통일적 이해가 불가능하고 그저 이에 대해 단편적인 정보만을 가져다주는 것이 됨으로써 이제 직관의 독자적 위상이 축소되고 지성의 조력을 받아야 하는 상황으로 변모되어 간다. "[지성의] 개념 없는 직관은 맹목적이다"라는 칸트의 주장은 이러한 상황을 단적으로 보여준다.

5) 여기에서 저자는 감각적인 것Sinnliches과 의미 있는 것Sinnhaftes 간의 불가분성을 언급하면서 예술은 '감각적인 것을 통해 의미 있는 것을 형상화하는 것'이라고 설명한다. 이와 관련해서는 서론 역자 주4) 참조.

6) 라이프니츠가 생각한 모나드들은 하나하나가 완전한 독립체이며 어떤 것에도 의존하지 않는 자족적 실체이다. 그러므로 모나드들의 운동은 외부의 충

격으로 인해, 즉 관성에 의해 발생하는 것이 아니라 자기 스스로 지닌 내적 동력에 따른 것이다.

7) 「인식, 진리 및 관념에 관한 성찰」에서 라이프니츠가 구분한 인식단계는 다음과 같다.

cognitio	obscura			
	clara	confusa		
		distincta	inadaequata	
			adaequata	symbolica
				intuitiva

obscura는 보통 '어두운/애매한'으로, clara는 '명석한'으로, confusa는 '혼란한/모호한/혼연한'으로, distincta는 '판명한'으로, adaequata는 '일치하는/적합한/충전적인' 등으로 번역된다. 여기에서는 순서대로 각각 '어두운', '명석한', '혼연한', '판명한', '일치하는'을 택한다. 저자는 라이프니츠의 인식단계를 ① 어둡고 혼연한 인식, ② 명석하지만 혼연한 인식, ③ 명석하면서 판명한 인식, ④ 완전히 일치하는 직관적intuitiva 인식 등으로 나누어 설명한다. 명석함에는 어두움이, 판명함에는 혼연함이 각각 대응한다는 점을 라이프니츠가 설명했기 때문에 ①처럼 어두움과 혼연함이 결합될 가능성 역시 배제되지 않는다. 여기에서 저자가 서술하고 있지는 않지만 일치하는 인식을 라이프니츠는 다시 상징적symbolica 인식과 직관적 인식으로 나누었다. 라이프니츠가 보기에 직관적 인식이야말로 가장 완전한, 즉 신석인 인식이다.

3

미학, 감성적 인식의
학문이 되다

......

바움가르텐

Ästhetik als Wissenschaft der sinnlichen Erkenntnis
• *Baumgarten* •

바움가르텐은 꾸준히 언급되지만 정작 그의 저작은 잘 읽히지 않는다. 그의 저작들이 어려운 라틴어로 쓰인 데다 오늘날까지 독일어로 완역되지 않은 것이 그 이유일 것이다. 바움가르텐 직후 세대의 철학자들은 그의 공적을 명확히 알고 있었다. 그러나 최근 합리성 비판의 흐름과 더불어 미학이 새롭게 조명받을 때까지 바움가르텐은 한동안 잊혔었다.

칸트는 바움가르텐을 언급할 때마다 깊은 존경을 표했으며 그를 가리켜 "탁월한 분석가"라고 말했다.[01] 이는 그의 개념을 섬세하게 규정하고 분석하는 능력 때문이다. 바움가르텐의 이러한 능력은 그 스승인 볼프로부터 전수받았다. 전형적인 강단철학자 볼프는 데카르트 및 라이프니츠의 철학 이론은 물론 스콜라주의까지 종합하여 정확한 개념 규정을 지향하는 학설을 폈다. 말하자면 볼프는 라이프니츠 철학을 대중화하는 일에 전념하였다. 바움가르텐도 이런 노선을 따라 라이프니츠-볼프 학파의 관점에 입각한 라이프니츠 사상을 숙지하였다.

칸트가 바움가르텐의 분석적-논리적 능력을 특별히 강조했지만, 이는 바움가르텐 철학이 이루어 낸 성과들 가운데 **하나**의 측면에 불과하다. 바움가르텐의 또 다른 측면이 지금 우리의 관심사인데 이 점에 주목했던 이가 바로 후대의 사상가인 헤르더이다. 헤르더는 바움가르텐을 "우리 시대의 참된 아리스토텔레스"라 칭한 바 있다.[02] 이를 통해 그가 표명하고자 했던 바는 바움가르텐에 의해 지성 편향의 문화가 극복되었고 — 감성적 능력을 포괄하는 — 인간의 전인성이 고려되었다는 점이다. 인간에 내재

---

01 『순수 이성 비판Kritik der reinen Vernunft』, A21 주석.
02 『송가 단편Fragment über die Ode』, Herders Sämmtliche Werke, hrsg. von Bernhard Suphan u. a., Berlin, 1877-1913, Bd. 32, p.83 참조.

한 자연적 측면이 인간의 정신적 발전능력 못지않게 중요하며 이성의 문화뿐 아니라 감각의 문화도 출현해야 한다는, 이른바 새로운 인류의 구상을 갖고 있던 헤르더는 이와 관련한 중요한 단서를 바움가르텐의 작품에서 발견하였다.

바움가르텐의 『미학Aesthetica』[03]은 철학의 새로운 분과를 지칭하는 이름이다. 그는 이전의 저작들을 통해 이 저서를 철저히 준비한 것으로 보인다. 이 새로운 분과를 이해하기 위한 초석으로는 『시의 몇 가지 요건에 대한 철학적 성찰Meditationes philosophicae de nonnullis ad poema pertinentibus』, 그리고 『형이상학Metaphysica』의 '심리학' 항목을 들 수 있다.

『미학』 1절(§1)에서 미학은 "감각적[감성적][1] 인식의 학scientia cognitionis sensitivae"이라 불린다. 그렇지만 감각적 인식에 관한 철학적 학문이 되기 위해서는 우선 감각적 인식 수행의 가치에 대한 평가가 요구된다. 이에 대한 평가는 라이프니츠가 (상위 인식능력과 하위 인식능력을 구분하지 않는) 인식의 연속성을 주장할 때 어느 정도 나타났었다. 라이프니츠에 따르면 감성적 지각의 대상은 한낱 합리적 인식의 질료로서가 아니라 명석한, 다만 판명하지 않은 지각의 산물로서 정당한 자격을 부여받았다. 그렇지만 그에 따르면 감성에 의해 현재화된 세계는 ― 완전성이라는 인식 목표와 신적 인식을 향한 위계질서하에 놓인 것으로서 ― 결코 자립적 권리를 갖지 못한다. 오히려 이것은 유한한 인식의 잠정적[2] 형식이며 절대자의 관점

---

03 『미학』의 인용은 다음을 참조함. Hans Rudolf Schweizer, *Ästhetik als Philosophie der sinnlichen Erkenntnis. Eine Interpretation der 'Aesthetica' A. G. Baumgartens mit teilweiser Wiedergabe des lateinischen Textes und deutscher Übersetzung*, Basel/Stuttgart, 1973.

에서 보면 불필요하다. 결국 라이프니츠에게 아름다움의 존재는 자율성을 갖지 못한다. 라이프니츠가 미학을 독립 분과로 구상하지 않았으며 감성적 인식의 자립적 가치를 인정하지 않았다는 것은 당연한 일이었다. ― 라이프니츠가 계몽주의적 합리론의 초기 국면에 있었던 것만은 분명하다. 신을 완전한 이성으로 보았기 때문에 인간의 합리성은 상대화되며 인간의 유한한 이성은 신의 무한한 이성에 종속된다. 최고의 모나드는 세계를 감성 속에서가 아니라 전적으로 [세계와] 일치하는 이념 속에서 표상하는데 이는 미의 모든 표상을 넘어선다. 미는 오직 유한한 지성, 즉 "인간적 지성intellectus ectypus"의 관점에서만 아름다울 뿐이고, "원형적인 지성 intellectus archetypus", 즉 신적 지성은 수동적인 감성적 지각의 저항 없이 존재에 스며든다. 이런 지성이 바로 순수한 능동적 힘이다.

바움가르텐이 감성적 인식의 학을 정초하고자 할 때 뒤이어 제기되는 것은 인간의 유한한 이성, 즉 인간 이성의 관심이 지닌 차안성을 새롭게 조명하는 일이다. 인간 이성 본연의 의미는 논리적 합리성과 어깨를 나란히 하는 감성을 통해, 그리고 미학을 학으로 정초함으로써 확보되는 미의 자율성을 통해 해명된다.

바움가르텐에 따르면 감성적 인식의 학은 "자유로운 예술의 이론"이기도 하다. 여기에서 바움가르텐은 "자유로운 예술[3)]"이라는 전통적 개념을 사용하지만 이 개념은 18세기까지는 확립된 의미를 갖지 않았다.[04] 바움

---

04 고트셰트는 1730년 자신의 작품 『[독일 이전의] 비판적 시예술Versuch einer critischen Dichtkunst vor die Deutschen』의 서문에서 자유로운 예술이 "문법, 시학, 수사, 역사, 음악 및 회화"로 이루어져 있다는 견해를 표명하였다. 고트셰트는 기하학과 건축술을 '자유로운 예술'에서 배제하였는데, 이 양자가 학문이 되었다는 것이 그 이유였다. 그러나 예술과 학문에 대한 이런 구분이 당대까지는 아직 확고부동하지는 않았다.

가르텐이 『미학』의 1절에서 미학이 새로운 분과가 되기 위해 필요한 이론적 계기들이라고 설파했던 다양한 요소들을 통해 우리는 그가 당대의 미학 이론에서 기존에는 상호 무관한 것으로 다루어져 왔던 세 가지 과제를 종합하고자 했다는 점을 알 수 있다. ① 예술이론, ② 미의 형이상학, ③ 지각의 인식론Gnoseologie이 바로 그것이다. 르네상스 예술론들에서 ①과 ②를 연결하는 시도는 이미 행해졌다. 즉 미는 예술의 본질적 표징으로 통용되었다. 바움가르텐이 결정적으로 기여한 바는 이 두 영역을 감성에 대한 인식론과 체계적으로 결합한 일이었다. 이 세 요소들이 종합됨에 따라 바움가르텐의 미학에는 좀 더 광범위한 토대가 필요했다.

바움가르텐의 『미학』 1절을 통해 이 새로운 분과학을 보증해 줄 입지점들에 대한 광범위한 시사점을 얻을 수 있다. 미학은 단지 예술이나 미에 대한 이론이 아닌, "감성적 인식의 학"으로 구상되었다. 감성적 인식은 단지 특정한 일부 미적 현상들에만 국한되지 않고 지각 가능한 세계 전체를 겨냥한다. 바움가르텐이 그러한 감각적 인식에 학문적 근거를 부여할 수 있다고 여긴 까닭은 그가 합리적 사유와 유비적 관계에 있으면서도 그 자체로 고유한 논리성을 갖춘, 이른바 "하위 인식능력"에 주목했기 때문이다. 이런 생각은 바로 라이프니츠의 생각이기도 하다. 라이프니츠에 따르면 감각은 아직 판명하지 않은 인식이지만, 감각의 세계는 개념의 세계와 유비적 관계에 놓여 있다.

바움가르텐이 미와 예술에 대한 이론보다는 감성적 인식의 학으로서의 미학을 구상했던 데에는 역사적 배경이 있었다. 즉 자연과학적 성과를 통해 수학적-논리적 학문관이 위세를 떨치자 바움가르텐은 이를 인간의 인식능력이 현실적으로 위축되는 위기 상황으로 여겼다. 그가 보기에 이런 현상은 비단 미학자뿐만 아니라 자연과학자에게도 큰 손실이다. 왜냐하면 자연과학자들도 풍부한 감각적 질료를 필요로 하며, 자신들이 도달한

결과물을 대중적으로 전파하려면 추상적 형식의 법칙을 감각적으로 이해시키는 능력이 요구되기 때문이다.[05]

바움가르텐이 보기에 시문학을 통해 감각적 인식의 의미가 분명해졌다. 바움가르텐이 예술에 관해 제시한 사례들은 주로 시문학에서 나왔고 미학에 사용된 용어들은 고대 이래 시학적 전통에서 차용하였다.[06] 그렇다고 해서 바움가르텐의 미학이 시학을 뜻하는 것은 아니다. 바움가르텐에게 시문학은 — 자신에게는 특별히 친숙한 것일지언정 — 그저 감각적 인식을 입증해 주는 사례일 뿐이다. 그의 미학에 따르면 예술 철학의 토대는 감성, 즉 "**유사 이성**"의 이론에 따라 창출되어야 한다. 여기서의 유사 이성, 즉 "이성과 유사한 것"이라는 개념을 바움가르텐은 볼프의 『경험적 심리학Psychologia empirica』에서 찾았다. 그렇지만 바움가르텐은 이 개념을 특별히 감각적 인식과 관련하여 처음 사용함으로써 이 개념은 미학의 인식론적 토대가 되었다.

감성에 대한 인식론적 평가를 통해 바움가르텐이 의도한 것은 감각을 불가지론적인 것으로 생각하는 인식론적 편견과 대결하고 경건주의를 통해 지지되는 도덕적 편견들과 맞서는 일이었다. — 바움가르텐의 제자인 마이어는 『모든 아름다운 예술 및 학문의 정초 근거들Anfangsgründe aller schönen Künste und Wissenschaften』을 통해 인간의 감성을 억누르는 경

---

05 Aesthetica, §3.
06 이는 주로 아리스토텔레스나 호라티우스의 글에서 인용된 것들이었다. 고대 이래 예술론의 용어가 시문학 및 수사학의 측면에서 형성되었지만, 조형예술의 경우에는 이것이 수공업으로부터 해방된 이래 — 즉 르네상스 이래 — 이론적 능력을 갖춘 것으로 간주되었다.

건주의적 편견에 반론을 펼쳤다. 편견의 대변자로서 그가 칭한 "카톤주의 적인 도덕교사"[4]는 감성이란 말을 들으면 "죄악, 그리고 성경에서 육신이라 부르는 것 말고는 어떤 것도 생각하지 않는다. 신의 계율이 육신을 십자가에 매달도록 명하는 까닭에, [⋯] 뒤죽박죽된 개념에 오도된 이 육신의 주인은 미학을 최대한 억제하려 한다."[07] — 마이어의 이 저작은 바움가르텐의 『미학』보다 먼저 출간되었다. 서문에서 마이어는 자신의 미학 이론이 미학의 원저작자인 바움가르텐의 강의 기록이라는 점을 강조했다. 마이어의 미학 저서는 독일어로 출간되었기 때문에 바움가르텐의 『미학』이 [나중에] 획득했던 것보다 더 광범위한 대중성을 즉각 확보했다.

시학적 · 미학적 감성의 연구만을 위한 분과학의 가능성은 이미 바움가르텐 초기에 나온 『시의 몇 가지 요건에 대한 철학적 성찰』에서 표명되었다.[08] 여기에서 가장 중요한 목표는 시의 참된 개념을 전개하여 그동안 근거 없이 떠돌던 시에 대한 견해들로부터 작시作詩에 대한 인식을 도출하는 일이었다. 시의 본질에 대한 규정을 얻기 위해 그는 시의 이념(이데아)을 전개하고 여기에서 응용되는 복합 관념들을 추구해야 한다고 주장했다. 이런 이론적 작업을 통해 바움가르텐은 시를 이와 가장 비근한 장르들과 비교 고찰한 후 여타의 언어적 산물들과 시와의 종차를 (그러니까 [시를] 예술로 만드는 차별성을) 강조한다. 언어적 산물 일반의 유적 특징을 "담화oratio"라고 말한 바움가르텐은 "어린 아이들조차 담화가 무엇인지 명확히 인식한다"는 점을 지적함으로써 이 표현이 지닌 이론적 문제점을

---

07   §22 참조.
08   Alexander Gottlieb Baumgarten, *Meditationes philosophicae de nonnullis ad poema pertinentibus*, über., u. hrsg. von Heinz Paetzold, Hamburg, 1983.

해결하고자 하였다. 이때의 담화란 "연관성을 지닌 표상들을 나타내는 일련의 단어들"이다(§1).

여기에서 바움가르텐은 의식적으로 담화를 간명하게 정의했으며, 특정한 연관에 적용된 담화의 특징은 아직 언급하지 않았다. 본질적으로 담화란 연관된 표상들에 대한 표현(기호)일 수 있도록 그 구성 요소인 단어들을 결합함으로써 형성된다. 바움가르텐에게 표상Vorstellung은 **레프레젠타치오**repraesentatio[5]로 이해된다. 이 개념은 스콜라주의부터 라이프니츠 및 볼프에 이르기까지 의식 내용을 뜻하는 것이며, 영혼은 세계와의 연관 속에서, 신체의 처지에 따라 이 내용을 획득한다.[09] 이런 표상관을 통해 표상 형성의 적극적 계기가 강조되는데, 영혼은 표상 형성의 힘을 갖추었기 때문에 다양한 단계에 대한 지식을 갖게 된다. 이에 따라 영혼은 갖가지 강력한 표상을 생산함으로써 다양한 단계로 자신을 현재화하고 현시한다. 모나드 체계하에서 이루어지는 지각의 점진적 단계에 대한 라이프니츠의 설명이 바로 이에 상응한다. 표상들의 강도는 바움가르텐에 따르면 표징들의 충만함에 따라 측정된다. "(징표들을) 더 많이 내포하는 표상들이 더 의미심장하다. 따라서 의미하는 바가 많은 표상일수록 강도가 센 표상이고, 그렇기 때문에 개별 사물의 표상들이 더 큰 강도를 갖는다."[10] 의미심장하고 표징을 많이 지닌 표상들은 우선 인식론적-논리학적 연관하에서 논의된다. 『미학』을 살펴보면, 미적 표상들의 **풍부함**ubertas이 어

---

09 바움가르텐은 『형이상학』에서 라이프니츠의 말을 빌려 다음과 같이 표현한다. "내 영혼은 신체의 처지에 따라 세계를 현재화한 힘이다."(§513). Hans Rudolf Schweizer(Hrsg.), *Texte zur Grundlegung der Ästhetik*, lat.-dt., Hamburg, 1983.
10 『형이상학』, §517.

떻게 인식론적으로 보장되고 정초되는지가 나타난다.[11] 풍부함이라는 개념이 처한 상황은 바움가르텐 미학의 다른 개념들의 정황과도 비슷하다. 바움가르텐은 이 개념을 시학의 전통에서 받아들였지만 여기에 인식론적 원리에 따른, 즉 '상위 인식능력gnoseologia superior' 및 '하위 인식능력 gnoseologia inferior'의 유비에 따른 의미를 부여하였고, 이로써 유사 이성의 이론이라는 미학 구상이 구체화될 수 있었다. ― 바움가르텐의 미학에서 "풍부함"은 인식론적 용어였고 감각적 표상들 속에서의 충만한 표징들이 언급된 반면, 시학에서의 풍부함은 주로 언어적 수단, 그러니까 풍부하게 장식된 담화, 표현수단의 다양성, 풍부한 심상, 범상치 않은 비유 등과 같은 것을 통해 달성된다. 이런 언어적 수단들이 전적으로 감각적 인식을 통해 성립하는 것은 아니다.

2절에서 바움가르텐은 "담화를 통해 종합적 표상들을 인식할 수 있다"고 말한다. 또한 담화가 표상들과 연관을 갖기 위해서는 기호들의 특정 질서를 드러내야 한다고 주장한다. 이런 식으로 우리는 담화를 통해 표상들뿐만 아니라 담화의 특수한 연관들까지 인식하게 되는 것이다.

이제 바움가르텐이 지각표상의 속성으로 표현한 "감각적sensitivus"이라는 말에 대해 설명하겠다. 이 표현은 『성찰』에서 이미 언급되었지만 『미

---

[11] 바움가르텐은 1739년 자신의 『형이상학』(§515)에서 일련의 인식단계를 설명한다. 이 인식단계들은 『미학』에서 아름다운 사유자, 그러니까 미적으로 제작하고 수용하는 인간들의 과제가 된다. 첫 번째는 "풍부함"(§115)이고, 두 번째는 현시되어야 할 주제의 "크기magnitudo"(§177)이며 세 번째는 "미학적 진리veritas"(§423)이다. 마지막으로 ― 『형이상학』에서 논하는 인식 단계를 넘어서는 것으로서 ― 네 번째는 "미학적으로 조명하는 힘Leuchtkraft"이라고 규정된다. 이러한 조명하는 힘의 표상들은 생생함과 신선함을 갖는다. 표상들은 합리적 표상의 "내포적 명석함"과는 달리 미적 표상의 "외연적 명석함"에 상응한다는 특징을 갖는다(『형이상학』, §531).

학』에서 비로소 미학 이론을 해명하는 개념이 된다. 볼프는 욕구능력의 특성을 설명하기 위해 이 개념을 사용한 반면 바움가르텐은 주관적 능력의 **산물**을 '감각적'이라 칭하고자 했다. 3절에는 "인식능력 가운데 저급한 부분을 통해 획득된 표상들을 일컬어 **감각적**이라 한다"라고 서술되어 있다. 바움가르텐이 표상 자체를 감각적이라고 설명하고자 한 까닭은, 명석하지만 판명하지 않은 감성적 표상을 "그 어떤 단계에서도 판명한 지성적" 표상과 구분하기 위함이었다(『성찰』, §3 주해). 이 점과 관련해서 라이프니츠가 표상하는 생명의 연속성을 주장한 반면, 바움가르텐은 상이한 두 표상 등급들을 구분하여 각각을 자립적인 것으로 만듦으로써 감각적 인식의 독자성을 위한 초석을 다졌다. — 3절의 표현에서 특히 관심이 가는 대목은 "인식능력 가운데 저급한 부분"이다. "저급한"이라는 표현에는 여전히 라이프니츠-볼프 학파의 잔재가 남아 있지만, 바움가르텐은 『미학』에서 "하위 인식능력"을 독자적 인식으로 간주함으로써 미학자로서 새로운 입지를 확보하게 된다.

"연관되는 감각적 표상들은 감각적 담화를 통해 인식될 수 있다"(『성찰』, §5)라는 주장을 통해, 논리적-지성적 표상과 감각적 표상 사이의 유비 관계를 산출하려는 바움가르텐의 의도가 분명히 드러난다. 양자 모두 인식 가능한 연관들의 결합을 통해 산출되는데, 이로써 바움가르텐은 훗날 자신이 이론화하는 "유사 이성"에 대한 중요한 통찰을 예고한 셈이다.

바움가르텐의 『성찰』에는 "완전한 감각적 담화가 시이다"(§9)라는 정의가 나온다.[12] 담화가 완전한 까닭은 엄청난 양의 외연적 명석함을 갖는

---

12 보임러는 이를 "독일의 미학을 태동케 한 정의"라고 보았다. Alfred Baeumler(1967), p.213.

표상들, 즉 엄청난 양의 징표들로 충만한 표상들 때문인데, 이 표징들은 지성에는 판명치 않아도 감각에는 명석하다. 바움가르텐에 따르면 저런 표상들은 담화 본연의 시적 성격을 이룬다. 그런 까닭에 그는 "하나의 시에서 사물에 대한 표상이 가능한 한 많이 규정되어 있을 때 이것이 시적이다"(§18)라는 결론에 이른다. 또한 "개체들은 시종일관 파악 가능한 규정을 갖기 때문에 개별표상들은 특별히 시적이다"(§19). 여기에 바움가르텐 미학에 깃든 "개체들의 논리"를 개진할 단서가 보이는데, 이러한 그의 노력에는 라이프니츠가 개체들을 높이 평가한 것과 결코 무관하지 않은 생각이 담겨 있다. — 표상들의 외연적 명석함으로서 시작한다는 시적 특질로부터 생생한 상상력 및 감각적 유사성이 도출되는데, 이는 마치 화가의 심상이 "그려질 대상에 대한 감각적 이념"(§39)에 다가가는 것과 같다. 바움가르텐은 시와 회화 간의 유사성을 언급함으로써 자신이 호라티우스『시학』의 "시는 회화와 같다"는 설명에 의거하고 있음을 나타낸다.

바움가르텐이『성찰』에서 다루고자 한 바는 시적인, 그리고 미학적인 것을 독일어 언어권에서는 처음 이론적으로 정초하는 일이 어떻게 가능한지에 대한 것이었다. 이는 미학적인 것을 논리적인 것과 구분시켜주는 특징들에 대한 분석을 통해서 가능했다. 논리적 논증이 명석하고 판명한, 즉 하나의 표징과 관련한 명석함을 획득한 그런 표상들에 입각한다면, 시적인 것은 외연적으로 명석하면서도 복잡한,[6] 즉 매우 풍부한 표징들과 더불어 있는 표상에 의거한다. 시는 명석하고 판명한 표상들로부터 전적으로 벗어나지는 못하지만, 명석하면서 복잡한 표상들을 통해서만 시의 완전함은 촉진된다. 이런 표상들만이 시적이며 감각적 인식에 기여한다.

한낱 감각적인 표상들이 시적일 수 있다는 점을 입증하기 위해 바움가르텐은 형식상의 진리에만 관여하는, 전혀 시적이지 않은 문장 형식의 논리적 추론을 제시한다.[13] 이러한 사례를 통해 명석하고 판명한 인식은 시적인 것에 적합하지 않다는 통찰을 얻게 된다. 이로써 데카르트적 방법론은 시적 요소와 대척점을 이룬다. 그러나 바움가르텐이 논리학과 시학(미학)을 대립시킨다고 해서 그의 이런 노력이 마치 시적 현시는 어둡고 비합리적이어서 좋고 그렇기 때문에 언제나 제 마음대로 표현할 수 있다는 식의 오류에 빠진 것은 아닙니다. 오히려 시적 노력이 성립하려면 그 속에서 개별적 표징들이 불가분적으로 합일되어 있다 할지라도 **명석**한 표상이 전개되어야 한다.[14] 그렇게 도달된, 그러니까 **개별자**의 현상을 가능한 한 광범위하게 현시하는 표상들의 **외연적** 명석함은 논리적 개념들의 **내포적** 명석함과 모순되지 않고 유비 관계에 있는 인식론적 상태를 갖는다.

『성찰』에서 바움가르텐은 『미학』을 체계적으로 준비하는 중차대한 작업을 수행하였고 새로운 분과학에 적합한 모든 작업을 예비하였다. 『미학』 1절의 "아름다운 사유의 예술[아르스]ars pulcre cogitandi"[15]는 바로 이러한 작업에 속한다. "아름답다"라는 속성이 사유와 결합되었다 함은 여기에서의 사유가 지성의 순 논리적 기능을 다루지 않고 있다는 점, 즉 사유가 개념적 능력에 국한되지 않는다는 점을 의미한다. 표상을 산출하는 영혼 활동인 사유는 바움가르텐에 따르면 표상하는 전 생명을 포괄하는데, 이는 데카르트의 경우에도 마찬가지였다. 데카르트의 『성찰』에는 사유의

---

13 『성찰』, §14.
14 바움가르텐은 이 등급의 표상을 설명하기 위해 라이프니츠의 혼연한 표상 개념을 사용하였다.
15 아름다운 사유는 아닌, 그러나 미학적인 사유에 대해 이와 비슷한 논의가 최근 벨쉬의 시도에서 나타난다. Wolfgang Welsch, *Ästhetisches Denken*, Stuttgart, 1990.

활동들이 다음과 같이 분류된다. "사유한다는 것은 회의하고, 긍정하고, 부정하는, 그리고 거의 이해하지 못하는, 많은 것을 알지 못하는, 의욕하는, 혹은 의욕하지 않는, 상상하고 느끼는 것이다."[16] 상상하고 느끼는 것조차 사유에 포함된다는 점은 바움가르텐의 미학과 관련지어 볼 때 매우 중요한 의의를 갖는다. 바움가르텐이 말하는 감각적 표상들도 데카르트에게 사유로 여겨질 수 있겠지만, 다만 데카르트에게는 이것이 본연의 감성적 인식방식의 토대가 될 수 없었다는 점에서 양자의 차이가 있다.[17] 바움가르텐에게 사유는 여전히 영혼의 다양한 표상의 생명인데 이 사유가 감각적 표상을 산출하면서 감성적 인식의 완전성에 도달한다면 아름답다고 불릴 수 있다. 여기에서 **미**란 감각적 인식의 완전함으로 정의된다.

『미학』에서 바움가르텐은 완전성 개념에 대한 상세한 설명을 시도한다. 아름다운 사유는 ① 사상이나 표상이 자기 자신 아래에서 [즉 "질서나 기호를 고려하지 않은 채"(§18)] 통일성을 갖는 일치를, ② "대상을 아름답다고 생각하게 만드는 질서의 내적 일치, 그리고 질서와 대상 간의 일치"(§19)를 요구한다.[7] 가령 미적 현시에는 질서의 원리가 견지되면서도 이

---

16 René Descartes, *Meditationen über die erste Philosophie*, Hamburg, 1956, p.59.
17 칸트 철학에 따르면 감각적 표상을 사유에 포함하는 일은 불가능하다. 물론 칸트도 직관 표상과 개념 표상을 아우르는, 상위 유類의 표상 개념을 언급했지만, 감각적 표상인 직관과 지성적 표상인 개념은 분명히 구분된다. 사유는 개념의 통일 기능과 연결되는데, 이 개념은 대상과 직접 연관이 있으며, 다수의 사물들과 하나의 표징을 공유한다. 반면 감성은 사물에 대한 직접적 직관과 연결되는데, 이런 직접적 직관에는 직관의 다양성이 주어진다. 칸트가 시종일관 강조하는 점은, 인간의 직관이 감각적이며 결코 지성적이지 않다는 것이다. 직관과 개념이라는 이원적 원리는 미학에서 난제로 남는다. 직관이 개념과 그 어떤 유사성도 가질 여지가 없다면, 예술에 대한 인식은 물론 예술과 인식의 그 어떤 연관도 해명될 수 없다.

것이 다른 원리들과 충돌해서는 안 된다. 아름다운, 즉 완전한 사상에 요구되는 마지막은 ③ **표현수단**[기호]의 조화, 그러니까 표현수단이 사물의 질서 및 사물 자체와 맺는 조화이다. 말하자면 여기에서 추구되고 있는 것은 표상들(사물들) 간의, 사물의 질서 및 순서 간의, 그리고 사물의 표현 간의 조화인 셈이다. 이런 삼분법은 바움가르텐이 『성찰』의 6절에서 선취했던, 시의 감각적 담화에서의 분류와 일치한다. 즉 거기에서 담화는 ① 감각적 표상들, ② 그것들 간의 연관, 그리고 ③ 감각적 담화를 통한 발화에 관한 것이었다. 수사학에서는 작시에서 조화를 이루어야 할 삼 요소를 전통적으로 창안inventio, 배열dispositio, 표현 · 양식elocutio이라 칭해왔다. 이는 대상res, 구성dispositio, 기호signa의 조화를 추구하는 것이다. — 그렇게 해서 미의 규정이 획득되면 바움가르텐이 보기에 추한 것도 미의 규정에 속한다. 이에 대해『미학』21절에는, "따라서 감성적 인식 속에는 우리가 피해야 할 온갖 추함, 오류, 혼란스러운 결점들이 사상 및 대상 속에서든, […] 여러 사상들의 결합 속에서든, […] 아니면 표현 속에서든 존재한다"라고 서술되어 있다.

바움가르텐『미학』용어들이 수사학과 긴밀하게 연결되어 있다고 하여 그가 전승되어 온 시학 원리를 답습하는 것은 아니다. 『미학』1장에서 가장 중요한 지점은 18-20절의 내용을 이 저작의 전체 연관 속에서 이해하는 일이다. 미를 도출하기 위해 완전성의 개념을 해설할 때 바움가르텐은 다음과 같은 형이상학적 배경을 결코 간과하지 않았다. 즉 완전함의 표상이 궁극적으로 — 라이프니츠처럼 — 존재론적 준거점을 갖고 있을 경우에만 이 개념에 대한 미학적 의미와 인식론적 의미가 해명된다. 전통 수사학이 **페르펙티오**perfectio개념에 기여한 것은 우리가 가능한 한 많은 측면에 따라 사물을 고찰하고 가능한 한 많은 논증을 추가함으로써 이 주장을 뒷받침해야 한다는 생각 정도일 뿐 그 이상은 아니다. 수사학에서 관건이 되는 것은 그저 **온전함**Vollständigkeit이지 결코 완전함Vollkommenheit이나 완전해짐Vervollkommnung은 아니다. 온전함은 열거라는 수사적 수단을 통해 획득 가능하지만, 이것이 페르펙티오와 동의어는 아니다.[8]

아름다운 사유를 하는 미학자가 자기 인식의 완전함을 다음과 같은 세 가지 방식의 과제를 통해 달성해야 한다는 점은 이미 언급한 바 있다. 감각적 표상의 풍부함, 표상들의 크기 혹은 의미심장함, 그리고 그 현시의 명석함(미적 진리)이 바로 그것이다. 이런 요구에 뒤이어 바움가르텐은 감각적 인식의 아름다움에 대해 상술하면서 "인식의 생생함"이라는 중요한 개념을 추가한다. 22절에서 바움가르텐은 다음과 같이 말한다.

> 인식의 풍부함, 크기, 진리, 명석함, 확실성 및 생생한 운동성 등으로서 온갖 인식 방식의 완전함이 생겨난다. 저 특징들이 하나의 표상 속에서 내적인 조화를 이루는 한, 가령 풍부함 및 크기가 명석함과, 진리 및 명석함이 확실성과, 여타의 모든 것들이 생생함과 조화를 이루는 한에서 그러하다.

생생함이라는 관념은 미학자가 대상에 대한 직관을 할 때 통일시키고자 했던 바로 그 다양함 및 충만함과 직결된다. 아름다운 사유를 할 때 이 생생함에 의해 부분 표상들 간의 운동이 끊임없이 이어지기 때문이다. 반면에 지적으로 규정되는 사유는 이에 비하면 훨씬 생생함이 적고 운동량도 미미한데, 이런 사유는 표상 과정을 하나의 결과로 매조지는, 그러니까 개념을 통해 획득한 소수의 표징들로 대상을 낙인찍는 경향이 있기 때문이다. 이런 개념에는 대상들에 충만한 표징들이 거듭 새로이 발흥하는 일 자체가 불필요하다. 대상들에 대한 표상의 경우 감각적 특징들을 통해 이 표징들이 축소된다 함은 이 대상들이 개별체로서가 아니라 보편 개념[범주]의 사례들로 고찰된다는 뜻이다. 이로써 감각적 표상의 생생함은 **규**

정된 하나의 인식 목표를 위한 것으로 제한된다. 바움가르텐은 지성적인 추상적 인식에서는 언제나 인식의 생생함 및 인식된 것의 개체성이 상실된다는 것을 알고 있었다.[18]

'개념은 같지 않은 것을 같은 것으로 정립하는 일을 수행한다'는 니체의 주장에 대해 바움가르텐도 동의할 것으로 보이지만 그렇다고 해서 바움가르텐이 개념을 통해 무언가가 인식되고 있다는 점까지 부정하지는 않을 것이다. 그에 따르면 논리적·개념적 인식을 통해 인식되는 그 무언가는 지성을 위한 것일 뿐이요 감각적으로 세계를 획득하는 일은 없게 된다. 따라서 지성의 논리를 보충하기 위해 감각적으로 인식 가능한 차원이 미학을 통해 해명될 필요가 있는 것이다. 이 양자가 모였을 때 비로소 유한 존재가 수행하는 완전한 인식의 총체가 나타난다.

바움가르텐은 자연적 논리와 인위적 논리 간의 구분을 설명했던 것과 유사한 방식으로 자연적 미학aesthetica naturalis과 인위적 미학aesthetica artificialis을 구분한다. 자연적 미학은 자연의 호의적인 배열 및 생득적 재능을 다루는데 이를 갖추었을 때 성공적인 미학자가 나올 수 있다. 성공적인 미학자는 하위 인식능력에 대한 특수한 감각을 소유하고 있으며, 아름다운 사유가 이루어지려면 이 능력의 세부 기능들 전체를 두루 갖추어

---

18 바움가르텐은 엄밀한 학문을 통해 수행되는 인식의 추상성에 반대한 것은 아니었고, 다만 다음과 같은 생각을 했다. "철학자들에게 아주 명증한 사실은, 인식을 통한 논리적 진리에 따라 특정한 형식적 완전함을 통해 획득되는 것은 오로지 질료적 완전함을 심대하게 상실함으로써만 얻기 마련이라는 점이다. 이런 추상이 상실이 아니라면 무엇이란 말인가?"(『미학』, §560). 논리적 진리가 진리의 부분에 불과한 것이라는 규정이 내려진 후에, 미학적 진리가 지니는 의미가 아주 분명해지는데 이는 논리적 진리를 보충하고 온전하게 만드는 데 있다(§562).

야 한다. 그러나 미학자의 본성에는 상위 인식능력도 포함되는데 이를 통해 하위 인식능력들이 특정 부분에 매몰되지 않도록 조절한다. "성공적인 미학자felix aestheticus"에게는 선천적으로 저런 기질이 혼연일체를 이루고 있으며 그는 해석자·비평가인 동시에 시인·예술가여야 한다는 사명을 갖는다. 즉 아름다운 사유의 **예술**뿐만 아니라 아름다운 사유의 **이론**을 전개하는 능력 또한 성공적인 미학자가 갖추어야 한다.

『미학』에서 자연적 미학에 관해 다룬 장을 통해 바움가르텐이 획득한 중대한 성과들 중 하나는 취미를 새롭게 평가하여 이를 하위 인식능력에 분류한 일이었다. 취미 개념은 단지 "감관판단"이라는 표상에 불과했는데 바움가르텐 자신도『형이상학』(§608)에서는 기존의 취미 개념을 사용했었다. 즉 감관판단의 경우 순전히 **감각 편향적**sensuell인 판단 일변도의 취미, 즉 독자적 **판단** 기능 없이 곧장 감관에만 따르는 취미가 다루어졌다. 반면『미학』에서 정초된 취미는 **감각적**sensitiv 판단의 심급을 갖는 판단, 그래서 감각적 인상 자체가 아니라 미와 추를 구성하는 감각적 인상에 대한 판단이다. 취미는 판단하는 능력이요 이를 통해 지성과 직접적 유비를 갖는다. 그렇지만 취미는 일종의 **감성적**sinnlich(감각적) 판단방식이므로 지성과는 엄밀히 구분된다. 미학이 성립하기 위해 관건이 되는 사안은 지성으로부터 독립된 판정방식이 있어야 한다는 점이다. 이는 바움가르텐이 합리주의적 미학과 차별화하고자 했던 연구 성과이다.

취미 형식을 띤 판단 능력이 설득력을 지니려면 이것의 실행이 이성과 유사성을 갖추어야 한다. 바움가르텐은 자신이 **"유사 이성"**이라 칭하기도 한 하위 인식능력의 기관 전체를 위해 이성유사성을 요구한다.[19] 미학자의 자연적 기질에 대한 해명과 연동하여 이 유사 이성의 세부 기능들이 모두 제시된다. 유사 이성에는 다음과 같은 것들이 속한다. ① 주어진 대상 가운데 비슷한 것, 비교 가능한 것을 발견하는, 즉 다양한 사물들 가운데 공통의 요소를 인식하는 능력인 위트(기지ingenium).[9)] 이 능력은 은유적 기법을 통한 예술 형성, 즉 직유 및 우의의 구상에 결정적이다. ② 명민함 acumen. 볼프에 따르면 하나의 사물에서 많은 것을 구분하는 능력이다. 바움가르텐은 감성적 소여물을 섬세하게 다룰 가능성을 언급한다. ③ 기억과 ④ 상상력. 여기에서는 재생적 상상력으로 이해된다.[20] ⑤ 작시 능력 facultas fingendi은 시에서 표상들을 결합하여 감성적 인식에 이르도록 한다. ⑥ 판정 능력facultas diiudicandi으로서의 취미. ⑦ 유사한 사례들을 예측하는 능력expectatio casuum similium을 통해 시인은 "일종의 예지자"(§36)가 된다. 마지막으로 ⑧ 기호화 능력facultas characteristica.

이성과 유사 구조를 갖춘 감성 능력을 뜻하는 유사 이성에 대한 바움가르텐의 이론은 무엇보다도 **미적 진리**의 개념을 이해하기 위한 토대가 된다. 그는 모든 미학의 목표로서 "감각적 인식 자체의 완전함"으로서의 미를 언급했다(§14). 이러한 완전함 혹은 완전해짐은 주관적인 동시에 객관적인 것으로 파악된다. 한편으로 이는 '감각적으로 인식하는, 세계를 감

---

[19] "유사 이성" 및 바움가르텐 미학 일반의 인식론적 의미에 대한 기초 연구로서 다음의 책을 참조할 것. Ursula Franke, *Kunst als Erkenntnis. Die Rolle der Sinnlichkeit in der Ästhetik des Alexander Gottlieb Baumgarten*, Wiesbaden, 1972.

[20] 바움가르텐의 미학 이전에 스위스인인 보트머와 브라이팅거가 판타지의 논리에 대해 이미 언급한 바 있다. 그 이후에 바움가르텐이 하위 인식능력 전체의 법칙성을 설파하였다.

관을 통해 이해하는 주관의 능력 전반이 완전해짐'이며, 이런 관점에서 아름다움은 주관의 인식능력으로 현상된다. 다른 한편으로 인식과정의 객관적 측면에 따른 감각적 인식의 완전함, 즉 대상을 표상할 때 가능한 한 최대의 외연을 갖춘 명석함을 획득하는, 그래서 대상에다가 단지 유-종의 표징들을 덧씌워 규정하지 않고 그 개체 속에 충만한 표징들을 담아냄으로써 생겨나는 완전함을 뜻한다. 이때 표징들이 많이 포착될수록, 대상의 표상이 지닌 외연적 명석함은 더욱 증대된다. 감각적 인식이라는 이런 이상적 목표는 개별자들을 온전히 인식해야 한다는 규정을 갖는다. 이런 목표가 도달 불가능할 수는 있겠으나, 생생한 인식으로 향하는, 그리고 "현상의 완전함" 속에서 감각적으로 경험 가능한 것들의 구체성으로 향하는 도정 자체가 중요하다. 주관적 측면에 따르면 이 생생함은 인간의 감각적 제 능력들의 활성화와 일치한다. 반면 지성의 논리적 방법에 따라 운영되어 그로부터 도출되는, 그래서 대상에 대한 예술적 속성을 거의 형성하지 못하는 파악 방식으로서의 합리적 인식은 생생한 것이라기보다는 "순수한" 것이라 불린다. 인식의 생생함과 순수함의 관계는 인식의 외연적 명석함과 내포적 명석함의 관계와 같다.

바움가르텐은 감성을 이성과의 유비에 따라 다룸으로써 감성 능력을 정초했지만, 그렇다고 그가 곧바로 감성에 대한 형이상학적 전제들까지 고려할 필요를 느꼈던 것은 아니다. 이성(지성)뿐만 아니라 (유사 이성으로서의) 감성조차도 대상을 파악하기 위해서는 어떤 식으로든 표상들을 판명하게 연결해야 한다. 여기에서 표상들을 연결한다 함은 지성의 논리에 따르는 일이거나, 아니면 감각의 **논리**에 따르는 일이다. 표상을 감각의 논리에 따라 연결하는 작업이 이성적인 작업과 유사성을 갖는다는 점을 통해 바움가르텐은 하위 인식능력이 지닌 인식적 의미를 향해 한걸음을 내딛게 된 것이다. 감각적 인식의 진리치에 대한 물음은 인간 표상의 진리치에 대한 물음, 즉 '인간 표상과 세계와의 연관은 어떻게 보장되는가'에 답을 함으로써 최종적인 해명이 가능하다. 바움가르텐은 이 문제의 해명을 위해 논리적 혹은 미적 인식에 대한 기존의 형이상학적 정초 작업을 이미 숙지하고 있었음에 틀림없다. 무엇보다 '논리적 진리의 개념 외에 미적 진리의 개념의 출현이 가능하다면 철학의 진리 개념이란 도대체 어떤 성질의 것인가'라는 물음이 제기된다.

『미학』 27장(§423) 이후에 미적 진리나 허위, 미적 개연성 및 진리 추구 등에 대한 구절이 등장하면서 비로소 미학이 형이상학적으로 정초된다. — 우선 바움가르텐이 라이프니츠의 모나드적 실체론의 맥락에서 영혼의 표상활동을 파악했다는 점을 상기할 필요가 있다. 라이프니츠에 따르면 지각은 모나드의 의식 상태에 따라 세계를 나름대로 표상한 것이다. 그러나 모나드는 결코 수동적인 거울이 아니라 오히려 활동적이며 의식에 의해 세계는 현시[서술]된다. 이를 통해 의식은 진리를 발견할 기회를, 말하자면 세계를 적절히 현시할 기회를 가질 수 있고 동시에 오류의 위험을, 다시 말해 세계에 대한 부적절한 현시의 위험을 지니고 있기도 하다.

바움가르텐은 세계를 온전히 적절하게 표상한 결과를 "객체에 대한 형이상학적 진리"(§423)라고 파악하였다. 이 용어를 선택했다는 것은 그가 진리 개념을 존재론적 지반에서 다루고 있다는 점을 분명히 보여준다. 『형이상학』에서 존재론은 전통에 따라 "존재자의 보편적 속성들에 관한 학문"으로 정의된다(§4). 이런 보편적 혹은 본질적인 (스콜라주의자들이 "초월자"라고 말했던) 속성에 속하는 것으로서 우선 **통일성**을 들 수 있다. 즉 "존재는 통일되어 있다". 그리고 모든 존재자의 통일성을 뒷받침하는 것을 **질서**라고 부른다. 마지막으로 질서의 관점을 가능케 하는 것으로서 존재의 **진리**를 언급할 수 있다. 존재의 모든 구성요소들이 상호 모순됨 없이 하나의 질서 속에서 조율되기 때문에, 또한 이 요소들이 궁극적인 유일무이한 근거에 따라 설명될 수 있어야 하기 때문에, "모든 존재는 완전하다"라고 말할 수 있다. 이렇듯 본질적으로 초월성을 띠는 존재 술어들로는 존재론의 전통에 따를 때 통일성, 질서, 진리 및 완전함이 있다. 라이프니츠는 이런 전제를 받아들여 자신의 모나드 세계의 체계를 이루었다. 모든 실존자들이 최고의 모나드(신)의 능력이 관여되고 개진됨으로써, 또한 최고의 의식으로서의 최고 모나드를 추구함으로써 모나드 존재들은 통일성을 갖게 된다. 라이프니츠가 존재를 완전하다고 말하는 까닭은, 존재를 통해 하나의 통일성이 최대의 다양성을 통해 현시되기 때문이다. 모나드의 의식 상태는 개별적이며 무한히 분화되지만 그럼에도 불구하고 세계는 통일되어 있다.

바움가르텐이 『미학』에서 "형이상학적 진리"에 대해 다룰 때에는 특히 라이프니츠의 형이상학을 자신의 전거로 삼았고 진리를 존재론적 의미에 따라 존재자 자체의 진리로, 신적 지성의 소관 사항으로, 즉 인간이 실현할 수 없고 이론적 구조를 통해 예견할 수만 있는 진리로 여겼다. 『형이상학』(§92)에서는 객체의 형이상학적 진리가 "존재자와 보편적 원리들 간의 일치"로 정의된다. 이를 통해 바움가르텐은 '신은 최고 이성으로 파악되어야 하는 까닭에 창조 과정에서 이성의 최고 원리들("영원한 진리들")까지 실현되어야 한다'는 라이프니츠의 전제를 수용한다. 물론 창조의 과정에서 이성에 반하는 자의가 신의 개념과 함께 할 수는 없었을 것이다. 라이프니츠는 (논리학의 법칙이나 수학의 공리와 같이) 선험적으로 파악될 수 있고 필연성을 지닌 '이성의 진리'를 오직 후험적으로만, 즉 경험을 통해서만 획득 가능하고 그렇기 때문에 우연적인 '사실의 진리'와 구분한다. 사실의 진리는 그 반대 또한 [모순이 아니므로 존재] 가능하다. 바움가르텐과 라이프니츠 모두 형이상학적 진리가 다양한 존재자들의 전체 질서를 포괄한다고 보았다. 바움가르텐은 『형이상학』에서 실존하는 모든 사물의 진리를 "다수 속의 통일적 질서"(§89)라고 불렀다. 이러한 질서를 유한한 인간이 인식하기 위해서는 표상 활동을 통해 가능하다. 이 인식이 바움가르텐에 의해 "정신적" 혹은 "광의의 논리적 진리"라고 불린 **주관적 진리**를 낳으며, 이런 진리와 구분되는 "형이상학적 진리"를 바움가르텐은 "질료적" 혹은 "객관적" 진리라고 보았다.

이제 명백해지는 것은, 모든 표상의 진리연관 및 세계연관이 [칸트의] 비판철학 이전 시기의 방식에서는 의식(영혼)과 세계의 조화로운 질서하에 놓여 있다는 점이다. 여기에서 명심해야 할 것은 라이프니츠가 보기에 존재하는 모든 것은 의식의 (질료성을 띤) 표현이며 의식의 인식은 언제나 궁극적으로 의식 자신에게 낯선 그 어떤 원리가 아니라 바로 자기 자신과 연관을 갖고 있다는 점이다. 바움가르텐은 라이프니츠의 이러한 숙고를 명시적으로 제시하지는 않았을지라도 암묵적으로는 이를 수용하였다. 즉 인식하는 지성의 (혹은 감각적 인식의) 주관적 질서와 이성적으로 조직된 세계의 객관적 질서의 일치를 전제하고 규정하였던 것이다.

인간이 아름답다고 여기는 것이 진리연관을 가져야 한다면, 이는 존재론적으로 전제된 진리 가운데 존재자 전체가 그렇듯 모순 없이 충분한 것으로 정초되며 통일성, 질서, 진리 및 완전성이라는 존재자의 본질적 성격을 지니게 된다. 진리 개념이 체계적으로 다루어지기 위해서는, 시학적 혹은 미학적 외관을 띤 징표들이 『미학』 속에 이미 나타나 있어야 한다. '**바움가르텐이 결국 존재의 존재론적 술어들을 미의 조건으로 삼았다**'라고 할 때, 미의 경우 본질적으로 존재자의 술어들이 "유사 이성"이라는 능력을 통해, 즉 감각적 인식의 방식을 통해 실현되어야 한다. — 중세 철학은 미를 "진리의 직관 가능성"으로 간주했었는데, 바움가르텐에 의해 미의 체계적 지위 및 가치가 재인식될 수 있었다. 그는 이런 지위를 되찾기 위해 감성의 인식적 능력에 대한 상세한 이론을 전달했는데, 이 이론을 통해 감성의 인식적 의미가 실제로 도출된다.

바움가르텐은 미의 진리 가능성을 궁극적으로는 존재론적, 우주론적, 그리고 신학적으로 정초한다. 여기에서 파생된 의미에 따라 본다면 이 가능성은 인식론적, 미학적, 그리고 인간학적으로 정초되기도 한다. 이런 주장에 대한 사례로서 '풍부함'이라는 미학적 개념이 다시 이용된다. 즉 존재론적으로, 그리고 우주론적으로 이러한 풍부함은 개체들 가운데 똑같은 것이 단 하나도 없는, 무한히 다양한 세계 속에 주어진다. 신학적으로 볼 때 이러한 풍부함은 존재자가 최대로 전개되었다는 의미에서, 또한 무한한 다양성이 하나의 창조주, 즉 이러한 다수성을 자신 속에 거두는 창조주에 귀속된다는 의미에서 은총이라는 뜻을 갖는다.

이로써 바움가르텐이 미적 풍부함을 아름다운 사유자, 즉 미학자의 "제1과제"로 간주함에 따라, 이러한 풍부함은 진리의 품격을 지닌 개념이 된다. 여기서의 품격은 풍부함을 미적으로 성취하여 그에게 "다수 속의 통일적 질서"라는 구상으로 통용되는 통일적 질서를 확보함으로써 달성된다. 즉 다수의 감각적 표징들이 진리가 되려면 통일적 질서를 확보해야만 한다. 따라서 이러한 통일적 질서가 항상 주어질 수 없을 경우 세계에 대한 미적 표상으로서의 미학적 진리가 자연 사물을 곧바로 모방하는 것은 아니요, 오히려 이러한 통일성을 선택할 때 다수성을 허용하는 자연의 전반적인 태도를 모방하는 것이다. 그렇게 본다면 바움가르텐의 미학은 형이상학과 진배없다. 미학은 말하자면 감각적으로 다루는 형이상학이며 그렇기 때문에 전통 형이상학에 대한 도전이라고도 볼 수 있다.

바움가르텐은 미학을 철학의 새로운 분과로 도입하면서 본질적으로 합리성 비판 및 학문 비판을 도모하였다. 미학이 창설될 당시 그것이 지녔던 인식비판적 의미는 오늘날까지도 퇴색하지 않았다. 아도르노의 미학 이론도 현재의 사유 못지않게 인식비판적이었다. 미학에서 관건은 추상적 개념에 포섭되지 않는 것, 그럼에도 불구하고 — 오히려 그렇기 때문에 — 인식을 수행하면서도 비동일자das Nichtidentische를 구제하는 일이다. 바로 여기에서도 바움가르텐의 기획과의 유사성이 나타난다. [질적으로] 유일무이한 것들로 충만한 까닭에 논리적 개념을 통해서는 적절히 서술될 수 없는, 그만큼 감각적으로 구체적인 특수자 혹은 개별자를 구제하려고 노력했기 때문이다. 바움가르텐이 보기에 학문의 방법적 도구인 논리학은 진리의 일부만을 실현할 수 있을 뿐이다. 따라서 논리학을 보완해줄 무언가가 요구되는데 이를 위해서는 감성 혹은 "유사 이성"의 노력이 필요하다. 논리학과 감성, 이 모두를 통해서만 인간에게 가능한 최고의 진리인 **미적-논리적 진리**의 획득이 가능한 것이다.[21] 물론 아도르노가 보기에 오늘날 실효성을 상실한 형이상학의 자리를 미학이 대신 차지했지만, 바움가르텐 미학이 딛고 있던 지반은 철두철미 라이프니츠 체계를 근간으로 한 형이상학이었다. 바움가르텐 미학에서 가장 중요한 전제는 '영혼은 표상력을 갖는다'라는 점이었다. 이런 전제의 성격에 대해 반추해보지 않은 채 어느덧 이것은 교조화되었다. 영혼의 표상력은 인간의 진리 인식 가능성을 교조적 형이상학을 통해 보증하였던 것이다. 그렇지만 이러한 가능성이 그런 관점에 따라 한계를 갖는다 해도 표상하는 생명의 진리 연관은 보편성을 갖는다. — 미학을 통해 세계를 유기적으로 전유하고자 하는 바움가르텐의 이론은 비판 철학 이전 시기의 관념에 근거를 두고 있

---

21 미적-논리적ästhetikologisch 진리를 바움가르텐은 세 단계의 발전 과정으로 이해했다. '유' 개념의 미적-논리적 진리에서 '종' 개념의 미적-논리적 진리를 거쳐서 마지막 최고 단계로서 개체나 개별자의 미적-논리적 진리에 이른다. 이 세 번째 단계는 "사유 가능한 최고의 형이상학적 진리의 표상"(『미학』, §441)이라고 불리기도 한다.

기에 인식을 레-프레젠타치오[재-현]re-praesentatio로 보고 있다. 이로써 미적 생산의 진리 가능성을 제어하는 작업이 동시에 생겨났다. 말하자면 원칙적으로 가능한 한도 내에서의 현실연관이나 지향이 확보되는 것은 예술 혹은 아름다운 사유를 통해서라는 것이다. 완전히 초현실적인 것에 대한 현시는 바움가르텐이 보기에 진리치를 갖지 않는다.

역자 주

1) 서론 역자 주1) 참조.

2) 각 모나드들이 더 완전한 단계로 상승하려는 욕구를 갖는다는 점에서 각각의 지각 단계는 잠정적 상태에 있다.

3) 1장 역자 주5) 참조.

4) 고대 로마 공화정 말기의 정치가 카토Cato에서 비롯된 용어. 냉혹하고 엄격한 도덕론을 지칭할 때 사용한다.

5) represent(표상/대표/제시하다)의 어원이 되는 레프레젠타치오는 외부 세계를 통해 의식이 획득하는 내용을 뜻한다. 즉 레프레젠타치오는 세계에 대한 의식의 표상이자 의식의 서술이며 이를 통해 세계는 현시되고 재현된다.

6) 명석하지만 판명하지 않은 표상을 바움가르텐은 '외연적 명석함'으로 부르는데, 이때 비판명성은 단순히 혼연함이나 혼란스러움이 아니라 표징의 풍부함 혹은 복잡함으로 이해된다. '복잡함' 개념에 대해서는 2장 역자 주2) 참조.

7) 바움가르텐은 이 문장에 이어서 "이것이 질서와 구성의 아름다움이다"라고 말한다. 이때 질서와 구성은 지성과 사물의 일치의 조건으로서 데카르트가 이미 제시한 바 있다.

8) 온전한complete은 대상의 정량적 속성을 모두 열거함으로써 제 조건들이 수량적으로 완비되었음을 뜻하고, 완전한perfect은 명실상부하게 완벽한 상태를 뜻한다. 칸트는 『판단력 비판』 15절에서 전자를 양적인 완전성, 그리고 후자를 질적인 완전성이라고 말한 바 있다.

9) 위트Witz는 라틴어 인게니움의 번역어로 이용되었으며, 데카르트의 『정신의 지도를 위한 규칙들Regulae ad directionem ingenii』에서 이미 등장했었다. 2장 역자 주1) 참조.

4

미학, 인식 일반으로서의 반성이 되다

칸트

Ästhetische Reflexion als „Erkenntnis überhaupt"
• *Kant* •

18세기는 단연코 "미학적인ästhetisch" 시대라 불릴 만하다. 왜냐하면 인간의 감성 및 감정, 취미와 비판을 체계적으로 이해하려는 시도에 도달했기 때문이다.[01] 미학을 정초하려는 바움가르텐의 위대한 기획 직후 칸트가 이보다 진일보하여 이를 근본적으로 수정하려 시도한 사실은 정신사적으로 의미심장하다. 칸트 미학이라 하면 대개 『판단력 비판』[02]만을 떠올리는데, '미적판단력 비판'[1)]을 골자로 한 이 후기 저작은 오늘날까지도 미학 이론의 교과서로 통용된다. 그러나 이 저작을 제대로 이해하려면 이 저작이 그의 다른 비판철학 저서들의 문맥과 연동되어 있을 뿐만 아니라 비판철학기 이전의 지평까지 반영하고 있다는 점을 고려해야 한다. '미적판단력 비판'은 칸트가 다양한 철학 유파들에 조응한 결과물이며 그의 사상들, 그러니까 결코 명확한 목적에 따른 것은 아니었음에도 제3 "비판"을 통해 통합된 사상들이 미학의 문제들에까지 적용된 결과물이다.[03]

이미 1760년대 초반에 칸트가 라이프니츠-볼프 학파에 대해 비판했지만, 그럼에도 불구하고 그는 이 학파의 광대한 영향 아래 있었다. 당시 칸트의 강의록을 보면 논리학, 심리학 및 인간학의 범위 내이기는 해도 언제나 미학의 문제에 전념했음을 알 수 있다. 논리학의 경우 칸트는 바움

---

01 보임러에 따르면 개체성을 인식하려는 모든 시도들은 결국 미학의 탄생을 가능케 한 일련의 노력이었다. Alfred Baeumler, *Das Irrationalitätsproblem in der Ästhetik und Logik des 18. Jahrhunderts bis zur Kritik der Urteilskraft,* [1]1923, p.1 이하 참조.

02 Immanuel Kant, *Kritik der Urteilskraft*, in : ders.: *Werkausgabe* in 12 Bdn., hrsg. v. W. Weischedel, Bd. 10, Frankfurt am Main, [1]1790, p.165. 이 저작의 인용은 편의를 위해 1793년 재판을 기준으로 삼을 것이며 이에 따라 서명과 판수[B] 및 면수를 병기한다. (예: 『판단력 비판』, B 35)

03 칸트의 『판단력 비판』의 전사에 대해서는 다음을 참조. Alfred Baeumler, 앞의 책, p.257 이하.

가르텐의 제자인 마이어의 저작, 즉 논리적 완전성과 미적 완전성을 구분한 『이성론 선집Auszug aus der Vernunftlehre』을 이용하였다. 또한 인간학 강의의 경우 바움가르텐의 『형이상학』 중 경험 심리학의 구절들을 참조하였다. 여기에서 바움가르텐의 **취미** 및 **비판**의 개념들이 체계적으로 소개되고 있다는 점은 칸트의 후기 미학 이론과 관련해서 아주 중요하다.[04]

미학의 문제들에 대한 칸트의 숙고가 라이프니츠-볼프 학파의 합리주의 형이상학에 입각해 있던 시기에는 **취미** 개념이 이 문제들을 해결할 유일한 방안이었다. 칸트에게 취미는 개인의 지평을 넘어서는 판정 및 평가의 심급이지만, 그럼에도 그는 주류 형이상학의 척도인 완전성은 받아들일 수 없었다. 칸트는 1760년대 초반 무렵 자신이 구상한 미학이 "취미의 비판"이라는 명칭을 가져야 한다고 보았다. 이와 관련해서 그는 **구속력** 있는 취미의 가능 근거에 대한 물음에 전념했다.

1760년대 중반 칸트는 영국 경험론자들의 미학으로부터 영향을 받았다. 칸트가 형이상학에 대한 그들의 비판적 입장을 다루고는 있으나 미적 판단의 지위 규정과 관련해서는 그들과 견해를 같이 하지 않았다. 칸트는 그들의 저작을 기술하면서 미적판단의 구속력에 대해 충분한 해명이 이루어지지 않은 점을 아쉬워했다. 그중에서도 버크의 저작 『숭고와 미 관념들의 기원에 대한 철학적 논구A Philosophical Enquiry Into the Origin of Our Ideas of the Sublime and The Beautiful』가 칸트의 미학 이론에 가장 지속적으

---

04 바움가르텐의 『미학』(§607)에서 "취미를 형성하는 기술로서의 비판적 미학"이 이미 다루어졌다. Hans Rudolf Schweizer, *Ästhetik als Philosophie der sinnlichen Erkenntnis. Eine Interpretation der Aesthetica A. G. Baumgartens mit teilweiser Wiedergabe des lateinischen Textes und deutscher Übersetzung*, Basel/Stuttgart, 1973, p.127에서 재인용.

로 영향을 미쳤다는 점은 분명하다. 비판철학기 이전의 칸트는 이 저작에 부응하여 1764년『미와 숭고의 감정에 대한 고찰*Beobachtungen über das Gefühl des Schönen und Erhabenen*』이라는 연구서를 내놓았다. 허치슨의『미와 선 관념들의 기원에 대한 논구*An Enquiry Into The Original of our Ideas of Beauty and Virtue*』에는 "미감"이 미적판단의 기관으로 전제되는데, 이 점도 간접적이나마 칸트를 자극했다. "세련된 취미"를 순전한 "감관취미"와 구분하려는 흄의 노력도 칸트에게 영향을 주었으나 이에 대해 칸트가 전적으로 동의하지는 않았다.

비판철학기 이전에 칸트가 쓴『미와 숭고의 감정에 대한 고찰』에서는 미적판단들의 타당성이 주장될 뿐 입증되지는 않았다. 반면『판단력 비판』에서는 저 요구를 정초할 원리를 구축하기 위한 규정이 다루어진다. 칸트 미학은 모든 미학이 봉착하는 딜레마에서부터 시작된다. 한편으로는 ('취미에 대해서는 논쟁하지 않는다'는 격언도 있다시피) 취미에 대한 해명의 경우 수학의 논리적 판단이나 자연과학의 판단에서와 같은 객관적 구속력이 없음에도, 다른 한편으로는 대상을 아름답다고 여기는 자라면 타인들도 이에 동의할 것을 기대하고 심지어는 요구한다는 점이 바로 그것이다. 이때 판단의 구속력은 당연한 것으로 전제된다. 이런 상황에서 칸트는 우리가 무엇으로 인해 이런 구속력을 요청[2]하는지, 취미판단의 보편적 타당성이 철학적으로 제시될 수 있는지, 그럴 수 있다면 어떻게 가능한지 등에 대한 물음을 던진다. 즉 미 판정의 원리의 존재 여부가 문제시되는 것이다. 비판적 초월론 철학[3]의 한 부분에 속하는 칸트 미학은 '어떻게 선험적 종합 판단이 가능한가', 말하자면 '단지 개념을 분석하는 것 이상으로 우리의 지식을 확장하는, 그리고 ('모든 변화는 원인과 결과의 결합으로 발생한다'와 같은 선험적 종합 판단의 경우처럼) 경험을 이론적으로 예견함으로써 비로소 경험을 가능케 하는 판단이 어떻게 모든 경험에 앞서 내려질 수 있는가'라는 문제 제기에 입각해 있다. 이는 미학의 경우 '어떻게 미에 대한 선험적 종합 판단이 가능한가'라는 물음이 된다. 이 물음을 해결하기 위해서는 미의 판정 능력, 즉 미적판단에 대한 비판이 수행되어야 한다. 본디 '구분한다'는 뜻의 그리스어 '크리네인krinein'에서 나온 "비판" 개념은 칸트에 의해 그 규정이 더욱 강조됨으로써 다음과 같은 의미를 갖는다. 미에 대한 판단에서 경험적 요소와 합리적 요소를 명민하게 구분하여 미에 대한 선험적 진술의 가능성 여부를 탐구하고 미적판단력의 경계를 구획하는 일이 긴요해졌다. 주관성의 측면에서 — 즉 미적판단력의 측면에서 — 선험적 원리를 발견하는 일이 가능하다면 학문으로서의 미학이 정초될 수 있다. 이러한 학문에 대해 칸트는 다음과 같이 말한다. "초월론적 비판으로서의 이 학문이 우리에게 관건이다. 이 학문은 취미의 주관적 원리를 판단력의 선험적 원리로 개진하고 정당화해야 한다."[05]

코페르니쿠스적 전회 ─────────
취미 비판의 학문성을 확보하려던 칸트는 인식론을 위해 감행했던 코페르니쿠스적 전회를 미학 이론에서도 시도한다.[06] 『순수 이성 비판』에 따르면 대상 인식은 주관과 떨어져 있는 사물을 따르는 일이 아니라, 주어진, 직관되는 객체의 규정 가능성을 위한 주관성의 인식 조건을 산출하는 일을 뜻한다. 다양하게 주어진 이것들은 주체의 조건, 즉 시공간 표상에

---

05 『판단력 비판』, B 144.
06 Immanuel Kant, *Kritik der reinen Vernunft*, in: ders.: *Werkausg*, in 12 Bdn., hrsg. v. W. Weischedel, Bd. 3, Frankfurt am Main, ¹1781, 1968(『순수 이성 비판』), B XV 참조.

따라 선험적으로 주어진다. 이런 맥락에서 무언가가 주어지며 이것이 어떻게든 인식될 수 있는 것이다. 주어진 것이 인식되려면, 직관의 다양성이 (가령 인과성과 같은) 범주에 따라 종합되어야 하고, 다양한 표상들 속의 통일성이 추구되어야 하며, 직관이 "판단을 위한 **논리적 기능들** 가운데 하나의 관점에서 **규정된** 것으로 간주되어야 한다."[07] 범주, 다시 말해 "판단을 위한 논리적 기능들"은 칸트가 이해하기에 우리가 인식할 수 있는 대상성 일체의 선험적 종합조건들이며 그런 한에서 주관성을 이루는, 즉 초월론적 통각의 통일을 이루는 계기들이다. 인식이란 무언가를 바로 **그 자체로** 인식하는 일이되, 이때 인식 가능성의 조건들은 그 무언가가 주관성의 자리에 놓여 있는 **그 자체로** 존재한다. 칸트에 따르면 엄밀하고 학문적으로 정초된 인식을 위해서는 인식 대상들이 인식 주관을 따라야 하며 주관이 대상을 따라서는 안 된다. 칸트가 보기에 인식론상의 코페르니쿠스적 혁명의 조건하에서만 인식판단의 구속성에 대한 입증이 가능하다. 즉 인식대상들이 주관성에 놓인 선험적 인식 조건들에 따를 때에만, 비로소 보편타당하며 필연적인 인식이 도출될 수 있다. 칸트는 이 문제를 두고 '가능한 경험 대상들에 대한 선험적 종합 판단이 어떻게 생각될 수 있는가'라는 질문으로 표현하였다. 이것이 생각될 수 있는 것은 종합조건들, 혹은 가능한 대상 범주들을 사물 자체에 적용하지 않고 오히려 선험적 조건들에 따라 시공간적으로 주어진 것에, 즉 현상에 적용했기 때문이다.

---

07 『순수 이성 비판』, B 128. 칸트의 이러한 정식화를 통해 미적 고찰[관조]의 경우처럼 주어진 직관을 "규정된 것으로" 바라보려는 관심이 지배적이지 않더라도 주어진 직관을 다룰 여지가 여기에서 분명해진다. 인식판단은 무언가가 '무엇'으로 있는지 말하고자 하며 이를 개념화한다. 반면 미적판단Urteil은 무언가가 '어떻게' 있는지 말하고자 하며 개념적으로 규정되지 않은 직관을 맡는다.

미와 예술의 문제에 대해 칸트는 이와 유사한 해법을 추구했다. 만일 미가 사물 그 자체에 깃든 — 이 사물들을 수용하고 판정하기 위해 우리 모두에게 갖춰져 있는 감관들에 종속되지 않은 — 속성으로 간주되어야 했다면, 미에 대해 신뢰할 만한 규정이 존재할 수 없었을지도 모른다. 저런 속성들을 통해 사물의 아름다움을 우리가 인식할 수 있을지 여부는 사물 자체가 안겨주는 은총에 달린 일이 될 것이다. 객관주의적으로 오도된 미학에 만족하지 못한 만큼 취미에만 매몰된geschmäcklerisch 주관주의적 미학에도 만족하지 못한 칸트는 주관적인, 그럼에도 불구하고 구속력 있는 미 판정의 문제에 대해『순수 이성 비판』에서의 인식 문제에서 자신이 취한 것과 비슷한 방식의 해법을 추구했다. 이는 미학에서도 사물과 관찰자의 위상을 둘러싼 코페르니쿠스적 전회가 고려되었음을 뜻한다.

칸트는 비판적 초월론 철학의 맥락에 따른 전회를 통해 미에 대한 존재론적 접근에서 벗어났다. 이제 더 이상 (바움가르텐이 그랬던 것처럼) 사물, 혹은 현실 전반에 미가 존립한다는, 그래서 인간의 표상 능력을 통해 재현될 수 있다는 데에서 출발할 수 없었던 것이다. 미를 파악하는 데 이러한 모델은 사유와 존재 간의 근원적 조화에서 출발할 수 있을 경우에만 제 몫을 할 수 있다. 칸트가 보기에 이런 조화를 가정하는 일은 비학문적으로 형이상학을 존수하는 태도에 불과하다. 미학은 — 이미 인식론이 그랬던 것처럼 — 적합한 판단의 가능 조건을 추적하는 일에 전력을 다해야 한다. 인식론에서 그랬던 것처럼 미학에서도 저러한 조건을 사물의 견지에서 마련해서는 안 된다. 왜냐하면 지각되는 사물은 이미 주어진 조건, 즉 인식·판단의 주체가 입지점으로 삼는 조건에 의거해 있기 때문이다. 그래서 우리는 미학에서도 사물 자체가 아니라, 언제나 우리에게 주어지고 현상하는 바의 사물을 주제로 삼는다. 미의 경우에도 소박한 존재론에 입각해서는 안 되며, 오직 주체에 놓여 있는 조건을 발견함으로써만 미

판정 능력의 조건이 논의될 수 있다.

이로써 미적판단의 체계적 지위는, 저런 조건과 관련하여 미가 언급되는 **바로 그** 지점에 놓인다. 미의 조건들에 대해 바움가르텐은 여전히 이중적 지위를 언급할 수밖에 없었다. 바움가르텐이 표명한 "일자에 깃든 다수의 질서"에서 미는 형이상학적 진리와 일치하며 궁극적으로는 우주론적 술어이다. 전 세계는 아름다움을 가리키는데, 왜냐하면 이것이 다수성 속의 통일성이기 때문이다. 그러나 바움가르텐의 경우 미는 주관성이라는 또 다른 지위도 갖는다. 왜냐하면 형이상학적으로 상정된 미를 표현 활동을 통해 현재화하고 실현하는 일이 중요하며 아름다운 사유 활동을 통해서, 즉 유사 이성에 따라 감각적 다양성을 실현함으로써 미의 지위 **또한** 확보되기 때문이다. 바움가르텐에게 있어 미의 이러한 이중적 지위는 그의 미학을 일종의 과도적 형태로 이끌었다. 미는 (전통 존재론에 따르면) 객관적이지만 (감성의 기능들에 따르면) 주관적인 입지를 갖는다. 반면 칸트의 비판 철학에서는 오직 주관적인 입지만을 갖는다. 이로써 이 미학자에게 보이는 것은 미 판정 능력으로서의 취미였다. 취미판단의 타당성 요구를 해명하기 위해서는 취미판단의 구조에 대한 분석이 수행되어야 한다.

판정을 통한 미의 조명 ─────────

『판단력 비판』에서 미 이론은 미에 대한 취미판단의 이론이 된다. 이를 위해서 취미판단은 여타의 판단들, 가령 감관판단이나 논리적 규정판단과 분명하게 구분되어야 한다.[08] 칸트는 논리적으로 규정하는 인식판단과

---

08   이에 대해서는 다음을 참조. Jens Kulenkampff, *Kants Logik des ästhetischen Urteils*, Frankfurt am Main, ²1994.

취미판단의 구분에 대해 상세하게 논의하고 싶어 했지만, 미에 대한 취미판단을 논구하면서 그는 취미판단의 특성을 보여주는 계기들을 논리적 판단이라면 모두 지녔음직한 네 가지 사유 기능과 유비적으로, 그러니까 판단에서의 질·양·관계·양태의 관점에서 모색한다. 칸트는 이를 다음과 같이 입증한다. "취미판단에서" 지성이 비록 다양한 직관을 통일하고 이를 포섭하여 특정한 하나의 개념 형성에 기여하지는 않지만, 그럼에도 불구하고 "언제나 지성과의 연관이 포함되어" 있다는 것이다.[09] 여기에서 칸트가 "판단을 위한 논리적 기능들의 안내"를 언급하고 있다는 것은, 그가 인식판단과 취미판단 간의 차이를 강조하고 있음에도 불구하고 두 판단 양식 간의 유비 또한 고려하고 있으며 결국 이러한 비교 가능성의 계기들을 통해 [취미판단의] 타당성 요구를 입증한다는 것을 말한다.

그러나 취미판단과 인식판단의 차이에 대해서는 논쟁의 여지가 남아 있는데, 이에 대해 칸트는 다음과 같은 점을 밝히고 있다. 이 차이는 표상이 주관과 연관을 갖느냐 아니면 객관과 연관을 갖느냐와 같은 구분을 통해서만 생겨나는 것이지, 표상 자체의 종류를 통해서 생겨나는 것은 아니다. 취미판단으로 표현되는 미적판단에서의 표상들은 모두 상상력을 통해 주관과, 그것도 주관의 쾌·불쾌의 감정과 연관되는 반면, 인식판단에서의 표상들은 지성 및 지성개념[범주]을 통해 객관과 연관되며 이로써 인식 대상에 대한 규정이 이루어진다. 취미를 통한 미적 판정에서는 판단의 의도상 ('반성됨'이라는 말 그대로 '되-비쳐짐re-flektiert'으로써) 표상을 통해 연계되는 [대상에 대한] 소유로부터 되돌아와 주관을 가리키는데 이로써 표상

---

09 『판단력 비판』, B 3 주석.

을 주관 및 주관의 감정에 견준다. 그렇기 때문에 칸트는 취미판단을 언급할 때 이를 **반성판단**, 혹은 인식판단의 규정하는 판단력에 대비해서 미적으로 반성하는 판단력이라고 한다. 미적으로 반성하는 자가 표상을 견주기 위해 요구되는 가치판단의 능력인 쾌・불쾌의 감정에서 칸트가 발견하는 감정은 "객관에서 결코 그 어떤 것도 나타나게 하지 않고 오히려" 감정 속에서 "주관은 표상을 통해 촉발되는 대로 스스로를 느낀다."[10] 이로써 미적판단은 언제나 단칭판단으로서만 가능하게 된다. "이 꽃은 아름답다"는 명제는 미적판단일 수 있겠지만, "무릇 꽃은 아름답다"는 명제는 그렇지 않다. 후자는 술어가 지닌 보편적 개념으로 인해 주관의 감정과의 밀접한 연관이 깨져버린 논리적 판단이 될 것이다. 이 판단에서는 미의 규칙이 요구되며 꽃들도 바로 여기에 포섭되고 만다. 반면 전자의 경우 꽃에 관해서 주관이 스스로 느끼는 감정이 적극적으로 표현되고 있다.

　미적판단의 보편적 성격을 통해 칸트 미학의 두 가지 결정적 특징, 즉 형식주의의 계기와 주관화의 계기가 드러난다.[11] 취미판단에서 표상의 내용이 아니라 표상이 생겨나는 방식이 중요하다면, 여기에는 칸트 미학의 형식적 성격이 이미 암시되는 것인데 이에 대해 더욱 상세히 살펴볼 필요가 있다. 쾌・불쾌의 감정이 아름다운 사물의 속성을 직접 가리킨다기보다 주관의 자기감정을 통해 곧바로 산출되는 것이라면, 미의 특수성이 주관이 처한 상태에 희생되는 듯 보인다.

10　『판단력 비판』, B 4.
11　주관화의 계기는 가다머의 칸트 미학 해설에서 강조되고 있다. Hans Georg Gadamer, *Wahrheit und Methode. Grundzüge einer philosophischen Hermeneutik,* in: ders.: *Gesammelte Werke,* Bd. 1, Tübingen, ²1965, pp.39-95.

그렇지만 아름다운 사물에 대한 판정에서 주관이 처한 상태를 나타내는 만족은 "순수한" 미적 고찰이나 취미판단만의 전유물이 아니다. 만족을 산출하는 것에는 도덕적 좋음, 유용함[도구적 좋음] 및 쾌적함의 표상도 있는데 이것들은 순수한 미적 고찰과는 무관하다. 이러한 표상들은 필연적으로 **관심**과 연결되어 있다. 칸트는 "관심"이라는 말을 "우리가 대상의 실존의 표상과 결부시킨" 만족이라고 이해한다.[12] 사람들은 '좋음'을 원한 것임에 틀림없다. 사물의 유용성은 그 결과를 통해 입증되며 감각적 쾌적함은 감관을 통해 직접 현존한다. 이런 모든 경우에 곧바로 만족은 판정되는 것의 질적 **실존**과 결부되어 있다. 좋음, 유용성 및 쾌적함에 대한 판정의 경우 이 실존이 도외시될 수 없다. 그렇기 때문에 칸트는 이런 경우 편파성이 개입되며 이럴 경우 취미판단의 타당성은 개인의 차원을 넘어설 수 없다고 보았다. "사람들은 사물의 실존에 조금도 개의치 않고 이런 고찰에 있어서 취미의 대상에 심판관의 역할을 하는 데 전혀 상관하지 않아야 한다."[13] 다시 말해 미는 그 어떤 관심도 없는 순수한 표상에 속한다. 칸트가 여기에서 "순수한" 미적판단, 이른바 무관심적인 미적판단을 통해 확보하고자 하는 자립성은 취미에 매몰된, 식도락적인 경향으로부터 해방됨을 뜻하는데, 후자의 경우 주관적 성벽에 따른 판정과 다르지 않은 반면 미 판정은 보편타당성의 요구를 제기한다. 칸트의 견해에 따르면 경험주의자들은 이 두 유형의 판정들을 체계적으로 구분하는 일을 감행하지 않았으며, 『판단력 비판』을 통해 비로소 이러한 결점이 제거될 수 있

---

12   『판단력 비판』, B 5.
13   『판단력 비판』, B 6 이하.

다. 칸트가 만족의 모든 형식들 가운데 관심과 무관한 만족만이 미적 만족이라고 주장했기 때문에, 여기에서 결정적으로 미의 고유한 특성이 발견되며 취미판단이 '질'에 따라 규정된다. 순수한 취미판단은 표상에 대한 판정에서 "그 어떤 관심 없이"[14] 만족 혹은 불만족이 생겨날 때에만 나타난다.

취미판단의 질이 전개되어야만 미 판정에 있어 칸트 미학이 어떤 제어 형식을 확립하는지에 대해 알 수 있다. 즉 아름다운 것에 따른 만족은 쾌적한 것에 따른 만족은 물론이요 좋은 것에 따른 만족, 그러니까 — 감각적이든 실천적이든 — 관심이 결부된 만족이 작용하는 욕구능력을 제어한다. 이런 경우에는 언제나 만족을 주는 것이 실존하기를 갈망한다. 게다가 무관심적 만족의 경우 아름다운 존재를 바라보면서 직관의 다양성을 포섭할 그 어떤 **규정적** 개념도 없는 까닭에 특정한 인식으로서의 대상 인식이라는 의도를 제어한다. 그러나 미학적 판정에서의 바로 이런 제어를 통해 주체는 자유로워진다. 취미판단은 순전히 관조적인 영역에 놓이는데, '쾌·불쾌의 감정'과 함께 심정능력Gemütsvermögen에 속하는 양자, 즉 '욕구능력', 그리고 지성 형식의 지배에 따른 '인식능력'은 취미판단에 어떠한 영향도 미치지 않는다. 미적판단은 자유로운 판단이며 자유로운 만족을 통해 정당화되는 반면 도덕판단은 이러한 자유를 알지 못한다. "왜냐하면 도덕 법칙을 논할 경우에는 무엇이 행해져야 하는가의 관점에서 볼 때 자유로운 선택의 여지가 없기 때문이다."[15] 이론적 인식판단의 경우에도 지성의 법칙성이 결부되기 있기 때문에 자유롭지 않다. 쾌적함에 대한 생리학적인 판단(감관판단)만큼은 자유로울 수 있겠는데, 왜냐하

---

14 『판단력 비판』, B 16.

15 『판단력 비판』, B 16.

면 여기에서는 주관의 감각이 판정의 유일한 척도이기 때문이다.[4] 사물의 아름다움을 미학적으로 고찰하는 자는 대상의 자유를 허용하는 까닭에 그 어떤 욕구나 인식도 없고 변화, 향유 및 소비도 원치 않으며, 그럼으로써 그는 판단하는 중인데도 자유로움을 유지한다. 칸트는 이러한 자유로운 만족을 [인간이 자연에 대해 갖는] "호의"라고 부르면서 쾌적함에 따른 만족에서의 "경향성" 및 윤리적인 것에 따른 만족에서의 "존경"과 구분한다. 인간의 특성상 오직 호의만이 자유로운 만족일 수 있고, 그러한 만족은 아름다움을 접함으로써만 가능하다. "쾌적함은 이성이 없는 동물에게도 해당한다. 그러나 미는 오직 인간에게만, 그러니까 동물이면서도 이성을 갖춘, 그렇지만 (가령 천사들처럼) 이성 자체는 아니고 동물이기도 한 그런 존재에게만 해당한다. 반면 선함은 이성을 갖춘 존재라면 모두에게 해당한다."[16] 따라서 아름다움을 지각할 때, 즉 무언가를 아름답다고 판정할 때 감성과 이성의 기능들은 필연적으로 조화롭게 합치된다. 대상에 대한 표상이 이 두 요소 가운데 오로지 하나만을 충족하고 이를 통해 무언가 판정이 내려진 것일 경우 이를 아름답다고 말할 수는 없다.

칸트는 미 분석을 시작하면서 미적판단의 '질'을 논하는데, 『순수 이성 비판』의 논리적 판단에서는 그가 앞서 양의 범주를 다루었던 것과 대조된다. 이는 미적판단에서 질의 계기가 갖는 특별한 영향력 때문이다. 따라서 칸트는 미적판단에서 '양'의 계기가 '질'의 계기로부터 도출된다는 주장을 펼칠 수 있었다. 질의 계기를 통해 명확해진 사실은, 순수한 미적판단이 그 어떤 "사적 조건"으로부터도 자유로운, 그러니까 무관심적인

---

16 『판단력 비판』, B 15.

만족에 근거를 둔다는 점이다. 그렇기 때문에 이런 만족의 근거는 오직 하나의 보편적 조건하에서만 발견될 수 있다. 실제로 미적으로 판단하는 자는 보편적인 논리적 판단과 연관된 방식으로 판단한다. 다만 미적판단자의 경우 자신의 판단에 대한 만인의 찬동을 요청할 수는 없음에도 "감히 요구할ansinnen" 수 있다는 점에서 논리적 판단자와 차이가 있다. 이제 문제는 미적 만족이 객관과 개념적인 연관을 갖지 않음에도 이 만족을 보편적으로 정당화하는 일이 어떻게 가능한지가 된다. 칸트가 보기에 객관적 보편타당성은 오직 논리적 인식판단에서만 존재하며, 이 판단의 보편타당성을 보장하는 것이 보편적·합리적인 개념이 된다. 그러니까 미적판단에서 다룰 수 있는 것은 오직 주관적 보편성과 같은 것, 즉 미학적 보편성이라고 부를 수 있는 것뿐이다. 미적판단에서 이렇듯 주관적이면서 보편타당한 조건이 존립 가능하려면 객관적으로 보편타당한 조건과 어떻게든 연관을 가져야만 한다. 사물의 아름다움과 관련한 연관은 다음과 같은 방식으로 성립된다. 사물에 대한 표상이 미학적으로 작용하려면 인식의 가능 조건에 맞아야 하며, 이때의 표상은 보편적 개념의 사례가 아님에도 불구하고 ― 다양한 직관을 통일하는 ― 그 개념의 형식에 따라 이미 개념적 틀을 지향하는 듯 보인다. 칸트는 이런 연관이 주관의 측면에서 다음과 같이 성립한다고 본다.

보편적으로 전달될 수 있는 것은 인식, 그리고 인식에 속하는 표상뿐이다. 왜냐하면 인식만이 객관적이며, 오직 그럼으로써만 만인의 표상력들이 합치하지 않을 수 없는 하나의 보편적인 연관점을 인식이 확보하기 때문이다. 그런데 표상의 보편적 전달 가능성에 관한 판단을 규정하는 근거가 오직 주관적이어야 한다면, 즉 대상에 대한 개념 없이 생각되어야 한다면, 이러한 규정근거는, 표상력들이 주어진 표상을 인식 일반에 연관 짓는 데 있어서, 이러한 표상력들 상호간 관

계를 통해 나타나는 심정상태일 수밖에 없다.[17]

아름다운 사물을 고찰할 때의 만족 혹은 쾌감이 보편적으로 매개된 감정이라면, 이 감정은 결국 모든 인간들에게 공통된 심정상태와 연관을 가질 수밖에 없다. 아름다운 사물에 대한 미적 고찰을 통해서 상상력과 지성이 함께 작용하는데 그것도 하나의 대상에 대한 특정한 인식 규정에 이르지 않는다. 즉 형태를 만드는 상상력이 지성에 종속되지 않는 것이다. 위의 인용문에서 언급되었던 인식 연관성은 결국 동등한 인식능력 일반이 활성화됨으로써만 성립하는데, 그럼에도 이 과정에서 인식을 가능케 하는 **주관적** 조건만이 주어진다. (인식의 객관적 조건이 되는) 개념에 의해서는 직관적 종합에 대한 그 어떤 규정도 생기지 않기 때문에, 인식능력들은 서로 촉진하여 생기를 불어넣는 자유로운 유희 상태에 놓인다. 미적 고찰은 상상력과 지성 양자가 상호 동등한 비중을 갖게 하며 감각적으로 유쾌하게 반응하도록 하는 조화를 낳는다. 이런 상태는 인간에게 보편적인 것으로 전제될 수밖에 없는데, 왜냐하면 모든 인간은 이성적인 동시에 감각적인 존재이기 때문이다. 따라서 미적 고찰에서 반성적 판정에 **뒤따르는** 쾌감은 상상력과 지성이 상호 조화를 이루고 이 두 인식력의 상호 관계로부터 자기감정이 밀려옴으로써만 성립한다. 모든 인식에 필연적인 주관적 조건들과만 연관을 갖는 이러한 감정은 이로써 개념에 의거하지 않으면서도 보편적인 매개가 가능하며, 미적 판정은 양적으로 보편적

---

17 『판단력 비판』, B 27 이하. "인식 일반"이라는 개념에 대해서는 추후에 상론되겠지만 이는 칸트 미학에서 핵심개념으로 규정된다.

이라고 규정되는데 이 보편성은 오직 주관적인 보편성으로서만 생각될 수 있다. 이로부터 칸트는 "개념 없이 보편적으로 만족스러운 것이 **아름답다**"[18]는 결론을 내린다.

미적판단의 세 번째 계기로 성립하는 것은 이 판단이 이루어질 때 이를 통해 고찰되는 목적의 관계이다. 미에 대한 고찰에서 쾌감은 "주관이 스스로 **유지**하고자 의도한 상태와 관련한 표상의 인과성에 대한 의식"과 동행한다.[19] 이 상태는 주관적으로 합목적적인 것으로 느껴지지만, 취미판단은 주관적 목적에서 도출될 수 없다. 왜냐하면 이렇게 도출되는 취미판단이라면 여하한 관심을 전제할 것이며 이 관심에 따라 판정이 규정됨으로써 더 이상의 순수한 미적판단은 불가능해질 것이기 때문이다. 그렇다고 해서 순수한 취미판단이 객관적 목적을 통해서 규정될 수 있는 것도 아니다. 왜냐하면 이 판단은 개념과 무관하기 때문이다. 이로써 칸트는 다음과 같은 결론에 도달한다.

> 따라서 (객관적이든 주관적이든 간에) 아무런 목적도 없이 대상을 표상할 경우의 주관적 합목적성만이, 그러니까 우리가 의식할 수 있도록 우리에게 대상이 주어지도록 하는 표상에 있어서의 합목적성을 이루는 그런 순전한 형식만이, 우리가 개념 없이 보편적으로 전달할 수 있다고 판정하는 그런 만족을, 그럼으로써 취미판단의 규정근거를 이룬다.[20]

---

18 『판단력 비판』, B 32.
19 『판단력 비판』, B 33.
20 『판단력 비판』, B 36.

그 어떤 목적과도 무관한 주관적 합목적성은 이제 상상력과 지성이 아름다운 대상에 상응하는 기능을, 말하자면 미적 판정에 필수적인 기능을 수행한다는 사실과 무관하지 않다. 그렇기 때문에 미는 주관적-합목적적인 것으로 느껴진다. 순수한 고찰을 통해 인식력들이 상호 유희하는 까닭에 이런 합목적성은 그 어떤 목적도 나타내지는 않는다. 미적판단을 통한 쾌감은 결국 순전한 형식적 합목적성을 의식함으로써만 획득된다. 이 합목적성은 오직 아름다운 대상을 파악하는 종류와 방식에 따라서만 성립하며, 이 합목적성은 직관할 때의 바로 그 주관하고만 연관되기 때문에 — 형식적이기도 하면서 — 오직 주관적인 합목적성이다.

아름다운 대상을 파악하는 종류와 방식이 곧 대상의 **형식**이다. 이 형식은 상상력의 활동을 통한 재생 작용에 의해 실현된다. 결국 아름다운 대상에서 형식의 합목적성, 미적판단력과의 연관 속에서만 이 합목적성이 지각된다. 말하자면 대상의 형식적 합목적성은 인식능력들의 자유로운 유희에 따른, 그러니까 상상력과 지성이 서로를 강화하고 생기를 불어넣는, 동등한 권한을 갖고 상호 작용함으로써 고찰자에게 긍정적인 생명감을 불러일으키는 그런 유희에 따른 합목적성의 형식과 일치한다. 아름다운 대상에 대한 판정이 그것의 형식에 입각해서가 아니라 내용 및 질료에 입각해서 이루어진다면, 이러한 지각에서의 합목적성은 주관적 목적으로 견인될 것이고 판단은 더 이상 순수하게 미적일 수도, 자유로울 수도 없다. 왜냐하면 이 경우 무관심적인 만족이 판단의 근거가 될 수 없을 것이기 때문이다. 이렇게 취미판단의 세 번째 계기에 대한 칸트의 논구에 따라 미를 정의한다면 그것은 "**목적의 표상 없이** 대상에서 지각되는 한에서,

대상의 **합목적성**의 형식이다."[21]

이제 미적판단을 그것의 '양태'에 따라 검증하는 일이 남았다. 미적판단은 미의 개념으로부터 도출되지 않기 때문에 반박 불가능한 것일 수는 없다. 그럼에도 불구하고 미를 고찰하는 자라면 누구나 주관적 필연성과 연결된 그 쾌감을 타인도 이와 동등한 필연성을 갖고 그 쾌감과 결부될 것을 기대한다. 이런 필연성이 보편적 개념에 의해 산출된 필연성이 아님에도 모든 인간들에게 적용되는 근거가 될 수 있는지에 대해서는 의문이 제기된다. 객관적 원리는 배제되어 있는 까닭에 칸트는 필연성을 주관적이면서도 보편타당한 원리에서 찾고자 한다. 이 원리는 칸트가 내감으로 이해한 "공통감"이라 가정되는데, 내감은 인식력 간 상호 유희의 결과이며 이로써 비록 감정과 관련된 것일지라도 이 결과가 보편적으로 전달될 수 있게 한다.

칸트가 미적판단과 논리적 인식판단을 긴밀하게 연관 짓는 일을 기피했지만, 자신의 미학을 정초하기 위해 관건이 되는 지점들 가운데 하나인 바로 여기에서는 이제 더 이상 이러한 연관을 회피할 수 없게 되었다. 미적판단의 필연성은 인식판단의 필연성으로부터 도출되며, 인식에 필연적인 보편적 전달가능성은, 인식을 가능케 하는 주관적 조건들만을 충족함으로써 인식력들이 자유롭게 유희 상태에 있을 때 느껴지는 그런 감정에 필연적인 보편적 전달 가능성까지도 전제해야 하기 때문이다. 인간의 인식을 위한 보편적 조건에 이렇게 긴밀히 의거하는 일은 공통감이 초월론 철학의 정초가 아닌 심리적인 정초를 경험하기 위해서 확보된다.

---

21 『판단력 비판』, B 61.

칸트가 정립한 공통감 또한 인식의 보편적 전달가능성이 그러하듯[22] 회의주의에 맞서는 것이지만, 이 공통감의 입증 근거는 본질적으로 훨씬 박약하다. 왜냐하면 인식이 전달될 때 이미 범주들을 통해 객관성이 확보되어 있는 것만 전달된다면, 미적 감정의 보편적 전달가능성의 준거점은 오직 다음과 같은 점, 그러니까 감정에 따르면서도 보편적인 종류와 방식이 존재해야 하고 이런 것들이 존재할 때 이에 따라 인식능력들의 유희가 인식의 맹아처럼 여겨질 뿐이라는 점에만 놓일 것이기 때문이다. 여기에서 생명력을 부여받는 감정은 "우리 인식력들의 자유로운 유희의 결과"[23]이며, 이는 바로 공통감이다. 하나의 미적판단을 만인이 동의해 줄 것이라 신뢰하고 요구할 수 있는 것은 칸트에 따르면 이미 이러한 공통감이 미학적 판정의 "이상적 규범"으로 요구되었기 때문이다.[24] 즉 이 판단이 "사적"인 것이 아니라 "공통 감정"에 의거해 있다는 점을 의식한다.[25] 공통감의 형식이 지닌 주관적·보편적 원리를 가정함으로써 미에 대해 진전된 해명이 가능해지는데, 이를 미적판단의 네 번째 계기인 양태에 따라 규정해보면 다음과 같다. "개념 없이 **필연적** 만족의 대상으로 인식되는 것이 **아름답다**."[26]

---

22   칸트에 따르면 "우리 인식의 보편적 전달가능성은 그 어떤 논리학에서든, 회의적이지 않은 인식의 그 어떤 원리에서든 전제되지 않을 수 없다"(『판단력 비판』, B 66).
23   『판단력 비판』, B 64 이하.
24   "공통감에 대한 무규정적인 규범은 실제로 우리에 의해 전제된다. 즉 우리가 거리낌 없이 취미판단을 내리고 있다는 점이 이를 입증한다"(『판단력 비판』, B 67).
25   『판단력 비판』, B 67.
26   『판단력 비판』, B 68.

칸트는 "미 분석"을 통해 순수한 미적판단의 구조가 갖는 극도의 긴장과 역설을 해명한다. 즉 이러한 판단은 "그 어떤 관심도 없는 만족이나 불만"[27]을 표현한다. 이 판단은 미에 대한 그 어떤 개념도 갖추고 있지 않지만 그럼에도 불구하고 보편적으로 수용될 권리를 요구한다. 아름다운 사물을 지각하고 판정할 때 이 판단이 입증하는 합목적성은 그 어떤 특정한 목적에도 입각해 있지 않다. 그렇지만 아름다움에 따른 필연적 만족을 주장하는 이 판단의 준거가 될 수 있는 것은 오직 주관적 원리, 즉 "만인에게 필연적인 이념"인 공통감뿐이다.[28] 여타의 판단 형식들과 갖는 유사성과 차이점 사이의 긴장 속에서 순수한 미적판단이 생겨나는 것임에도 불구하고, 순수한 미적판단 본연의 자립성을 규정하려는 칸트의 시도에서 이 모든 역설[29]이 발견된다. 한편으로는 취미판단이 감관판단, 실천판단 및 인식판단 등과 합치하지만, 다른 한편으로는 이 판단들과 배치되기도 한다. 이런 정황으로 인해 순수한 미적판단이 난관에 봉착한다. 즉 미적판단의 특수성을 옹호하기 위해서는 미적 순수주의를 희생할 수밖에 없다.[30]

---

27 『판단력 비판』, B 16. 〔저자의 인용 오류를 바로잡는다.〕
28 『판단력 비판』, B 67.
29 '전달 없이 전달됨'이라고 하는 역설에 대한 상술로서 저자의 글 참조. Brigitte Scheer, "Mittelsamkeit ohne Mitteilung. Zu einem weiteren Paradoxen der Kantischen Ästhetik", in: *Forum für Philosophie Bad Homburg (Hrsg.)*: *Ästhetische Reflexion und kommunikative Vernunft*, Bad Homburg, 1993, pp.41-53.
30 미적 순수주의와 칸트가 연결되는 다양한 지점들에 대해서는 다음을 참조. Josef Früchtl, *Ästhetische Erfahrung und moralisches Urteil. Eine Rehabilitierung*, Frankfurt am Main, 1996, pp.35-41, pp.74-77.

인식 일반 ─────

인식판단과 순수한 미적판단 간의 차이와 유비에 대한 칸트의 규정은 어려우면서도 설득력 있고 의미심장한데, 두 판단들에는 동일한 인식능력들, 그러니까 상상력과 지성이 제 기능을 발휘하지만 이것들을 취급하는 방식들에 따라 차별성이 나오기 때문이다.

칸트는 ─ 이미 바움가르텐이 그러했듯이 ─ 미학을 위해서는 이것이 인식과의 연관을 통해 설명되어야 하며 본질적으로 미학은 인식비판적 잠재력을 지녀야 한다는 사상을 근간에 두고 있었다. 물론 인식비판은 이미 미학의 가능 조건이 되어 있었다. 바움가르텐 미학이 바로 이러한 인식비판적 기능을 수행하였다. 논리적 인식 체계 외에 미학적으로 정초된 인식도 주장되었기 때문이다. "감각적 인식" 혹은 "아름다운 사유"를 통해 감각적 현상이 완전함의 권리를 갖게 되었다.

칸트의 "미 분석"에 나타난 인식비판적 노선은 언뜻 보면 바움가르텐과 무관하다. 논리적·규정적 판단을 이와 유사한 틀을 갖춘 미적판단을 통해 보완해야 할 필요성을 확증하는 대신 칸트는 미적으로 반성하는 판단력이 규정적 인식판단과 구조적으로 상이하다는 점을 소개하고 있기 때문이다. 직관적 표상을 위해 질료가 주어졌을 때 두 판단에서 다루어지는 방식은 매우 상이하다. 미적 판정의 표상들은 주관(의 쾌·불쾌의 감정)과 견주어지고, 규정적 인식판단의 표상들은 객관과 개념적 연관을 갖는다. 객관적으로 보편타당한 인식판단과 달리 미적 판정의 경우 오직 주관적으로 보편적인 반성적 판단만이 있을 뿐 그 어떤 인식 요구도 제기될 여지가 없다.

표면상으로는 인식판단과 미적판단이 엄격히 구별된 듯 보인다. 만약 이를 시종일관 견지했다면 미적 판정은 현실과 무관한 것이 되었을 것이고 이 경우 미적 판정을 통해 인식비판적 잠재력을 생성해내는 일은 어려웠을 것이다. 미적판단이 인식판단과 상호 연관성이 있을 경우에만 저러한 잠재력이 생각될 수 있다. 실제로 칸트는 미적판단과 논리적 판단을 정확하게 구분하려는 의도가 있었음에도 불구하고 언제나 양자의 유사성의 여지를 허용한다. 즉 판단의 외적 형식이 지닌 언어적·문법적 측면이 그 단서가 된다는 것이다. 칸트가 보기에 미적판단자에게는 다음과 같은 점이 허용된다. 즉 "이들은 아름다운 것을 말할 때 미가 대상의 한 속성이며 그래서 이 판단이 마치 논리적인 판단인 양 말한다"[31]는 것이다. 미학적으로 반성하는 판단력이 지닌 "마치 …인 양"이라는 태도는 유기체를 인식하기 위해 자연현상의 배후에 자연 본연의 목적을 상정하는 목적론적 판단력의 태도와 공통점을 갖는다. 칸트는 미적판단이 인식판단과 문법적으로 일치한다는 것을 인정했는데, "미적판단의 경우에도 이 판단의 타당성을 누구에게나 전제할 수 있다는 점에서 논리적 판단과 비슷한 점이 있기 때문이다."[32] 칸트 미학에서 이런 유사성 혹은 '마치 …인 양'의 태도보다 인식판단과 미적판단의 관계를 더 잘 보여주는 것은 양 판단에서 주관성이 작용하는 기능에 따라 양자가 부분적으로 일치하는 지점이다. 이 점을 논하기 위해서는 『판단력 비판』에서 취미판단의 구조를 세밀히 분석함으로써 명시적이지도 않고 의도한 것도 아니면서 칸트가 인식비판을 수행하고 있는 맥락을 살펴보아야 한다.

　『순수 이성 비판』에서 칸트는 인식을 대상 인식에, 그러니까 주어진 직관표상들을 하나의 특정 개념에 의해 포섭하고 통일시켜 직관되는 질료

31　『판단력 비판』, B 17 이하.
32　『판단력 비판』, B 18.

를 규칙의 사례로 다루도록 하는, 그런 종합을 수행하는 인식에 한정했었다. 모든 인식은 (주어진) 무언가를 (예측 가능한 형식이나 규칙의 사례인) 무언가로 인식하는 일이다. 그러나 이런 특성을 갖는 인식에 따르면 미적판단을 인식으로 간주할 수 없게 된다. 자연과 예술의 아름다움은 이미 알려진 규칙의 사례로 간주될 수 없기 때문이다. 미의 타당성은 오히려 그것의 일회적 개체성에 따른다. 미학적 판정의 경우 주어진 다양한 직관을 **그 자체**로 주목하고자 하는 것이지 결코 다른 규정을 위한 질료로 보지는 않는다. 『순수 이성 비판』의 인식 의도에서 볼 때 미학적으로 판정된 것은 **아직** 규정되지 않는 현상에 불과하다. 반면 미적으로 판단하는 자가 보기에 이것은 고유성을 갖는 현상이다.

칸트는 이 차이를 강조하고 있음에도 불구하고 인식행위와 미학적 판정 간의 유사성을 확인함으로써 취미판단의 보편타당성 및 필연성을 도출했다. 그래서 칸트는 취미판단이 인식판단은 아닐지라도 "**인식 일반**"[33]을 지향한다는 점을 강조한다. 칸트가 "취미의 비판을 위한 열쇠"[34]를 준비하고자 했던 바로 그 구절에서 이미 소개된 "인식 일반"은 대부분의 칸트 해석자에 의해 상세히 규정되는데, 이들에 따르면 이것은 대상을 지향하는 규정적 인식을 위한 주관적 사전 단계에 불과하다.[35] 어떻게 보면 칸트 역시 "인식 일반"을 인식의 사전 단계로 고찰했다고 할 수 있다. 왜냐하면 이를 통해 상상력과 지성이 자유로운 상호 유희 속에서 작동하는

---

33 『판단력 비판』, B 28.
34 『판단력 비판』, B 27.
35 프뤼히틀은 "인식 일반"의 원리적 의미는 물론이고 이것의 발견술적인 의미까지 인정한다. Josef Früchtl, 앞의 책, p.74 이하.

데 이때 상상력이 아직은 개념의 척도에 따라 지성에 포섭되지 않음으로써 양자의 자유로운 유희가 좌절된 상태는 아니기 때문이다. 이렇다 보니 상상력과 지성의 조화로운 상호 작용을 생각할 때, 이것이 대상을 규정하는 인식에 선행할 뿐이며 아직 인식에 이르지 않은 절차라고 생각할지도 모르겠다. 그렇지만 실제로 칸트가 기술하는 "인식 일반"은 고유한 가치와 내실을 갖추고 있는 미적 반성이다. 미적 반성의 경우 주어진 표상들은 인식 일반과 연관되며 이로써 활성화되는 심정상태가 쾌·불쾌의 감정으로 전이된다. 그래서 순수한 미적판단에 대해 처음에는 (관심과 무관한, 개념과 무관한 등과 같은) 부정적 규정들이 지배적이었지만, 이제 이 판단의 진가는 "인식 일반"이라는 성격이 부여됨으로써 긍정적으로 규정될 수 있게 되었다.

그러나 칸트의 『순수 이성 비판』에서 모든 인식을 대상 인식으로 환원한 마당에 이제 "인식 일반"의 개념을 해석하는 데서 다소 문제가 생긴다는 것은 부인하기 어렵다. 누차 언급되는 "인식 일반"이라는 이 정식에는 미학의 문맥에서 새로운 의미를 부여해야 한다. 칸트의 입장에서 본다면, 사태가 — 현대적으로 표현하면 미적 경험이 — 미적판단을 인식의 맥락에서 도출하라고 그를 채근했음이 분명하다.

'인식 일반'에 대한 칸트의 언급을 살펴보면 그가 자신의 인식 개념을 마지못해 비판하는 것으로 해석할 여지가 있다. 그런 맥락에서 칸트는 미적판단자가 "인식 일반의 관점에서, 그러나 특정 인식에 제한되지 않으면서"[36] 주어진 표상들을 대한다는 점을 인정하였다. "특정 인식에 제한되

---

36 『판단력 비판』, B 37.

지 않으면서"라는 말은 '주어진 것을 하나의 특정 개념 내에 포섭할 관심에 따라 고찰하지 않으면서'로 바꿀 수 있다. 미적판단자는 특정 개념 대신에 개념화하는 능력 전반을 뜻하는 지성을 작동케 하되 이를 통해 확보되지 않는 질적 고유성을 상상력이 확보함으로써 지성의 개념 규정으로는 이 일을 완수할 수 없을 것이라는 점을 스스로 깨닫게 된다. 즉 상상력이 발현됨으로써 직관을 통해서만 접근 가능한 사물의 질적 고유성이 드러나며 이때 직관의 표상들은 결코 특정한 개념에 국한된 것으로 해석될 수 없다. "형태를 고찰할 때 작동되는"[37] 상상력은 지성의 개념화 작용을 요구하지만, 결코 개념의 지도를 받지 않는다. 이 두 인식력들은 이런 식으로 서로를 활성화한다. 칸트는 조화롭게 작동되는 (상호) 유희를 통해 유쾌한 감각을 갖게 되며 주어진 직관의 미가 해석된다고 말한다. "우리가 미에 대한 고찰에 **머무는** 까닭은, 이 고찰이 제 스스로를 강화하고 재산출하기 때문이다."[38] 인식력들이 서로 생기를 불어넣는 이런 유희를 칸트가 **자유로운** 유희라고 부르는 까닭은 이것이 자신 외에 그 어떤 목표도 갖지 않으며 대상을 소유하는 일에 얽매임 없이 자족적이기 때문이다. 미적판단이 이렇게 산출되었기 때문에 칸트는 이를 **자유로운** 판단이라고도 부른다. 판단이 자유롭다는 것은 그 어떤 사적 조건들로부터도 벗어나 있다는 뜻이다. 그렇지만 이것은 주어진 직관을 대상화하려는 의도로부터 벗어나 이 직관의 인식론적 가치를 온전히 점유한다는 점에서도 자유롭다 할 수 있다. 즉 형태를 만드는 상상력이 "인식 일반" 아래 지성에 종속될 필요가 없다. 지성은 개념화 작용의 총체로서 활동할 따름인데 직관의

---

37 『판단력 비판』, B 50.
38 『판단력 비판』, B 37.

다양성을 **하나**의 구상이나 **하나**의 관점으로 제한해서는 안 된다. 미적 반성의 주체는 자신의 인식력을 완전하게 경험하며 주어진 직관에 대한 해석 및 의미형성의 절차를 살아 있게 하는 근원이 바로 자신임을 경험한다. 이런 식으로 해서 "인식 일반"은 현대적 개념으로 보면 "미적 경험"의 본질적 계기에 상승하며 이로써 직관되는 질료 자체의 자립적 의미형성을 경험하는 일이 중요해진다.

미적판단을 이렇게 규정함으로써 규정적 인식판단은 구조상 하나의 특정 목적을 규정하는 반성에만 얽매인 판단이었음이 입증된다. 여기에서 목적이 되는 것은 바로 대상성이며 이로 인해 주관은 전적으로 특정한 구성 기능에 한정된다. 주관이 대상성에 대한 인식을 지향하는 경우 인식능력은 더 이상 자유롭지 않다. 대상들의 규정은 일종의 변증법적 행위인데, 이때 주관은 대상을 규정하기에 적절한 기능을 스스로 갖춘다. 반성적 판단력 혹은 "인식 일반"은 미적 고찰을 통해 규정적 인식보다 풍부한 현상을 접근케 해준다. 대상에 대한 개념 규정만을 절대시할 경우 인간의 현실적 인식능력들은 위축되고 말 것이다.

숭고 ─────────

『판단력 비판』에는 미적 특징으로서 아름다움 외에도 숭고함을 함께 다루고 있다. 당시에는 미와 숭고를 함께 다루는 것이 관례화되어 있었다. 숭고는 원래 수사학적 양식으로 사용되었고 여타 수사학 개념들과 마찬가지로 이것도 미학의 용어로 채택되면서 그 의미가 새로워졌다.[39] 미학

---

[39] 롱기누스의 저작인 『숭고론 Peri hypsous』은 부알로의 『숭고론 Traité du sublime』에 번역되어 있는데 이는 18세기 미학에서 숭고론과 관련하여 중요한 전거가 되었다.

의 지평에서 숭고함은 판단력에게 일종의 도전이었다. 수사학에서 숭고는 고매하고 고결한 것을 적절하게 표현하는 과제를 지녔던 반면 미학의 경우에는 주로 감각적 표상능력을 넘어서는 요구로 간주된다. 18세기 후반에는 숭고함이 본질적으로 가파른 절벽, 포효하는 대양大洋, 광대한 황무지와 같이 거대하고 압도적인 자연현상들로 여겨졌다. 이런 현상에 대해 칸트는 다음과 같이 생각했다. "본디 숭고함은 그 어떤 감각적 형식 속에도 포함되어 있을 수 없다."[40] 만약 직관되는 것의 한계가 정해지지 않는다면 이는 미적판단력의 목적에 반한다. 왜냐하면 이 경우 상상력은 직관의 총괄에 제약을 받기 때문이다. 그런데 이런 상태를 숭고의 감정이라는 표현을 통해 적극적으로 기술함으로써, 숭고는 이제 우리의 감각적 형식 밖에서가 아니라 오히려 심정상태에서 추구되며, 그것도 직접적인 감각적 인상을 떠나 합목적성을 갖춘 이념과의 연관 속에서 다루어진다. 따라서 — 가령 자연현상의 — 압도적 크기로 인해 인간의 파악능력 중 하나에 (즉 다양한 것을 하나의 형태로 총괄하는 능력에) 과도한 요구를 가함으로써 인간을 억압하고 제한하는 일이 발생할 수도 있겠지만 오히려 이를 통해 인간의 인식능력이 고양되기도 한다. 왜냐하면 직관의 한계가 정해지지 않음으로써 오히려 이념이, 즉 현시될 수는 없고 사유될 따름인 (세계, 영혼, 신과 같은) 무제약자가 인간에게 떠오르게 되기 때문이다. 즉 상상력이 좌절됨으로써 오히려 이성이 작동된다. 그래서 숭고의 감정을 완성하기 위해 상상력과 이성의 상호작용이 나타난다. 상상력과 지성의 상호 유희를 통해 미를 판정하는 경우에는 능력 간 조화가 나오지만, 반대로 숭

---

40 『판단력 비판』, B 77.

고에서는 상상력과 이성이 마주한다. 칸트는 숭고 감정에서 "심정능력의 주관적 합목적성"[41]이 이성의 자립성의 감정을 통해 나오는 것을 목격한다. 상상력이 감당할 수 없을 만큼의 크기를 측정할 때 이성이 길을 잃지 않도록 돕는 것이다. 결국 칸트에게 숭고함이란 외부 사물의 사안이 아니며, 자연현상들의 위력과 크기에 굴복하거나 강요받지 않고 오히려 고양되어 스스로의 독립성을 확인하는, 그러한 이성의 사안이다. 이때 대상에 대한 만족감이 생기지는 않지만 이는 대상과 관련한 일이 아니며 오직 자기감정에 국한된 일이다. 만족은 "상상력 그 자체의 확장"[42]에 기인한다. 이런 확장을 경험하는 상상력은 거대한 것을 파악하려는 자신의 목표가 이성에 의해 수행된다. 상상력은 이러한 과제를 포기하지 않는다. 직관 불가능한 무한성을 이념으로 생각할 수 있는 이성의 주권을 통해, 자신에게 위협으로 다가온 파악불가능성에 응답하는 것이다.

숭고함에 대한 미적 판정에서도 ― 미의 경우와 마찬가지로 ― **순수한** 미적판단이 요구된다. 이때 판단의 분석은 판단의 네 가지의 기능에 따라 이루어지는데, 숭고함에 대한 미적판단이 **무관심적**이고, 이 판단에는 숭고함에 대한 그 어떤 **개념**에도 의거하지 않으며, 하나의 특정 목적을 표상하지 않되 심정능력에 **합목적적**이고, 숭고함에 대한 미적판단이 내려질 때 이 판정을 보편적으로 만드는 조건들을 고려하는 까닭에 **필연성**을 갖는다는 점이 입증된다.

칸트에 따르면 숭고함은 "기술적 산물"이 아니라 명실상부한 "날것 그

---

41 『판단력 비판』, B 99.
42 『판단력 비판』, B 83.

대로의 자연"[43]에서만 경험될 수 있으며 수학적 숭고와 역학적 숭고라는 두 형식을 통해 나타난다. 역학적 숭고에서 자연은 크기가 아닌 위력으로 표상된다. 수학적 숭고의 관점에서 볼 때 경험능력을 넘어서는 과도한 요구가 인간에게 가해진다면, 역학적 숭고의 관점에서 볼 때 인간이 느끼는 위협은 자기보존의 관심에 따른 것이다. 이러한 체험을 통해 불쾌감이 유발되지만 상상력에게 과도한 요구들이 제기될 때 이성을 통해 반응함으로써 오히려 만족감으로 전화된다. 처음에는 반목적적이라 판정되어야 할 체험이 이제는 합목적성과 결부되는데, 왜냐하면 이 체험을 통해 이성이 제 기능을 발휘하게 되었기 때문이다. 이 경우가 아니라면 이성은 결코 작동되지 않았을 것이며 미적인 자기감정이 생기지 않을 것이다. 이성은 이론적 이성과 실천적 이성으로 나뉜다. 크기의 면에서 상상력의 사실적 이해 및 재생능력을 능가하는 수학적 숭고는 이성의 이론적 능력을 소환하는데 이로써 상상력은 포착이라는 과제를 이성에 넘겨준다. 그렇지만 이론 이성은 자신의 이념을 기준으로 무한성의 표상을 통한 총체성 개념을 구성하는 것이기 때문에, 자연의 크기가 자신의 표상 속에서 자라난 것임을 보여준다. 역학적 숭고, 그러니까 공포를 자아내는 자연현상에 대한 체험은 상상력에 과도한 요구가 되는데, 이 경우 위압적인 것을 고요한 형식으로 만드는 일이 중요하다. 위협적인 표상을 제압해야 한다는 과제가 이 경우에는 이론 이성이 아니라 실천 이성에 제기된다. 물리적 실존이 가하는 위협에 직면한 주관은 자기 자신으로 되돌아가는데, 위압적인 자연과 물리적으로 대결하는 일이 무의미하기 때문이다. 그러면서도

---

43 『판단력 비판』, B 89.

주관은 자기 자신으로 되돌아감으로써 윤리 이념의 불가침성, 즉 예지적 존재로서의 주관이 갖는 표상과 결부된 자유 이념을 발견한다. 이는 위압적 자연이 우리로 하여금 물리적 무기력을 깨닫게 하는 동시에 "우리가 자연으로부터 독립되어 있다고 판정을 내릴 수 있게 하는 능력을 발견"[44] 하기 때문이다.

아름다움에 대해 미적으로 반성하는 주체의 경험과 비교하면 숭고함을 다루는 이 국면에서 칸트는 이성의 자기감정에 전례 없는 의미를 부여하고 있다. 이를 통해 실천 이성에 우위를 두려는 칸트의 의도가 간접적으로 나타난다. 왜냐하면 숭고에 대한 판정을 통해 제시되는 조건 내에서 비로소 순수 이성은 실천적일 수 있으며 인간의 의지는 단지 경험에 의해 주어지는 것뿐만 아니라 이성을 통해 규정될 수 있기 때문이다. 이후 칸트는 미를 "도덕적 좋음의 상징"이라고 역설하며 역학적 숭고에 대해서도 똑같은 주장을 펼친다. 역학적 숭고에서도 판단력은 "경험법칙들의 타율성"[45]에 휘둘리지 않으며 오히려 인간 이성의 자율성이 감지된다. 그러나 숭고함을 이런 식으로 경험하기 위해서 전제되어야 할 것이 있는데, 인간의 문화가 도덕적으로 이미 성숙해 있어야 한다는 점이 바로 그것이다. 이에 대해 칸트는 다음과 같이 말한다. "사실 도덕적 이념의 발전이 없다면 문화를 통해 준비된, 우리가 숭고하다고 말하는 그것이 조야한 이들에게는 그저 끔찍한 것으로 다가온다."[46] 반면 문화를 통해 이를 받아들

---

44 『판단력 비판』, B 105.
45 『판단력 비판』, B 258.
46 『판단력 비판』, B 111.

일 준비가 갖춰지면, 숭고함은 미와 마찬가지로 주관성의 한 계기가 된다는 것이다. 다만 미 판단은 최소한 간접적이나마 "대상의 어떤 **질**에 대한 표상"과 결부되는 반면, 숭고함에서는 다음과 같은 점이 나타나는데, "**숭고함**은 감성적인 것을 초감성적으로 사용할 수 있도록 자연을 표상하기에 적합하다고 고찰하게끔 하는 **관계**를 통해서만 성립한다"[47]는 것이다. 따라서 칸트는 아름다움의 경우와 마찬가지로 숭고함의 경우에서도 다음과 같은 점을 강조했다. 즉 숭고함에 대한 표상을 통해 주관이 제 스스로 얻은 것이 무엇인지, 그리고 숭고한 것을 바라보는 주관이 어떻게 자기 자신을 느끼는지가 중요하다.

오늘날에는 숭고 체험이 무조건 미학의 핵심 주제로 간주되지는 않는다. 숭고 범주의 복권을 위한 시도가 몇 차례 있었고 미 개념을 아주 포기하지는 않은 미학 이론이 있기는 하지만, 그럼에도 숭고는 아름다움 못지않게 고루한 개념으로 여겨진다. 아름다움의 경우 이것이 지닌 형이상학적인, 그리고 또한 인식론적인 연관에 대해 더 이상 납득할 수 없게 됨에 따라 아름다움은 그저 매력이나 호감을 주는 것 정도로 전락하였다. 숭고의 경우에는 이를 정치적, 도덕적으로 도구화함에 따라 그 가치를 훼손하는 일이 빈번했다. "숭고한" 혹은 "숭고함"이라는 표현은 우리를 압도한다는 느낌을 주며 이를 신뢰하지 않으면서 반감과 혐오가 유발된다는 함축이 수반된다. 우리는 숭고의 정치적 악용을, 특히 나치와 같은 독재를 통해 행해졌던 정치의 미학화를 떠올린다. 이때에는 정권의 숭고함을 암시하는 기념비적인 건축물이 이용되었고, 극화된 매스 게임을 통해 국민

---

47 『판단력 비판』, B 113 이하.

들이 자신들의 숭고함, 그리고 지도자의 숭고함을 체험하기도 했다.

그렇지만 숭고가 미학적으로 태동한 역사적 맥락을 보면 이 개념은 여전히 중요한 문제를 함축한다. 숭고 개념은 다음과 같은 **긴장관계**를 통해, 즉 자연과 정신 간의, 추함과 아름다움 간의, 전율감과 충족감 간의, 관능적 반응과 자기성찰 간의 긴장을 통해 드러난다. 엄밀히 말한다면 20세기의 미학 이론에서 "숭고한"이라는 용어에 대한 복권 시도들 자체는 퇴색했지만, 이 용어에서 과거에 생각되었던 그런 문제들은 결코 퇴색하지 않았다. 아도르노의 생각에 따르면 현대사회에서 "숭고함의 유산인 부정성은 전혀 경감되지 않았다."[48]

칸트의 숭고론에도 시의성이 있는데 이는 아방가르드 예술에 의한 고전적 작품관의 붕괴 과정과 연관이 있다. 칸트는 미에 대해 다음과 같이 말한다. "내 속에 있는 이 표상을 통해 내가 무엇을 만들어내느냐가 […] 중요하다."[49] 숭고의 경우도 이와 유사하다. 나의 미적판단을 통해 최종 결정된 것이 바로 주관 속에서 수행된 절차로서 일종의 자기경험인 것이다. 현대의 예술들 중 다수가 이미 확립된 경험에 따르지 않고 자신만의 경험을 추구한다는 점은 분명하다. 개체의 표상에 주목하는 일은 미의 경우보다 숭고의 경우 더욱 두드러지는데, 왜냐하면 상상력의 총괄이 이성 이념에 의해 대체되기 때문이다. 칸트는 감각을 압도하는 위력에 이성 능력의 자발성이 갖는 위력으로 웅대하는 것을 숭고하다고 보았다.

칸트의 숭고관에 깃든 또 다른 시의성은 숭고하다고 불리는 사물들이

---

48 Theodor Wiesengrund Adorno, *Ästhetische Theorie*, in: ders., *Gesammelte Schriften*, Bd. 7, hrsg. v. G. Adorno u. R. Tiedemann, Frankfurt am Main, 1970, p.296.
49 『판단력 비판』, B 6.

통상적 지각을 파괴하는 속성을 갖는다고 한 점이다. 상상력은 숭고한 것에 직면하여 내감에 반하는 폭력을 행사하는데, 왜냐하면 이 상상력은 지속적 총괄을 단절하며 감성에게 너무나 과도한 크기를 지닌 전체를 순간적으로 파악해야 한다고 요구하기 때문이다. 이 경우 일상적이고 익숙한 지각이 파괴되고, 이는 아방가르드 예술 가운데 일부에서 표명하는 강령에 결정적인 계기가 된다.

칸트의 숭고 표상은 오늘날에도 여전히 주목받고 있다. 포스트모던 철학의 대변자들은 숭고 개념을 복권하려는 의도를 갖고 있었다.[50] 특히 리오타르는 숭고 관념을 다각적으로 다루면서 칸트로부터 숭고에 대한 영감을 얻었음을 강조했다. 리오타르는 '숭고하다'는 술어가 동시대의 미학 담론에서도 적용 가능하지만 아방가르드 조형예술의 생산 방식들 가운데에서 가장 두드러진다고 보았다. 리오타르의 표현에 따르면 "종합[개관] 능력의 결여"야말로 "칸트가 숭고라고 불렀던 내용의 요체"이다.[51] 상상력에 위배되는, 현시될 수 없는 것에 대한 경험이 칸트에게는 본질적 요소였기 때문이다. 반면 파악 및 현시의 능력 면에서 제약을 지닌 감성에 대한 이성의 승리는 포스트모던의 숭고관에는 맞지 않는데, 리오타르는 칸트의 견해에 반대하여 이성은 자연보다 우월하지 않으며 그저 제 자신의 목적을 위해 자연을 이용하려는 관심만을 지닐 뿐이라고 역설한다.[52] 숭고에 대한 파악과 관련해서 칸트와 리오타르를 비교하기 위해서

---

50 이에 대해서는 다음을 참조. Christine Pries(Hrsg.), *Das Erhabene. Zwischen Grenzerfahrung und Größenwahn*, Weinheim, 1989.

51 위의 책, p.322.

52 위의 책, Jean-François Lyotard, "Das Interesse des Erhabenen", 특히 p.113 이하.

는 결국 처분 불가능한 것에 대한 경험의 영역에만 국한해야 한다. 칸트의 경우 이 경험은 수용자의 경험이며 본질적으로 자연에 대한 체험을 통해 획득된다. 반면 리오타르의 경우 숭고 표상은 제작자에게 중요하다. 추상성이나 미니멀 아트를 통해 현시 불가능한 것에 대해 증언하려는 아방가르드 예술가가 바로 이에 해당한다. 뉴먼의 인공품과 텍스트들을 통해 리오타르 갖게 된 확신은, 현시 불가능한 것을 제작할 때에는 의식을 통해서는 구성되지 않는 것들에 대한 현시가 관건이 된다는 점이다. 이때 존재하고 있는 그 무언가를 의식은 결코 제 마음대로 다룰 수 없다. 이로써 예술생산은 하이데거가 "사건"이라고 말했던 바와 같은 성격을 갖는다. 리오타르는 이런 유사성을 지적하는데 이 사건에도 무장해제, 그러니까 "종합 능력의 결여"의 의미가 담겨 있다. 왜냐하면 우리의 이해는 일어난 '**무엇**was'에 대한 것이지 무언가 일어나고 있다는 '**사실**daß'이 아니기 때문이다.[53] 따라서 리오타르가 보기에 대상에 대한 현시를 멀리하는 뉴먼이나 아방가르드 예술가들은 대상을 경험하는 하이데거에게 존재경험이 촉구되는 경우와 유사한 작품 경험을 갖게 되었다. 반면 숭고 개념의 경우 리오타르는 칸트에 의거할 근거가 더 이상 없었다.

미적판단론 ―――――

칸트는 미와 숭고 분석에 이어 순수한 미적판단의 연역을 시도하였고, 이런 판단이 도출될 수 있는 원리를 제시하였다. 취미의 원리를 모색하면서

---

53   Jean-François Lyotard, "Das Erhabene und die Avantgarde", *Merkur*, Jg. 38, Heft 2, 1984, p.151 이하.

칸트는 이를 두 가지 표현으로 정식화하는데, 하나는 "판단력 일반의 주관적 원리"이며 다른 하나는 "공통감"이다. 전자가 미적판단력의 자율성—즉 법칙 없는 합법칙성—, 그리고 판단하는 개인이 이에 대해 갖는 확신을 강조하고 있다면, 후자는 미적판단자들 상호 간의 소통 근거가 생각되고 있다. 칸트의 이해에 따르면 공통감은 "순전한 이상적 규범"[54]이고 경험을 통해 제시할 수 없는 능력으로서의 이념이다. 이로써 인식력들(상상력과 지성, 혹은 상상력과 이성) 간의 상호 유희의 결과는 감정의 문제임에도 불구하고 보편적으로 전달 가능한 것으로 상정된다. 칸트는 인식의 필연적 전달 가능성을 통해 필연적·보편적으로 전달 가능한 감각을 해명하는데 이런 감각을 통해 "인식 일반"을 위한 주관적인 조건들이 충족된다. 따라서 공통감이 주관의 합리적 기능에 토대를 두고 있다는 점은 분명하지만, 이런 기능은 대상 인식의 맥락에서 사용된다기보다는 자유로운 반성 혹은 자기감정의 지평에서 견지된다.

미와 숭고의 분석을 통해, 다시 말해 순수한 미적판단 및 연역에 대한 구조 분석을 통해 칸트 미학의 체계적 부분, 즉 미학을 비판적 초월철학으로 만들어주는 부분이 종료된다. 미와 숭고를 지극히 주관화한다는, 엄밀한 의미의 칸트 미학이 아름다운 예술을 다루고 있다는 점은 이론의 여지가 없겠지만 그렇다고 이것이 예술철학과 직결되는 것은 아니다. 예술철학이 되기 위해서는 다음과 같은 체계상의 난점들이 숙지되어야 한다.

1. 미 분석을 통해 예술은 오직 **미적 판정**의 관점 아래서만 다루어질 수 있게 되었

---

54 『판단력 비판』, B 67.

다. 그러나 이런 입지점에서는 예술이 무엇인지, 인간에게 예술이 왜 필요한지에 대해 만족스러운 답변이 내려질 수 없다.

2. 순수한 미학적 판정의 관점에 따른다면 예술의 **인지적** 내용이 시선에 들어오지 않는다. 작품들의 종별 특질이 제대로 고려되지 않는다. 작품들에 나타나는 상상력과 지성 간의 조화로운 상호 유희는 언제나 동종의 것이 된다. "인식 일반"을 통해서는 그 어떤 특정한 인식도 규정되지 않는다. 칸트 미학에 주석이 첨가되지 않는 한 예술작품의 장르별 특징을 해명할 근거가 정초될 수 없다. 또한 작품의 개별성들은 순수한 미적판단을 통해서는 표현될 수 없다.

3. 아름다운 예술의 경우라 해도 유용성의 관계를 도외시한 것만은 아니기 때문에 미 판정을 통해 칸트가 요구하는 **무관심성**은 예술에 부정적인 평가를 내리는 것이 될 수 있다. 칸트도 지성의 관심을 예술과 결부하고 있으며, 작품이 현실적으로 존재할 것을 기대하고 있다. 예술작품도 인식되어야 한다는 요구에 직면하며 실제로 이에 대한 인식이 이루어지면, 이 작품의 실존에 대한 관심이 배제될 수는 없다.

4. 순수한 미적 판정의 관점에서 **역사적 차원**에 대해 고려하는 일은 칸트에게 불가능하다. 미적으로 관조하는 의식에게 동서고금의 예술작품 간 차별성은 없다. 예술이 특정 인식이 아닌 "인식 일반"을 촉진하는 경우에도 이런 일은 오직 역사적 변화를 통해서만 가능하고, 예술미는 인식의 역사성을 통해 존재할 수 있게 되는데 칸트 미학에서는 이런 역사성이 차단된다.

칸트의 예술관

칸트는 미와 숭고에 대한 판정으로 만족하지 않는다. 『판단력 비판』은 미와 예술에 대한 판정을 넘어서 **제작**[생산]에 대해 주제화하는 예술철학을 제공한다. 미 분석에서의 판정 작업만으로는 예술미의 특수성을 이해하기에 불충분하며, 이는 칸트의 천재론이 풀어야 하는 과제가 된다. 제작 원리는 오직 "아름다운 예술"에만 적용되어야 한다. 그런데 이 원리는 분명하게 규정되기는 어렵다. 하나의 규칙을 규범화하기에는 이 원리가 독창적·창조적·천부적·복합적인 면을 갖기 때문이다. 칸트는 인간의 이런 창조 원리를 표현하기 위해 "인게니움"이라는 전통 용어를 수용한다. 이는 철학적·수사학적 전통에서 선천적 재능을 뜻하는 것이었으며, 규범 숙지 및 연습을 통해 증진되는 후천적 능력과 대비된다. 그런데 칸트의 경우 ― 전통적 이해와는 달리 ― 예술가의 제작에 있어서의 중점이 철두철미 독창적이고 범례적인 창조의 측면으로 옮겨졌다. 예술가란 선대 예술가들의 제자라는 식으로 이해되어서는 안 된다. 오히려 그는 본질적으로 천부적인 재능을 갖춘 천재다. 이러한 칸트의 설명에 따르면 "아름다운 예술"은 "필연적으로 **천재의 예술**"[55]이다.

칸트가 받아들인 이 천재 개념은 자신의 예술철학에서 핵심을 이루었고, 이 무렵에는 이 개념과 관련해서 획기적인 역사적 변화가 이루어지기 시작했으며 이런 변화 자체가 예술이 새롭게 이해되고 있다는 증거였다. 천재 개념은 시에 대해 편향된 규범론으로부터 벗어나고자 했던 문학 이론인 '질풍노도'를 통해 개진되었다. 이 시기는 "천재의 시대"라고 불

---

55 『판단력 비판』, B 181.

렸는데, 이로써 천재 개념이 예술이해를 위한 관건이라는 점이 당대에 유포되었다. 질풍노도는 물론 고전주의 및 낭만주의 시기에 있어서도 이런 천재의 화신은 언제나 셰익스피어였다. 문학의 원칙을 둘러싸고 고트셰트와 논쟁했던 레싱은 셰익스피어의 천재적 창조력을 지성 편향의 문화로부터 벗어나 생생하게 진리를 언표하는 예술의 규준으로 삼았다. 예술제작을 위한 규범론적 완전성 대신에 선천적이고 독창적인 창조력에 대한 표상이 등장했다. 이에 따르면 규범을 의도적으로 확보할 수 없으며 진리를 파악하고 형성할 능력은 직관적으로 갖춰진다. 이로써 작가는 본질적으로 유일무이한 창조적 소질을 갖춘 개인으로 이해되어야 하며, 작가의 제작물이 구현한 것은 보편적 진리가 아니라 개별 현상과 불가분적인 진리이다. 이런 맥락에서 레싱은 『함부르크 연극론*Hamburgische Dramaturgie*』을 통해 다음과 같이 말한다.

> 인간의 보편적 본성에 대한 숙고를 통해 철학자는 배운다. [⋯] 그러나 명백하게, 믿을 수 있는 만큼 안다는 것은 어떻게 [⋯] 이러저러한 성격이 [⋯] 개연적으로 표현될 수 있을지 아는 것이요 이것이야말로 세계에 대한 우리의 지식이 가져다 준 유일무이한 성과이다.[56]

여기에서 예술제작에 대한 구체적 지식은 명제화되는 철학적 지식과 엄격히 구분된다. 철학이 예술의 후견자가 되는 일은 철두철미 거부된다.

56　Gotthold Ephraim Lessing, *Werke*, Bd. 1-8, hrsg. v. R. G. Göpfert u. a., München, 1970-1978, Bd. 4, p.263.

이런 단절을 위한 전제들은 바움가르텐『미학』을 통해 창출된 바 있다. 여기에서 감각적 인식은 추상적 이성진리 못지않게 고유한 권리를 획득한다.『미학』에 표명된 천재 개념은 훗날 프랑스에서 표어로 등장한 "천재[génie]"만큼의 엄밀한 의미를 획득하지는 않지만 나중에 등장할 "인게니움"의 연원이 된다. 바움가르텐은 이 용어의 관념이 볼프의 경험적 심리학을 통해 이미 형성되었다고 본다. 볼프에 따르면 인게니움(위트)은 별다른 노력 없이 상이한 사물들 간의 유사성을 지각하는 능력을 뜻한다. 볼프가 보기에 인게니움은 **하나**의 사물에서 다수의 표징을 구분하는, 그가 '명민함'이라고 불렀던 능력과 대비된다. 또한 볼프는 인게니움 혹은 위트가 예술에서 지대한 의미를 갖고 있다는 것을 이미 인식했었는데, 왜냐하면 작품 속의 메타포와 알레고리를 형성할 때 상이한 사물 간의 유사성을 지각하는 이 능력을 발견했기 때문이다. 볼프에 따르면 작시능력을 이루는 생생한 상상력이 위트(인게니움)와 결부된다.

칸트는 천재를 다음과 같이 정의한다.

> 천재란 예술에 규칙을 부여하는 재능(천부적 소질)이다. 예술가의 선천적 생산능력인 이 천재 자체가 자연에 속하는 까닭에 이렇게 표현할 수 있겠다. 천재란 심정의 선천적 소질(인게니움)이며 이를 통해 자연이 예술에 규칙을 부여한다.[57]

칸트는 자신의 천재관을 해명하기 위해 라틴어 "인게니움"을 사용했는데, 동시대인들은 물론 바로 직전 세대의 관점에서 이 말의 의미가 어떠

---

57 『판단력 비판』, B 181.

했는지가 중요하다. 칸트는 한편으로 "선천적임"이라는 원래의 의미를 강조하였는데, 말하자면 심정능력들의 천부적 기질을 다루었던 것이다. 그렇지만 다른 한편으로 그는 강단철학의 대의에 따랐다. 그래서 "인게니움"(위트)에 담긴 의미 속에서 창조적 계기를 상기하는 일이 중요했다. 보임러는 이를 다음과 같이 표현한다.

> 상상력 개념에서 마땅히 중요하게 간주해야 할 창조적 계기는 위트 개념을 통해 강조되었다. 위트는 사물들 간의 유사점들을 감지함으로써 새로운 것을 발견한다. 영혼의 활동은 비교이다. 이를 통해 유사점들이 발견되어야 하는데, 왜냐하면 이 유사점들은 모든 이에게 드러나는 것은 아니기 때문이다. 근본적으로 위트는 창조적 계기를 훨씬 더 잘 나타내주는 표현이다. 18세기 전반기에 이 표현은 (프랑스인들의 에스프리esprit에 대응하는) 정신Geist과 같은 의미를 갖고 있었다.[58]

당시 "정신"은 "제 마음대로 자유로이 형상화하는 사유"로 생각된 반면, "이성"은 여전히 "강단의 규범에 따르는 사유"에 얽매어 있었다.[59] 18세기 천재 개념이 탁월하다고 생각될 수 있는 까닭은 상상력을 제작능력이라 칭하면서 예술모방론을 비판했기 때문이다. 『판단력 비판』이 출간되기 훨씬 전부터 칸트는 "미는 천재의 사안이지 결코 모방의 대상은 아니다"[60]라는 입장을 갖고 있었다.

---

58 Alfred Baeumler, 앞의 책, p.148.
59 이에 대해서는 다음을 참조. *Grimmsches Wörterbuch*, Artikel, "Geist".
60 1772년 칸트 논리학 강의. Jens Kulenkampff(Hrsg.), *Materialien zu Kants Kritik der Urteilskraft*, Frankfurt am Main, 1974, p.110에서 재인용.

"천재"라는 표현은 오늘날의 미학 이론에서는 더 이상 논의되지 않는다.[61] "예술가" 개념조차 퇴색하여 작가, 제작자, 생산자 등과 같은 개념들로 대체되고 있다. "천재" 개념에는 비합리주의 및 사이비 낭만주의라는 오명이 결부되어 있다. 이 개념은 시민사회가 발흥했던 19세기에 예술가를 신성시했던 상황을 떠올리는 까닭에 사용하기가 거북한 면이 있다. 또한 천재 개념을 정치적으로 악용함에 따라 나타난 온갖 형식의 천재 숭배에 대해 세간의 시선이 곱지 않은 탓도 있다. 그렇지만 무엇보다도 19세기 예술가들이 산출한 것들 자체가 천재의 이미지를 점차 희석시켰다는 점을 간과할 수 없다. 이들은 창조 과정을 스스로 숙고하기 시작했고 제작에 대해, 그리고 재료에 대한 지식 및 이를 운용하는 일에 대해 18-19세기의 천재론에서 허용했던 것보다는 더 큰 비중을 두었으며 기술과 측량을 중시했다. 오늘날 예술가들은 예술을 제작하는 자로서 스스로 연구해야 한다는 관점을 견지하고 있으며 무의식적 생산이라는 이상은 낡은 것이 되었다. 이 점은 예술가들이 ─ 만연한 학문비판의 풍조에도 불구하고 ─ 학문성을 이루는 일련의 척도들(방법론)을 제작에 대한 이해에 결부시키는 데 기여했다.

예술가를 천재라고 부르는 칸트의 입장은 역사적 맥락에서 이해되지 않으면 안 된다. 이는 무엇보다도 프랑스 고전주의 미학에 대한 칸트의 반발로 이해될 수 있다. 프랑스 고전주의는 합리성에 근거한 예술이상을 확증하는 입장이었고 이에 따라 이론적 인식과 미학적 생산의 차이는 불분명해졌다. 상상력은 규범적으로 이해되는 자연에 입각해서 그저 모방

---

61 가다머는 "일종의 천재의 황혼이 도래했다"고 말했다. Hans Georg Gadamer, 앞의 책.

적 태도를 취할 따름이었다. 그러니까 상상력의 **창의적** 기능은 여기에서 생각될 여지가 없는 것이다. 예술가의 제작은 정확성의 척도에 종속되기 때문에 고전주의 이론가들은 아름다움도 규범의 지도에 따라 산출된다는 견해를 가졌다.

 칸트가 이런 천재관을 고수할 수 있었던 데에는 이론 이성에 의해 파악되는 자연 개념 너머에서 이를 아우르는 형이상학적 자연관도 한몫을 했다. 인식 대상으로서의 자연은 언제나 인식이라는 이러한 목적에 따라 이해된다. 이 경우 자연의 자발적 생산력은 도외시된다. 그러나 자연은 "자유로운" 합법칙성에 따라 스스로를 산출하는 생생한 자연으로 간주되지 않을 수 없다. 칸트는 『판단력 비판』(§65)에서 이런 유기체 자연의 "조형력bildende kraft"에 대해 논하면서 이를 기계론적 · 인과론적으로 설명되는 자연의 "운동력"과 구분한다. 생생한 유기체 자연의 내적 목적은 지성이 부과할 수는 없는, 반성적 판단력에 의해 추구되는 발견술적 근거에 따른다. 즉 이러한 자연목적은 지성의 구성적 개념으로 파악될 수 없다. 지성을 통해서는 자연이 분명하게 규정될 수 없기 때문이다. "자연목적"이라는 표현은 오히려 규제적 기능을 갖는다. 이것이 규제적인 이유는 자연을 연구할 때 목적론적 연관의 유비에 따르며, 이론적이지 않은, 실천적인 이성능력의 과제를 목격하게 하는, — 칸트의 표현에 따르면 — 자연의 "최상 근거"에 "대해" "숙고"하기 때문이다.

 이렇듯 자유롭게 스스로 전개하는 유기체 자연이란 칸트가 천재를 "자연의 총아"[62]라고 칭할 때 일깨우고자 했던 바로 그 자연관에 따른 것이

---

62 『판단력 비판』, B 200.

다. 내적 합목적성에 따르는 자연의 제작 원리들은 이론적으로는 규정될 수 없다. 이런 의미에 따른 자연은 결코 무언가의 대상이 되지 않는다. 아리스토텔레스의 "에르곤ergon" 및 "에네르게이아energeia" 개념을 통해 다음과 같이 말할 수 있겠다. "조형력"을 지닌 자연이 작품으로 고찰되기 위해 대상화되는 일은 없으며 이 힘은 인과론적으로 규정되지 않는다.

천재를 통해 "자연이 예술에 규칙을" 부여한다[63]고 칸트가 말했을 때 그가 생각한 것은 모든 예술 속에서 독창적이고 범례적인 태도를 취하는 자연의 "조형력"이었다. 이 제작물은 결코 특정 규칙의 한 사례가 아니다. 즉 하나의 규칙으로부터 연역되어 그러한 상태에 도달한 것이 아니라는 말이다. 칸트가 보기에 학문에서 천재가 있을 수 없는 까닭은 학문에서는 ― 예술과는 달리 ― 대상을 제작하는 방법들을 일반화할 수 있기 때문이다. 천재는 오직 예술제작의 영역에만 있다. 학문과는 달리 ― 칸트가 강조하듯이 ― "시적 정신의 충만함은 배울 수가 없다."[64] 천재라는 천부적 소질은 칸트에 따르면 특정 "비율을 갖춘 심정능력들"[65]이다. 이런 표상을 처음 소개한 이는 바움가르텐인데, 그의 『형이상학』(§648)에 따르면 무릇 천재란 특정 비율의 인식능력이다. 『미학』에서도 그는 영혼 전체를 통해 특정한 기질에 도달하였을 때의 미적 재능을 갖춘 천재적 예술가를 "우아한 정신"[5)]이라고 말했다. 이는 특히 상위 인식능력과 하위 인식능력이 적절하게 조화를 이룬 상태를 뜻한다. 칸트는 이 필연적 기질을 더

---

63 『판단력 비판』, B 181.
64 『판단력 비판』, B 184.
65 『판단력 비판』, B 185.

광범위한 영역으로 확대하여 다음과 같이 요약한다. "따라서 아름다운 예술에는 상상력, 지성, 정신 및 취미가 요구된다."[66] 이를 통해 칸트는 천재성에 따라 자유자재로 제작하는 상상력이 충만한 상태를 나타낸다는 견해를 표명한다. 그러나 상상력은 판단력 혹은 취미("천재의 훈육")를 통해 지성과 적절한 비율을 유지해야 한다.

지금까지 칸트가 천재를 통해 아름다운 예술을 정의했다는 점을 살펴보았다. 칸트 미학은 주관화의 예술철학을 입지점으로 삼았다. 예술에 접근하기 위해서는 작품의 아름다운 현상을 직접 취득하는 것이 아니라 예술을 산출하는 주관, 그러니까 천재 혹은 "자연의 총아"로 향해야 한다. 칸트는 예술작품의 구조를 예술가가 지닌 천재적 소질의 구조 속에서 이미 발견하였다. 아름다운 예술의 척도는 천재적 주관 내에 깃든 예술제작의 조건에 따른다. 이 조건에 분명 취미도 속하지만 이것만으로는 불충분하다. 미 분석론에서 취미는 감성의 보편적 계기들을 가리키는 판단 원리임이 입증되었다. 이 계기들은 미적 산물의 질료가 아닌 **형식**에 깃든다. 그래서 "천재의 훈육"의 산물인 취미는 형식을 포착하는 제작자의 능력과 동일시되는데, 이로 인해 천재의 표상이란 그저 사적인 것일 뿐 보편적 전달이 불가능하다는 견해가 불식된다. 이때 형식은 감성을 보편화시키는 것으로 이해되는데, 말하자면 아름다운 형태의 형성 내지 존재 '방식'에만 관계할 뿐 형태의 질료 내지 '본질'과는 무관하다.

(상상력, 지성, 취미에 이어) 천재를 구성하는 네 번째 구성요소에 대해서는 자세히 살펴볼 필요가 있다. 칸트가 "정신"이라 말하는 이 요소가 천재의

---

66 『판단력 비판』, B 203.

기질 가운데 가장 창조적 능력이라는 점은 명백하다. 18세기에 "정신"이라는 개념은 "위트" 개념과 밀접한 연관이 있다. 칸트가 생각한 "정신"도 관습에 얽매이지 않는, 생산적이고 혁신적인 사유 혹은 형상화와 결부되어 있다. 당시 사람들은 위트를 상호 무관한 사물 간의 유사성을 산출함으로써 기존의 사유방식을 혁신하는 능력이라고 생각했는데, 이를 계기로 예리한 메타포와 직유가 생겼고 이것은 감상자의 판타지와 표상능력을 활성화했다. 칸트는 정신을 통해 이런 효과를, 특히 미적 생산성이 해명될 수 있기를 기대했다. 칸트는 다음과 같이 말한다.

> "미학적 맥락에서 정신은 심정에 생기를 불어넣는 원리이다. 그런데 이 원리로 하여금 영혼에 생기를 불어넣게 하는 것은, 즉 이 원리가 이를 위해 사용하는 소재는 심정력을 합목적적으로 약동케 하며, 자기 자신을 유지하여 이를 위한 힘들을 강화하는 유희를 하게 만든다."[67]

여기에서 재차 발견되는 전형적 특징이 있다. 정신에 생산성이라는 특징을 부여하기 위해 칸트가 — 유명 작품과 같은 — 정신의 범례적 산출이 아닌 미적 반성의 주체를 가리키고 있다는 점이다. 이때 주관에게는 상상력과 지성 간의 조화로운 상호 유희가 생겨남으로써 양자가 서로를 고취시키고 스스로를 강화한다. 칸트는 온갖 미적 경험[68]을 통해 적절히

---

67 『판단력 비판』, B 192.
68 칸트가 "미적 경험"이라는 표현을 사용하지는 않았는데, 왜냐하면 그의 경험 개념은 『순수 이성 비판』에서 이미 대상 인식의 체계론에 특정되어 있기 때문이다. 그렇지만 실제로는 최근 매우 빈번히 논란이 되고 있는 "미적 경험"을 이루는 본질적 계기가

생기가 얻어질 수 있는, — 그리고 "인식 일반"을 촉발하는 — 상상력과 지성의 상호 작용을 언급함으로써 천재의 능력을 도출하고자 했으며, 이로써 활성화된, 그리고 인식력을 촉진하는 제작물을 만들어내고자 했다. 이런 특별한 능력을 칸트는 "정신"으로, 그리고 미학적 견지에서 본 정신의 특수한 생산성을 "**미적 이념**의 현시 능력"[69]으로 명명한다.

여기에서 칸트의 미학 이론에서 현시의 개념이 처음 등장한다. 이 개념은 문맥상 [바움가르텐까지 견지되었던] 레-프레젠타치오re-praesentatio, 즉 '재현'이라는 의미보다는 "감성적으로 파악 가능한", "직관 가능한", "감관을 통해 직접 경험 가능한"이라는 의미로 생각되고 있다. "미적 이념"이라는 칸트의 조어법은 놀랍다. 칸트의 기존 체계론에 따른다면 이 표현은 모순어법, 그러니까 상호 모순되는 표상들과 연관이 있다. 칸트의 이론 철학에서 "이념"은 사유 가능한 초감각적인 이성 관념으로 생각되는 반면, "미적"이라는 말은 곧 감각적으로 지각 가능한 것을 뜻하기 때문이다. 미적일 경우 언제나 개별자만 작용할 수 있지만 이념은 총체적 개념으로 생각된다. 칸트가 미학에서 역설적 개념화를 광범위하게 시도함으로써 천재의 산물, 즉 아름다운 예술작품의 창작가능성에 대해 해명할 수 있도록 만든 동기는 무엇일까? 칸트는 미적 이념에 대해 다음과 같이 설명한다.

> 미적 이념을 […] 특정 사상에, 즉 개념에 상응하지 않으면서도 많은 것을 생각할 계기를 부여하는, 따라서 그 어떤 언어로도 가히 도달되거나 이해될 수 없는, 그

"인식 일반"을 통해 다루어지는데, 이는 사물화 및 개인의 오해 따위로부터 자유로운 현실성의 연관이 다루어지는 것이다.
69 『판단력 비판』, B 192.

런 상상력의 표상으로 나는 이해한다."⁷⁰

이 구절에는 칸트의 예술철학이 암시적으로 나타나 있다. 예술가의 제작 구조에 대해 규정하는 칸트의 이론은 오늘날에도 설득력과 시의성을 입증하고 있다. 예술가의 작업에 대해 사상적으로 접근할 강력한 동기를 기대하지만, 이와 동시에 자극적인 감각 형식을 논증적 언어로 "번역"하는 일은 불가능하다는 의식 또한 팽배하다. 그러나 이를 좌절로 여길 수는 없고 다만 예술 형상화에 대한 연구가 간단하게 완수되지 않을 것이라는 시사점을 얻게 될 것이다. 칸트는 천재적 생산성의 대상(주제)을 "이념"이라는 표현으로 나타내지만 그렇다고 해서 추상적 사상이 아닌 오롯한 직관의 방식으로 나타내도록 한 동기가 되는 바로 그 계기, 그것이 바로 **유한하지 않은 것**이라는, 그리고 직관과 개념 간 불일치성이라는 계기이다. 이런 미적 이념에 대해 칸트는 다음과 같이 말한다.

"미적 이념이란, 그 어떤 직관(상상력의 표상)으로도 적절히 나타낼 수 없는 개념인 이성이념의 대응물(쌍)이라는 점을 쉽사리 알 수 있다."⁷¹

따라서 특별한 경우가 아니라면 미적 이념에서의 이 이념도 보통의 경우처럼 이론적인 문맥에 따라서만 언급될 수 있다. 이성이념과의 유비관계를 이용하면서 칸트는 이념에서 다음과 같이 **유한하지 않은 것[무한자]**

---

70 『판단력 비판』, B 192 이하.
71 『판단력 비판』, B 193.

의 표상, 즉 미적 이념의 경우 ("세계" 개념과 같이) 예지적 개념 속에서 총괄될 수 없고 오히려 직관을 통한 잠재적 전개 가능성의 표상을 이용하는 것이다. 예술적 복합 형태 속에 체화되어 있다고 하는 이런 무한자에 대해서는 이 형태 전체를 개념화하려는 그 어떤 시도도 만족스럽지 않았음을 보여준다. 미적 경험은 [질적으로] 충만한 개념이 즐거움과 매력을 안긴다는 것을 체험케 한다. 이로써 개별자에 대한 [통상적인] 개념으로는 직관 가능한 예술 형태에 대한 그 어떤 이해도 불가능하다는 생각에 도달된다. 형태의 통일성은 개념의 통일성을 모범으로 삼을 수 없고 오히려 자기목적을 느끼는 직관을 통해 수용 과정에 제한이 사라지며 미적 경험을 언어화하는 시도는 결코 만족스럽지 않은 것이 된다. 그렇다고 해서 개념적 언어화의 불가능성이 곧바로 부정적 체험이 되는 것은 아니다. 왜냐하면 이런 수용 과정의 목표가 완성되고 종료된 결과에 놓여 있는 것은 아니기 때문이다. 반면 수용 과정은 그 자체로 만족을 주며 심지어 쾌감까지 주기 때문에 수용자는 도리어 이 과정을 지속하려는 의도를 갖는다. 칸트에 따르면 인식능력의 유희는 "저절로" 견지되는데, 유희를 통해 이를 견지할 힘이 강화되기 때문이다. 언어가 한낱 의미론적으로 다루어진다면 언어는 미적 경험에서 거부되겠지만, 언제나 새로운 **의미형성 과정**을 작동케 하는 생산성의 맥락에서는 언어가 아주 특별한 방식으로 강화된다는 점을 칸트는 분명히 한다. 그는 미적 이념의 특징을 좀 더 넓게 규정함으로써 이를 입증한다.

미적 이념이란 주어진 개념에 부가되는 표상이자, 다양한 부분표상들과 결부되어 이를 자유롭게 사용하는 상상력의 표상이다. 이런 다양성으로 인해 이 표상에서는 특정 개념을 나타낼 그 어떤 표현도 발견되지 않고 하나의 개념에 명명할 수 없는 다양한 것들이 한데 모여 생각된다. 또한 명명할 수 없는 것에 대한

감정이 인식능력들에 생기를 불어넣으면서 단지 문자에 불과한 언어에 정신을 결부시킨다.[72]

"단지 문자에 불과한" 언어란 칸트에 따르면 언어의 의미론적 기능으로 이해될 수 있는데 이것은 그 어떤 새로운 표상 혹은 경험도 도출하지 않기 때문에 결국 비생산적이다. 그러나 정신이 언어와 결부된다면, 언어의 요소들이 혁신적으로 결합됨으로써 사유에 새로운 길이 개척되며 인습에 얽매이지 않는 세계관이 가능해진다. 이렇게 새로운 의미형성에 도달함으로써 미적 경험 자체에 깃든 의미형성 **과정**은 그 자체로 경험가능성이 되며 이는 단지 의미형성의 **결과**에서 도달되는 것이 아니다. 훔볼트는 언어란 유한한 수단들을 통해 무한한 것을 사용할 수 있는 가능성이라고 말한 바 있는데, 이는 예술에도 똑같이 적용된다. 그리고 이런 유비가 적용되는 예술관을 칸트가 제시한 것이다.

칸트의 구상에 따른다면 예술작품은 다양한 것들을 특정 개념에 얽매임 없이 종합한 결과물이다. 따라서 미적 이념의 현시는 하나의 특정 인식을 확보하는 일과 마찬가지로 다양성의 종합이라는 표상을 갖는다. 바로 이것이 현시를 위한 거시구조라면 미시구조, 즉 내부 구조는 상이하다. 특정 인식은 직관을 다루면서 이를 선택하고 포섭하는 까닭에 다양성의 종합이 개념적으로 분석될 수 있는 반면 미적 경험 (혹은 "인식 일반")은 직관이 지닌 가치를 그 자체로 인정하는 방식으로 부분 표상들의 원리적 무한성을 허용하는데 예술작품 모두를 통해 이 무한성이 실재하게 된다.

---

72 『판단력 비판』, B 197.

고전주의에 따른 예술관들은 작품의 성격을 전혀 지니지 않은 아방가르드 제작의 입장에 적용이 불가능하다는 비판이 미학 저서에 종종 나타난다. 해프닝, 설치미술 혹은 이와 유사한 기준의 작품들은 작품이 아니라는 것이다. 이런 반론은 예술제작에 대한 칸트의 생각에는 들어맞지 않는다. 칸트는 엄밀한 통일성, 조화 등과 같은 작품의 기준에 대해 더 이상 논의하지 않는다. "코페르니쿠스적 전회"는 말하자면 엄밀한 의미에서의 미학뿐만 아니라 칸트 예술철학에도 관철되고 있는 것이다. 그리고 이 말은 곧 칸트가 작품에 대해, 그리고 작품에 요구되는 특성에 대해 직접 언급하지 않으며 오히려 미적으로 반성하는 주체에게 예술제작물이 미치는 영향에 대해 언급하고 있다는 뜻이 된다. 이때 제작물이 정신을 갖추고 있는지, 제작물에 대해 (물론 전통적 맥락에서의 "작품"의 의미를 반드시 가져야 하는 것은 아니라 해도) 예술의 지위를 부여할 만한지 등에 대해서는 이것들이 인식능력을 촉진하는지, 그리고 인식능력들이 자족적으로 상호 작용할 수 있는지 여부를 통해 가늠된다.

아도르노는 예술작품의 논리적 구조에 대해 "개념이나 판단과는 무관한 추론 행위"[73]라는 표현을 사용함으로써 예술제작의 종합 행위가 분석적으로 해명되어서는 안 된다는 점을 역설하였다. 다시 말해 작품이 논리성에 의해 개념적 능력에 호소하는 동시에 작품의 진리 내용을 해독해 낼 논증적 방식은 차단된다. 이와 비슷하게 칸트에게 예술은 미적 이념의 현시인데, 그 이유는 "미적 이념의 경우 지성은 자신의 개념을 통해서는 상상력의 내적인 직관에, 즉 상상력을 통해 하나의 주어진 표상과 결합된

---

73 Theodor Wiesengrund Adorno, 앞의 책, p.205.

그 직관에 온전히 도달할 수는 없기" 때문이다. 그러니까 미적 이념은 상상력의, "**설명 불가능한 표상**"[74]이며, 칸트는 자신의 인식 개념을 오직 논증적 방식을 통해서만 설명한 까닭에 다음과 같이 단언했다. "**미적 이념은 인식이 될 수 없는데, 그것은 (상상력의) 직관**이어서 여기에 상응하는 그 어떤 개념도 발견될 수 없기 때문이다."[75] 보충하자면 미적 이념은 바로 "인식 일반"을 도출한다. 이로써 "많이 사유하게" 되며 감각적 소여에 대한 감각적 접근 방식이 결코 유한하지 않도록 유발함으로써 개념적 능력을 극도로 촉진하게 된다. 시문학의 경우에도 마찬가지인데, 시의 미적 이념들(가령 흔히 생각되는 메타포들)은 "그 어떤 언어적 표현도 가히 상응할 수 없는", 그런 "충만한 사상들"을 야기한다. 따라서 시문학은 심정을 "강화"하는데, "시가 심정을 자유롭고 자발적인, 그래서 자연규정에 종속되지 않는 능력이라고 느끼게 해주기 때문이다."[76]

칸트는 예술이 의미론적 언어로부터 독립되어 있음을 강조한 동시에 일반적 '언어성'과 관련한 예술의 지위도 강조했다. 여기에서 의미론적인 것과는 다른 언어적 성격이 도출되는데, 그것이 바로 '표현'이다. 칸트는 미적 이념의 현시 이외에도 미적 이념의 **표현**에 대해서도 언급하면서 이를 자연 및 예술의 아름다움이라고 생각했다. 아름다움이 미적 이념의 표현으로 파악되면서, 칸트는 예술의 장르를 적절히 분류하기 위해 언어의 계기 중 표현을 이용한다. 특히 "인간의 언표를 통해 사용되는 표현 방

---

74 『판단력 비판』, B 242.
75 『판단력 비판』, B 240.
76 『판단력 비판』, B 215.

식과 예술 간의 유비"[77]에 따른다. 칸트가 보기에 이 분류는 질료상 말, 몸짓 및 소리로 구성된다. 그러니까 (언어예술에서는) 분절, (조형예술에서는) 동작, 그리고 (음악 및 색채예술에서는) 변조變調의 방법이 있다. 여기에는 예술 장르들 간의 위계질서가 전혀 없다. 그렇지만 칸트는 개별 예술들의 "미적 가치"에 따라 이런 분류를 시도했다. 가치가 높아질수록 예술 표상은 더욱 자유롭게 형성되며 심정에 감동을 주기 때문에, 시문학이, 그 다음으로는 음악예술이 장르들 가운데 최고의 서열을 이룬다.

---

[77] 『판단력 비판』, B 204.

역자 주

1) 저자는 칸트 미학에 주목하면서 『판단력 비판』의 2부 "목적론적 판단력 비판"은 논의에서 제외한다. 따라서 저자는 이 저작을 인용할 때 저작명 대신 1부의 제목인 "미적판단력 비판"을 책 이름으로 사용하는데, 이것이 『판단력 비판』과 별도의 저작이라고 오해할 소지가 있다. 이를 불식하고자 역자는 각주 인용에서는 『판단력 비판』으로 옮겨 이것의 약호(KU)를 적고 본문에서는 책명 대신에 작은따옴표를 사용하여 '미적판단력 비판'이라 표기한다.

2) 여기에서 "요청하다postulieren"는 본래 칸트 철학에서 실천적-객관적 보편타당성이 이성에 의해 요청된다는 맥락에서 사용되는 용어이다. 본문의 바로 앞 문장에 등장하는 "… 자라면 누구나 … 요구한다"는 "… jeder, der … fordert"의 번역이다. 즉 fordern은 '요구하다'로, postulieren은 '요청하다'로 번역한다. 『판단력 비판』을 살펴보면 칸트가 그 외에도 청구하다verlangen, 요구주장하다Anspruch machen, 감히 요구하다ansinnen, 요망하다zumuten 등 다양한 표현을 이 맥락에서 사용한다. 이것들은 모두 기본적으로 순수한 취미판단 특유의 주관적 보편성에 대한 요구와 관련된다.

3) 칸트는 전통 형이상학의 존재론적 술어 개념으로 초월적transzendent과 구분되는 초월론적transzendental이라는 용어를 자신의 철학 규정으로 삼는다. 그에 따르면 초월론 철학은 초감성적인 대상을 다루는 것이 아니라 인간 인식의 가능 근거를 다룬다.

4) 여기에서 저자가 쾌적한 것에 대한 감관판단의 자유를 논할 때 그 자유는 대상의 실존이나 그 속성으로부터의 자유라기보다는 대상에 대해 그 어떤 적극적인 규정도 내리지 않는다는 점에서 대상을 자유롭게 놓아두었다는 맥락에서의 자유라고 할 수 있다. 바로 뒤이어지는 문장을 통해 나타나듯이 저자는 직접적인 감관판단과 반성적인 취미판단 양자가 공히 미적판단인 한 적어도 대상의 자유를 허용한다는 공통점을 갖고 있다고 생각하는 듯 보인다. 그러나 저자도 곧바로 언급하고 있는 것처럼 아름다운 것에 따른 만족과 쾌적한 것에 따른 만족을 칸트는 각각 "호의"와 "경향성"과 연관 지었으며 오직 전자만이 유일하게 자유로운 만족임을 밝히고 있다.

5) 본 번역은 최근에 출간된 독일어 완역본의 "[d]er anmutige Geist"에 따른다. Alexander Gottlieb Baumgarten, *Ästhetik*, übers. u. hrsg. v. D. Mirbach, Bd. 1, Hamburg, 2007, p.35. 앞서 인용된 보임러의 글을 통해서도 확인되듯이 '인게니움'은 넓은 의미에서 '에스프리' 혹은 '정신'으로 이해되었다.

5

예술, 직관 가능한
진리가 되다

......

헤겔, 쇼펜하우어

Theorien über die Kunst als anschaubare Wahrheit
• *Hegel, Schopenhauer* •

헤겔 체계의 단서 ─────

헤겔의 『미학 강의』[01]는 미학 이론 분야에서 엄밀한 체계적 사유의 정점 가운데 하나로 평가된다. 이는 초월론 철학의 체계를 통해 미와 예술론에 특별한 위상을 부여했던 칸트에 비견할 만하다.

『미학 이론』에서 아도르노는 헤겔 미학의 체계적 구상을 검토한 후 다음과 같이 말한다. "헤겔과 칸트는 예술에 대한 그 어떤 이해도 없이 거시 미학große Ästhetik을 써내려갈 수 있었던 마지막 이들이었다."[02] 여기에서 "거시 미학"이란 고유한 단서도 방법론도 없는, 오히려 전체 체계의 구축 과정에서 이를 도출하는 미학을 뜻한다. 즉 미와 예술의 본질이 체계 전체를 통해 연역되는 것이다. '예술에 대한 그 어떤 이해도 없음'이라는 냉정한 표현을 통해 개별 작품들에 대한 경험이 예술 규정에 전달되는 일이 칸트와 헤겔의 경우에는 일어난 적이 없다는 점이 강조되었다. 그렇지만 이들의 미학에서 이 점이 치명적인 위해는 아니었다. 왜냐하면 아도르노가 보기에 "그런 미학에서 예술은 개별 작품에서는 문제가 되지 않고, 오직 작품의 내재적 문제로 용해되어 버린 광범위한 규범들을 지향"[03]했기 때문이다. 또한 "철학과 예술을 주재하는 정신이 같았으며, 작품에 기대지 않으면서도 예술을 실체화할 권한이 철학에 부여되었다."[04] 따라서

---

01 Georg Wilhelm Friedrich Hegel, *Ästhetik*, hrsg. v. Freidrich Bassenge, Berin, 1955. 이하 인용은 "『미학 강의』"로 한다. 〔이 저작을 인용할 때에는 Suhrkamp 출판사에서 재간행한 고인친우회 전집판(*Werke in zwanzig Bänden*, hrsg. v. E. Moldenhauer, K. M. Michel, Frankfurt am Main, 1969-1971)의 13권-15권(W 13-15)의 권 수와 면 수로 바꿔 표기한다.〕
02 Adorno(1970), p.495.
03 같은 곳.
04 같은 곳.

"거시 미학"이란 아도르노의 견해에 따르면 세계에 대한 구속성 있는 해명, 즉 보편적으로 수용되는 규범들과 관계가 있다. 통일적 세계관 및 보편적으로 수용되는 규범 표상들이 다루어지는 차원에서는 체계에 의해 엄밀하게 수행되는 미학의 시도가 추상화되며 실제 예술작품에 대해 그 어떤 것도 말해주는 바가 없다. 예술에 보편성을 부과해도 그런 만큼 예술은 여타 제도들로부터 점차 해방되기 때문이다. 예술은 기존의 진리관 내지 세계관에 비판적인 태도를 취한다. 이런 추이에 따라 예술철학이, 즉 미학의 단서가 변모하지 않을 수 없으며 개별 작품들에 대한 경험을 예술철학의 출발점으로 삼지 않을 수 없다. 적어도 예술은 작품에 대한 경험을 통해 검증되어야만 한다. 미학에 대한 헤겔의 강의록들이 의미 있는 체계적 예술론의 마지막이었다는 점은 다양한 평가들 가운데 일치하고 있다. 그러나 헤겔 미학에 대한 심도 있는 수용은 아직 이루어지지 않았다. 또한 헤겔 미학의 체계상 지위는 논외로 한 채 헤겔 미학의 현재성을 가능케 하는 요소들을 논의하기도 하였다.[05] 헤겔의 예술작품관을 가장 심도 있게 받아들여 성과를 얻고자 노력한 저서로는 하이데거의 『예술작품의 근원 Der Ursprung des Kunstwerkes』을 들 수 있다.

헤겔의 『미학 강의』는 그의 사후에 출간되었다. 헤겔 제자들의 필기록이 미술사학자 호토에 의해 집대성되어 1835년에 (헤겔 사후 4년 뒤) 초판이 나왔다. 이 점은 주목할 필요가 있는데, 왜냐하면 강의 텍스트의 질에 대한 정당한 비판이 종종 제기되어왔고 헤겔의 "주요 저작"이라 할 『정신

---

05   헤겔 미학의 현재성에 대해서는 이를 참조. *Kolloquium Kunst und Philosophie*, hrsg. v. Willi Oelmüller, Paderborn 1981-1983 (Bd.1: *Ästhetische Erfahrung*, Bd.2: *Ästhetischer Schein*, Bd.3: *Das Kunstwerk*).

현상학*Phänomenologie des Geistes*』혹은『논리학*Wissenschaft der Logik*』에 비한다면 대중적 저서에 불과하다는 견해가 있기 때문이다. 가장 큰 비난은 그가 다른 곳에서 설파한 변증법의 수준이『미학 강의』에서는 견지되고 있지 않으며, 정신적 내용이 감각적 질료를 압도하는 까닭에 조야하고 통속적인 관념론이 되고 말았다는 견해였다. 물론 이런 비난이 부당한 것만은 아니다. 그러나 이런 비난으로 인해 헤겔 미학의 전체 수준까지 격하될 수는 없으며 이런 비난은 텍스트 내의 일부 구절에 한정될 것이다.

헤겔은 미학에 대한 강의를 시작하면서 자신의 연구 대상을 "미학"이라는 용어에 한정하는데, 이 용어만이 통용되고 있다는 것이 그 이유였다. 그러나 헤겔이 보기에 이 용어 자체는 피상적인데, 원래 의미에 따른다면 그것은 오직 감관감각에 대한 이론이 되어야 하기 때문이다. 그렇지만 미학 강의 본연의 대상은 "예술철학", 더 정확히는 "아름다운 예술에 대한 철학"이다. 따라서 예술은 ― 칸트의 경우와 마찬가지로 ― '아름다운 예술'로만 생각될 수 있다. 예술의 개념에는 아름다움이 포함되어 있기 때문에 여기서의 관건은 헤겔에게 있어 "아름답다"는 표현이 지닌 체계적 내용을 분명히 하는 일이다.

미와 예술이 무관한 것으로 고찰되는 한, 이에 대한 철학적 논의는 헤겔이 보기에 불가능하다. 미와 예술만을 파악하기 위한 고유한 단서는 없으며, 오히려 이런 현상들은 체계적으로만, 즉 **모든** 대상들에 관한 인간의 지식 전체와의 연관을 통해 파악되어야 한다. 그래서 헤겔은『미학 강의』의 서론에서 다음과 같이 말한다. "미와 예술의 개념을 위한 전제는 철학 체계를 통해 우리에게 주어진다."[06] 즉 체계 속에 미와 예술의 지위가 할

---

06 『미학 강의』W 13, p.43.

당되어 있으며, 위의 개념은 체계상의 지위와 결코 무관하지 않다. 헤겔이 볼 때 사물에 대한 체계적 파악은 학문적 이해와 같은 뜻이기 때문에 이러한 이해는 철학과 배치되지 않는다. 헤겔의 저서 『정신현상학』의 서문에는 다음과 같이 쓰여 있다. "진리를 실존케 하는 참된 형태가 있다면 그것은 오직 진리의 학문적 체계이다. 나의 목표는, 철학이 학문의 형식에 근접하도록, 즉 철학이 지식에 대한 사랑이라는 이름을 내던지고 현실적 지식이 되도록 진력하는 데 있다."[07] "현실적 지식"이 된다는 것은 철학적 관점으로 볼 때 원리에 대한 논구에 머물지 않고 더 나아가 현실적 파악이 된다는 것, 즉 한낱 가능성에서 벗어나 현실적 지식을 획득하는 역사적 과정이 된다는 것을 뜻한다. 헤겔은 이렇듯 생생한 파악을 수행토록 하는 요소나 본연의 매체로 개념을 언급했다. 이로써 개념에 대한 표상이 변모하는데, 개념은 순전히 인식의 도구로서가 아니라 지식의 본거지로 이해된다. 개념이란 파악된 (혹은 더 정확히 말해 포섭된) 것에 의해 그 어떤 변화도 겪지 않는 추상적 일반개념이 아니라, 오히려 과정을 갖는 현실적 파악으로서 대상에 대한 경험을 통해 만들어진다. 이러한 경험이 변하는 까닭에 개념도 변화한다. 사물에 대한 개념이 의식 상태에 따라 점차 풍부해지는 것이다.

    진리의 참된 형태가 체계이고, 이 지식 체계가 역사적으로 운동하는 개념에 근거를 둔다면, 이러한 체계는 경직된 구조물이 아니라 생성되는 지식의 역사적 과정이 된다. 이를 미와 예술에 적용한다면 다음과 같다. 미

---

07 Georg Wilhelm Friedrich Hegel, *Phänomenologie des Geistes*, hrsg. von J. Hoffmeister (Philos. Bibliothek 114), Hamburg, 1952, p.12.

와 예술의 현상이 체계 속에 자리잡게 되면, 이는 생성된 것이지 결코 초역사적 원리에 따라 규정된 것일 수는 없다. 헤겔에 따르면 지식을 획득하는 전체 과정에서는, 즉 미와 예술 개념의 역사적 전개에서는 진리 및 지식의 파악 정도에 따라 미와 예술의 현상들이 상대화된다. 따라서 미와 예술의 체계적 성격은 곧바로 경험계를 뛰어넘는 (즉 칸트의 초월론 철학에서 추구되었던 바의) 근본적 규정이 아니라 오히려 이 현상들의 역사적 성격을 뜻한다. 헤겔에게 체계는 개념상 우선 지식과 진리의 체계를 가리킨다. 그런데 이런 체계가 현실적인 파악이나 생생한 개념을 통해 조직되기 때문에 이 체계는 가능성의 조건이 아니라 지식의 현실적 조건을 이룬다. 또한 체계는 생성된 지식의 총괄개념이고, 지식과 진리는 역사적 과정을 갖는다. 헤겔은 이러한 지식의 체계하에서 선행하는 대상을 뒤따르는 지식의 상이한 영역들을 분류하였다. 체계를 이루는 본질적 부분들로는 논리학, 자연철학 및 정신철학이 있으며 이때 미학은 정신철학에, 정확히는 '절대 정신의 철학'에 속한다.

이제 "정신" 개념을 이해하면서 생기는 난점에 대해 언급할 차례이다. 이런 난점을 갖고 있는 대표적인 용어가 "절대 정신"이다. 이 말은 본래 지식 추구의 기능을 갖고 있을 뿐임에도 헤겔이 이를 초월적 실체로 상정했다는 비판이 제기되었다. 하지만 『정신현상학』의 원제가 "의식의 경험에 대한 학"이었고, 이를 통해 '실체가 주체로서 파악되어야만 한다'라는 주문을 하고 있다는 점을 생각할 필요가 있다. 정신에 대해 다음과 같이 말할 수 있다. 정신의 실체성이 더 이상 정신에 의해 생성된 존재와 분리되지 않으며 역사적 과정과도 무관하지 않다는 점을 활동하는 주체는 전제한다. 본질적으로 정신은 역사를 매개로 한 의식의 과정이며 주체의 활동을 통해 자신을, 그리고 세계를 대면한다.[08] 그런데 절대적 정신이라는 개념에서 "절대적"이라는 술어는 어떻게 생각되어야 하는가? 이 술어는 주체가 자신의 대응물과 대결하는 단계를 나타내는데, 주체와 조우하는 이 대응물(객체)은 더 이상 낯선 것이 아니며 그 자체로 주체성을 내포한다. 그렇다면 "절대적"이란 "떨어져 나옴"이라는, 즉 주-객 대립에 머물지 않고 이로부터 떨어져 나온다는 원래의 의미를 갖는다고 할 수 있다.

헤겔은 정신이 절대자라는 주장을 펼친 것이 아니라 오히려 절대자가 정신이라고 말하면서 정신과 절대자의 관계를 정식화했다. '정신이란 절대자이다'라는 전통적 주장에 입각해 본다면 절대자는 초월자로, 그러니까 경험을 초월함으로써 인간의 유한성에 만족하지 않고 그 자체로 불가해한 것으로 남는 무언가로 파악된다. 반면 헤겔의 생각에 따른다면 '절대자가 정신이다'가 되는데, 이런 주장을 통해 절대자에 부여되는 내용은 정신이 자신의 타자를 넘어 자기 자신으로 전개되는 과정 전체이다. 헤겔은 정신의 외화 및 자기 내 복귀라는 표상의 전범을 기독교에서 발견하였다. 헤겔에 따르면 기독교는 정신이 절대자라는 점을 천명하지 않았으며 오히려 절대자가 정신이라는 점을 최초로 해명한 종교이다. 기독교에서 신은 단지 내적으로 의미를 확고히 하는 데에 머물지 않고 예수를 통해 인간이 됨으로써 스스로를 외화하고 타자와 매개하면서도 자신을 상실하지 않는 자다. 이런 절대자가 신이다. 절대자는 스스로를 대립물과 매

---

08 리브룩스는 「언어로부터의 철학Philosophie von der Sprache her」이라는 글에서 헤겔의 정신 개념에 대한 현대적 번역을 설득력 있게 제안하였다. 정신은 "인간적 세계접근"으로서의 철학을 통해 이해될 수 있는데, 이때 "인간적"이라는 말은 "언어적"이라는 의미를 갖는다. Bruno Liebrucks, *Sprache und Bewußtsein*, Bd. 5, Frankfurt am Main, 서문 및 다른 곳 참조.

개된 것으로 파악한다. 즉 헤겔은 기독교 자체를 철학의 척도로 삼았다기보다는 정신에 대한 철학적 개념에 입각할 때 기독교야말로 절대자에 대한 최고의 의식을 지닌 종교라고 평가한 것이다.

헤겔이 보기에 구체적으로 이해된 절대자가 현재한다는 점은 예술의 참된 지위와 가치를 인식하는 데에 있어 반드시 필요하다. 예술이 절대정신에 속한다면 예술을 통해 정신은 타자와 매개되고 화해한다. 즉 "예술생산에서 정신은 오직 자신의 것과만 관계 맺는다"는 점이 바로 그 이유이다. 예술적 생산에 요구되는 만큼 정신이 감각 및 감성으로 외화됨으로써 "감각적인 것으로 소외"되는 정신은 감각적인 것 속에 자기 자신을 표명하며, 외화로부터 자신 속으로 복귀하여 더욱 구체화됨으로써 이런 소외를 지양한다. 헤겔에 따르면 예술작품들은 구조적으로 볼 때 "개념의 자기 전개", 즉 "자신의 타자 속에서 자신을 파악하는" 방식으로 고찰된다.[09] 여기에서 "개념의 자기 전개"란, 예술의 감각적 질료를 가공하고 인간 정신의 자기 이해를 위한 형식이 생성됨으로써 개념이 타자를 전유하는 힘이 역사적으로 작용하는 것을 뜻한다. 그런 한에서 예술작품은 개념을 통해 산출된 형태들이다. 헤겔은 이런 숙고를 통해 예술을 형식적·구조적으로 연역하였다. 그리하여 통상적으로는 개념(본질적 술어를 내포한 개념)이 대상의 탐구의 마지막에 생겨나는 반면 "예술미의 철학"의 경우 "예술미의 개념에서 시작"[10]하지 않을 수 없다. 그는 역사를 통해 성취된 생생한 개념에 입각해서 개념의 계기를 보편·특수·개별로 구분한다.

---

09   이상 『미학 강의』 W 13, p.27 이하.
10   『미학 강의』 W 13, p.40.

자신이 이해한 이런 계기들에 따라 헤겔은 예술미의 학문을 다음과 같이 분류한다. 예술미의 실존방식을 일반적으로, 즉 이념으로 해명하는 보편적 부분, 세 개의 주요 예술형식들(상징적·고전적·낭만적 예술형식)로 전개되는 특수 부분, 마지막으로 개별 예술들의 체계를 고찰하는 부분이 바로 그것이다.

미학에 대한 편견들에 관한 헤겔의 논박 ──────
바움가르텐이 미학을 학으로 설립하려고 시도한 지 80년이 지난 즈음 헤겔이 미학의 학문성에 대한 반론들에 대응하고 있다는 점은 의미심장하다. 헤겔은 『미학 강의』의 서론 가운데 한 절(I, 2)을 할애하여 이 점을 상술하였고, 이에 대한 반론들을 재반박하는 과정에서 자신의 이론에 대한 중요한 전제를 확립했다.

우선 예술생산이 삶을 쾌적하게 만들고 인간의 장식 욕구를 충족시킬 수도 있겠지만 결국 이는 사치에 불과하며 삶에서 가장 중요한 궁극목적이 되는 관심사와 직결되지 않는다는 반론이 있다. 이런 반론을 펴는 이들에 대해 헤겔이 직접적으로 언급하고 있지는 않지만 내면화에 집착하는 경건주의의 대변자들을 겨냥하고 있다는 것을 쉽게 간파할 수 있다. 절대자를 감각적으로 현재하는 형태로 표현하는 일은 이들에게 비본질적인 것으로 보였을 것이다.

헤겔은 또한 '예술은 외적인 것일 뿐'이라는, 즉 예술에 진지함이 결여되어 있다는 선입견에 직면한다. 인간에게 참된 관심사로 여겨지는 것들은 진지하게 추구되어야 하는 반면 예술은 한낱 유희에 불과하다는 것이다. 칸트 미학에서 유희 개념을 평가할 때에도 인식능력 간의 상호 **유희**를 내적으로 합목적적인, 쾌가 강조된 과정이라고 규정한 바 있다. 칸트에 감명을 받은 실러는 유희 개념을 제대로 평가하고자 시도하면서 유희하는 인간만이 전인적全人的인 인간이며 이런 인간이 지성과 감성, 의무와 경향성이라는 양극을 화해시킬 수 있다고 제시하였다. 실러에 따르면 "유희충동Spieltrieb"을 통해 감각충동과 형식충동, 즉 수용성과 자기활동성이 다음과 같이 상호 매개된다.

> 감각충동은 규정의 생성을 의욕하며 자신의 객체의 수용을 의욕한다. 반면 형식충동은 자신의 규정을 의욕하며 객체의 산출을 의욕한다. 따라서 유희충동은 자기를 산출하고자 했던 그대로 수용하고자, 그리고 자신의 감각을 수용하고자 뜻한 바 그대로 산출하고자 진력한다.[11]

이런 의미에서 유희하는 인간은 — 헤겔의 말에 따르면 — 타자 속에서 자기 자신 곁에 존재하게 되기 때문에 자신의 자유를 입증한다. 감각충동을 우선시하는 인간에게는 타자(자연)에 지배당하면서 스스로를 상실할 위험이 뒤따르고, 형식충동을 우선시하는 인간에게는 자신의 자연[본성] 및 외적 자연으로부터 소외될 가능성이 있다. 그러나 유희충동을 통하는 경우 비로소 이성과 감성 간의 순전한 대립에서 해방된다. 그렇기 때문에 실러에 따르면 유희 활동이 이루어짐에 따라 인간성 전체가 자유로워지며 전인적 인간성이 실현된다. 실러는 다음과 같이 역설했다. "인간은 인간이라는 말이 갖는 의미를 온전히 갖출 때에만 유희하며 **인간은 유희할**

---

11 Friedrich Schiller, "Über die ästhetische Erziehung des Menschen in einer Reihe von Briefen", in: *Über Kunst und Wirklichkeit, Schriften und Briefe zur Ästhetik*, hrsg. u. eingel. v. Claus Träger, Leipzig, 1975, 14. Brief, p.309 이하.

때에만 온전한 인간이다."[12]

헤겔은 실러의 이론을 잘 알고 있었으며 실러가 칸트에 따르면서도 더 나아가 칸트의 추상적 자유개념을 넘어서는 결정적 한 걸음을 내디뎠다는 것도 인식하였다. 칸트에게 자유는 오직 인간의 예지적 성격의 규정으로서만 가능했다. 그의 도덕론에서 자유는 (의지) 스스로 이성 법칙을 부여할 수 있다는 것, 즉 행위의 가능성 속에서 자율적으로 선택할 수 있다는 것을 뜻한다. 그러나 현상계에서 현실적으로 행위를 수행할 때에는 이런 자유 법칙이 아니라 인과성의 법칙에 의존한다. 이때 자유는 그저 내면적인, 즉 의지를 자유롭게 규정할, 그 어떤 질료적 규정근거도 허용치 않을 가능성에 불과하다. 감각적 본성과 예지적-이성적 본성은 화해하지 못하고 (칸트의 의무 개념에 따라) 오히려 낯선 대립 상태에 놓인다. 실러는 이 심급에서 화해의 가능성이 미학적 실천 영역에 있다는 점을 인식했다. 또한 그는 이 화해가 인간의 실천을 이루는 전 분야로 확장될 것이라 희망했는데, 이로써 "미적 국가"의 표상이 유토피아적 성격을 갖게 된다.

헤겔은 자유 표상이 인간 개념의 보편적 본성과 결부되어 있다고 보았다. 세계에 대한 개념적 파악의 가능성, 혹은 이런 파악을 방해하는 요소를 불식할 가능성, 여기에 점진적 해방의 가능성이 놓여 있다. 자유 표상은 이론적으로도, 노동 및 물질적 생산을 통해서든 아니면 협의의 정신적 세계에 대한 전유를 통해서든 간에 실천적으로도 성취된다. 이런 도정은 예술생산이 자유로운 표현을 통해 자연으로부터 해방되기 위한 중요한 단계가 된다. 언뜻 보기에 제어되지 않는 판타지의 유희야말로 물질

---

12 같은 책, 15. Brief, p.315.

상태의 세계와 좀 더 자유로운 관계를 나타내는 표현이다. 헤겔이 보기에 정신은 직접적 자연과 단절하는 동시에 생산을 통해 단절을 "치유"한다. "정신은 스스로 예술작품을 제작하여 이를 순전히 외적·감각적인, 덧없는 것과 순수 사상 간의, 자연 및 유한한 현실과 개념으로 파악하는 사유의 무한한 자유 간의 화해를 이루는 첫 번째 매개항으로 삼는다."[13]

헤겔은 이런 입장에 따라 '예술이 인류 발전이라는 본연의 목표를 위한 필연성과는 무관하게 사치스런 활동을 다루기 때문에 예술에 대한 철학이나 학문은 일반적인 학문적 이해와 거리가 멀다'는 선입견을 타파한다. 예술을 한낱 자연적인 것과 "순수 사상" 간의 "화해를 이루는 첫 번째 매개항"이라 부르면서 헤겔은 절대 정신이 전개되는 단계들에 대한 자신의 구상을 원용한다. 또한 자연과 정신이 화해하는 국면을 절대 정신의 영역을 통해 세 개의 위계질서로 구분한다. 이 세 국면은 세계를 전유할 수 있는 세 가지 양식, 즉 직관·표상·개념에 해당한다. 세계에 대한 이해를 위해 고양되는 과정은 예술·종교·철학이라는 제도가 맡는다. 철학의 영역에서 정신은 완전하게, 즉 정신 본연의 매체인 개념을 통해 타자와 화해한다. 반면 예술 영역에서는 이 정신이 형성물 속의 자신에 대한 직관에, 자기 인식의 직접적 형식에 도달한다.

헤겔의 두 번째 반론은 당대 예술학의 통념에 대한, 즉 예술제작의 수단이 기만 혹은 가상이라는 입장에 대한 것이었다. 예술은 참된 현실을 찾고자 하지만 오직 이 현실의 가상만을 다룰 뿐이라는 것이다. 이에 대해 헤겔은 『논리학』의 '본질 논리'에 의거하여 가상의 범주를 긍정적으

---

13 『미학 강의』W 13, p.21.

로 포착하면서 "미란 가상 속에서 생명을 갖는다"[14]라고 설명한다. 헤겔은 예술의 가상성과 관련하여 플라톤이 처음 제기한, 예술에 평가를 부정적인 방향으로 만들어온 견해를 하나 언급한다. 플라톤에게 예술의 가상적 성격은 단지 예술 자체에서 나오는 것이 아니라 철두철미 감각적 현상계에 붙들려 있기 때문에 나온다. 또한 현상은 본질적으로 타자를 통해서만, 즉 한 번은 현상이 불완전하게 모사하는 이념에 의해서, 그리고 또 한 번은 지각하는 자에 의해서 존재한다. 현상은 주관적으로 지각하는 의식의 관점에 종속되기 때문에 그 자체로 있는 것일 수 없고 타자와의 관계 속에서 존재하는 변화무쌍한 유한자이다. 반면 감각적 실존의 참된 원형인 이념은 타자에 의존하지 않으면서 본질상 무궁한 척도를 제공하는 무한자이다. 즉 이념은 참된 현실이고, 이 현실은 누스 혹은 이성을 통해서만 파악될 수 있다. 이념이 세계의 본질인 반면 이념에 귀속된 현상은 이념으로 시선을 향할 수 있게 하는 최초의 계기나 도화선일 수는 있지만 본질적인 것은 아니다. 플라톤은 본질, 즉 참된 현실을 시간의 규정과 무관한 것으로 만들고자 했다. 진리에 대한 엄밀한 인식은 오직 이렇듯 초시간적인 영역을 통해서만 가능하다. 현상의 모방이라는 의미에 따라 자연을 모방한다는 맥락에서 예술이 논의된다면, 예술은 자연 사물보다도 더 이념의 진리와 떨어져 있다는 것인데, 이 점은 플라톤의 『국가』10권의 잘 알려진 구절에 강조되어 있다. 물론 플라톤은 이념 속에서 원본을 직시할 수 있다는 점을, 그리고 현상을 오직 유비적 수단으로만 사용하는 예술작품이 있다는 점을 인지하고 있었다. 이런 예술은 진리에 기여할 것

---

14   『미학 강의』 W 13, p.17.

이며 예술을 한낱 가상으로 단정하지 않도록 만들 수 있을 것이다. 그러나 이런 예술이 있다 해도 이념과의 연관이 (혹은 이념 자체가) 본질이요 이념을 매개하는 감각적 가상은 이런 이념에 외적인 것이자 비본질이라는 평가는 여전하다.

진리와 가상 간의 관계에 대해 헤겔은 플라톤주의의 평가를 완전히 뒤집는데, 여기에서 예술에 특유한 진리가치(직관 가능한 진리)가 도출된다. 본질을 통해 대상의 진리가 표현되어야 한다는 점은 지속적으로 타당성을 획득하겠지만, 진리는 물론 대상도 경험 과정을 수행하는 의식에 의존한다. 따라서 진리 그 자체에 대한, 즉 이념 자체에 대한 언급은 무의미하다. 헤겔은 『정신현상학』 서문에서 "자신의 전개를 통해 완성되는 본질"[15]이라고 말한다. 즉 본질은 불변의 추상적 보편 개념으로서도, 몰역사적인, 즉 플라톤주의의 경우와 같이 그 자체로 존재하는 이념으로서도 파악되지 않는다. 『정신현상학』에서 헤겔은 특정 의식 단계에서 본질로 간주된 것은 다음 단계에서는 이미 친숙한 대상으로 만난다는 점을 보여준다. 그래서 새로운 경험은 이전 단계의 지식을 수정한다. 사물의 본질은 오직 사물에 대한 현실적 접근 속에서만, 다시 말해 의식에 **대하여**für ein Bewußtsein 서술된 것에 대해서만 경험 가능하다는 점이 결정적이다. 그렇기 때문에 헤겔은 다음과 같이 말할 수 있었다. "**가상** 자체가 **본질**에 본질적이며, 만약 진리가 현현하거나 현싱하지 않았다면, 일자—者에 **대하여** 존재하지 않았다면, 진리는 존재하지 않았을 것이다."[16]

---

15 Hegel(1952), p.21.
16 『미학 강의』 W 13, p.21.

예술을 그저 가상으로, 즉 직접 경험되는 현실과 대립되는 것으로 전제하는 예술비평가들에 대해 헤겔은 "감각의 직접성이나 외부 대상 너머에서 비로소 […] 진짜 현실이 발견될 수"[17] 있다는 반론을 편다. 의식에 **대하여** 직접성과 매개성 간의 통일로 파악되는 것만이 현실의 지위를 얻지만, 이는 냉혹한 사실로 생각되는 현실이 아니라 "정신에서 태어난", 예술의 "현실성"에 해당한다.

미와 예술의 근본 특징들 ──────────

헤겔 예술철학의 핵심은 다음과 같다. "**미는** […] 이념의 감각적 **현현**[1)]이라 […] 규정된다."[18] 이 문장을 통해 미가 주관적 판정의 심급에서만 아름다운 것이 아니라 이념 자체의 전개 과정 속에서 객관적으로 명시된다는 점을 분명히 알 수 있다. 형식 면에서 이념은 개념과 그것의 실재성 간의 통일로, 다시 말해 완성된 개념으로 정의된다. 이는 개념이 ― 추상적인 보편 개념의 경우처럼 ― 파악되어야 할 현실과 추상적으로 대립하는 일은 없으며 오히려 현실을 실제로 받아들여 개념 자체의 계기들로 삼는다는 뜻이다. 개념은 자기 활동을 통해 스스로의 실재성(객관성)을 정립한다. 이로써 개념은 파악되어야 할 것을 계기들로, 즉 자신에 의해 산출된 것으로 간주하며 그럼으로써 개념은 참된 개념 혹은 이념이 된다. 이념의 감각적 현현은 이제 이념의 역사적 생성의 (혹은 전체 현실의 진리 생성의) 한 단계에 속하며, 이 단계에서 현실이 감각적으로 직관된다. 현실의 진리는

---

17   『미학 강의』 W 13, p.22.
18   『미학 강의』 W 13, p.151.

현현하며 이러한 현현은 개념의 전개 과정 가운데 한 단계이다. 그렇기 때문에 미는 이념의 이러한 현현으로 규정되고, 이를 통해 질료 속에서 현상하는 진리가 개념적으로 파악되는 단계가 다루어진다. 개념적으로 파악된 현실은 개념 (혹은 이념) 자체가 직관될 수 있도록 하는 방식을 통해서 현시된다. 미는 곧바로 **진리의 직관 가능성**에 따라 존립하며 개념의 전개 단계로서 규정된다. (미를 직관 가능한 진리로 보는 헤겔의 구상에는 "진리의 광채" ─ 즉 찬란히 빛나는 진리라는 ─ 중세의 미 표상이 투영되어 있다.) 미는 본질적으로 예술미이다.

지금까지 미의 체계상 지위 및 가치에 대해 규정했는데, 한 가지 더 논의해야 할 것은 헤겔이 보기에 예술의 의미가 무엇인가 하는 점이다. 예술의 존재 이유에 대한 헤겔의 대답은 칸트의 경우보다 더 명확하고 만족스럽다. 칸트의 경우 예술의 기능들 가운데 최소한 몇 가지는 자연미로도, 아니 비로소 자연미를 통해 제대로 충족될 수 있었다. 무관심적 만족은 예술미보다는 오히려 자연미에서 생긴다. "미적 이념"이라는 칸트의 표상을 통해 비로소 예술미 및 예술미의 특수 기능이 지닌 탁월함을 조망할 수 있게 되었다. 반면 헤겔의 경우 예술의 기능은 정신 철학의 체계를 통해 확립된다. 예술은 교조적으로 규정되는 것이 아니라 역사적으로 생성되고 재구성된다. 즉 체계를 통해 해명되는 예술은 활동하는 대자존재 Fürsichsein인 정신적 생명체의 주도면밀한 생산이 된다. 현대의 용어로 말하자면, 예술은 세계를 현시하는 과정을 통해 세계를 의식적으로 전유하는 형식이다. 이런 점에서 헤겔 미학은 **현시미학**[2)]의 유형에 속한다. 인간은 제 자신이나 사물을 그저 자연 상태로 머물게 하지 않고 의식과의 연관 속으로 가져감으로써 자신이 정신임을 입증한다. 인간이 세계를 의식적으로 전유하기 위해서는 또다시 세계에 형태를 부여하기 위해 사유를 통해 이를 제작한다. 이로써 정신은 현존에 불과한 것이 지닌 이질성을 극복하여 자신이 대자적 존재자임을 인지해 가는 진보의 과정을 밟는다. 헤겔은 『미학 강의』의 서론에서 다음과 같이 기술한다.

> (형식적인 측면에 따른다면) 예술을 샘솟게 하는 보편적 · 절대적 욕구의 원천이 되는 바는 인간이 사유하는 의식이라는 점, 즉 인간이 자신의 본질 일반을 제 자신으로부터 만들어냄으로써 대자적 존재가 된다는 점에서 발견된다. 자연물들은 직접적이고 일회적인 반면 정신으로서의 인간은 스스로를 이중화한다. 왜냐하면 인간은 일단 자연물들처럼 존재하지만 더 나아가 대자적으로도 존재하여 자신을 직관 · 표상 · 사유하며 오직 이렇듯 활동하는 대자존재를 통해서만 정신이 되기 때문이다.[19]

정신을 지닌 인간이 도모하는 이런 의식은 이론적 방식은 물론 실천을 통해서도 달성된다. 헤겔이 "제어된 욕구"라고 규정하는 노동이 바로 실천적 활동인데, 이를 통해 인간은 현존하는 자연을 스스로 생산하고 가공함으로써 자신이 대자존재임을 경험한다. 이런 단계에서 형태를 부여하는 노동으로서 예술이 있다. 예술의 경우에도 객관성이, 그러니까 보편적 의미를 위해 주관성의 제어가 중요하다. 정신적 대자존재의 경험과 관련해서 생각할 때 **노동**과 **예술**보다 더 높은 단계로서 **언어**가 있다. 언어를 통해 정신은 자신 속에 내재한 이질성을 지양한다. 그러나 언어의 단계 이전에도 정신은 예술을 통해 자신을 재인식한다. 헤겔은 다음과 같이 말한다. "예술을 향한 보편적 욕구는 이성적인 것이요, 인간은 내적 · 외적 세

---

19 『미학 강의』 W 13, p.50 이하.

계를 정신적 의식을 위한 대상으로 고양하여 이 속에서 스스로 자기를 재인식한다."[20] 헤겔은 가장 광범위한 맥락에서, 인간의 자유로운 이성적 면모를 통해 예술을 도출한다. 이 면모는 인간이 정신이기 때문에, 생산[제작]을 통해 세계와 교섭하기 때문에 성립한다. 여하한 의식된 것만이 의식에 **대해서** 생성되며, 지식의 측면에서 보면『정신현상학』말미의 어구처럼 "**경험** 속에 있지 않은 것은 결코 **의식**되지 않는다."[21]

위의 인용문을 통해, 예술이란 개념을 직관할 수 있게 함으로써 진리에 대한 경험을 제공한다는 점을 알 수 있다. 하이데거의 말을 헤겔과 연관지어보면, 예술은 "진리의 작품 내 정립"(『예술작품의 근원』)이다. 지금까지 예술의 과제에 대한 헤겔의 원칙을 다루었다. 그러나 진리를 현재화하는 이런 형식이 역사적 지위를 가지며 진리를 표현하는 다른 형식들에 의해 추월당하여 지양될 수 있다는 점은 아직 언급하지 않았다.

우선은 헤겔이 예술을 절대 정신의 한 단계로 나타냈다는 점을 확인할 필요가 있다. 이는 정신이 예술생산을 통해 주관과 객관의 대립을 벗어날 해법을 찾았다는 뜻이다. 정신은 자신의 생산을 통해 이질적인 대상을 경험하는 것이 아니라, 오히려 스스로를 직관한다. 즉 예술을 통해 경험되는 감각적 질료도 자연물로 **현존**하는 질료에서와 같은 정신의 타자가 아니라 정신 스스로에 의해 **정립된 존재**가 된다. 따라서 이런 존재는 더 이상 제 스스로를 위해서가 아니라 타자, 즉 정신을 위해 현존한다. 환언하면 감각적 질료는 그 자체로 의미심장한 것인 경우에만 현존한다.

---

20 『미학 강의』W 13, p.52.
21 Hegel(1952), p.558.

예술에서 질료에 형식을 부여하는 근본 구조가 **언어**와 유사성을 갖고 있음을 헤겔은 애초부터 인식하고 있었다. 예술이 언어에 접근하는 경향으로 인해 헤겔은 언어로 이루어진 개념을 통해 예술이 지양될 것이라 믿고 이 점을 역사를 통해 입증하고자 한다. 즉 예술은 언어적으로 매개된 종교의 계시를 통해 지양되고 종교는 철학적 개념을 통해 재차 지양된다.

헤겔은 감각적인 것과 의미 있는 것 간의 관계를 언어 구조와의 유비를 통해 풀어냄으로써 예술 특유의 표현방식에 접근한다. 이를 위해 [『미학 강의』] 서론에서 고대 예술의 성과에 대한 괴테의 언급[22]을 인용하는 것으로 시작하였고, 개별 낱말들 속에 이미 주어진 의미 있는 현상에 대한 사례들을 전개한다. 이렇게 해서 헤겔은 예술작품에서 빚어지는 메텍시스의 문제, 즉 '보편적인 것 혹은 의미 있는 것에 개별적·감각적인 것이 참여함'의 문제를 해소했다. 왜냐하면 언어 절차에 이미 감각적인 것과 의미 간의 일치가 수행되고 있음을 헤겔이 보여주고 있기 때문이다. 언어에서의 분절적 음성은 감각적인 것이되 이미 정신적으로 전유된 의미를 표현하고 있으며, 예술작품도 현상하는 것이되 질료에 형태를 부여함으로써 이러한 직접성을 이미 지양했다. 예술작품에서 감각적인 것은 개념 자체의 정립이자 전개이며, 이념에 상응한다. 그래서 헤겔이 "**미**는 […] 이념의 감각적 **현현**이라 […] 규정된다"고 말할 수 있었던 것이다. 환언하자면, 미의 현상 속에 있는 감각적인 것은 "개념의 현현"으로서만 타당성이 있으며, 오직 개별자를 통해서만 보편자 본연의 면모가 표현될 수 있다. 여

---

22   괴테는 다음과 같이 말했다. "고대인들의 최고 원칙은 '의미 있는 것'이었지만 행복한 작업의 최고 결과는 아름다움이었다"(『미학 강의』 W 13, p.36).

기에서 개별자가 구체적으로 현상하는 보편자로 **존재**한다는 점이 더욱 분명해진다. 이렇게 다루어진 메텍시스, 즉 보편적인 것에 개별적인 것이 참여하는 일은 헤겔의 개념론을 통해서만 이해 가능하다. 헤겔에 따르면 개념은 그 자체로 구체적이며 보편·특수·개별의 계기를 내포한다.

언어는 소리에 담긴 의미를 통해 **즉자적**an sich으로 다음과 같은 것을, 즉 개념적으로 파악되는 사유를 통해 의식되는 바를 성취한다. 말하자면 개별자와 보편자의 추상적 분리 상태에서는 감각과 지식이 실현되어야 한다는 점은 생각되기 어렵다. 헤겔은 언어를 "정신의 현존"[23]이라고 부르면서 개념적 파악을 통해 세계와 교섭할 구체적 가능성을 부각하고 있다는 점을 역설하였다.

칸트가 보기에 메텍시스의 문제는 이런 식으로 해결할 수 없다. 개별자와 보편자는 추상적으로 분리된다. 이때 개별자, 즉 개별적 현상은 보편자의 계기로서가 아니라 보편자의 사례로서 다루어질 수 있다. 또한 개별자가 보편자 속에 포섭될 수 있는 경우에만 개별자와 보편자가 연관이 있음을 표현할 수 있다. 그렇기 때문에 예술처럼 주어진 개별자를 위한 보편 개념이 없는 경우 감각적 형태에 대한 규정적 인식에는 결코 도달될 수 없고 오직 "인식 일반"만 가능하다.

헤겔 철학에 따르면 예술작품의 형태를 띠는 감각적인 것은 모두 개념의 표현 혹은 직관 가능성이어야 하고, 모든 존재는 그렇게 정립된 것이라는 지위를 갖는다. 언어에 비분절적 음향은 들어 있지 않다. 개념이 직관 가능하려면 개념 또한 자신을 현시할 질료와 완전히 하나가 되어야 한

---

23   Hegel(1952), p.458.

다.[24] 헤겔은 최고의 완성에 도달한, 아름다운 작품을 통해서만 달성 가능한, 이념과 형태의 완전한 일치를 **이상**[3)]이라 명명한다. 이상은 "개념에 맞는 형태를 부여한 현실성으로서의 이념"[25]이다. 그런데 헤겔은 이와 관련해서 발생할 수 있을 오해, 그러니까 '이상의 경우 매번 임의대로 선택된 내용에 적절한 형태를 부여하는 일이 중요하며 그렇기 때문에 예술작품은 오직 감각적 심상일 따름이다'는 오해를 불식하고자 한다. 이상에서의 진리는 단순히 '정확함'일 수 없다. 현시된 이상은 오직 그 자체로 절대적인 것만을 내용으로 삼고자 하는데, 이런 내용에서 진리는 단지 실체로서가 아니라 주체이기도 하기 때문이다. 헤겔이 지적하듯이, 예술에서 "**형식**의 **결함**은 **내용의 결함**에서 기인하기도 한다."[26] 이에 대한 사례로서 그는 아시아 및 이집트 문화를 통해 전승된 막연한 신화들, 그리고 이런 막연함으로 인해 제대로 형식이 갖추어지지 않은 신상들을 제시한다. 이런 식으로 답습될 뿐인 동방의 사상들을 통해 우리는 헤겔의 예술철학이 형식보다 내용을 우선시하고 있으며 그런 까닭에 **내용미학**이라 불릴 수 있다는 점을 도출할 수 있다.

헤겔에게 이상은 예술의 개념적 측면을 **구조적**으로 기술하기 위해서도, 시대별로 상이한 예술에 대한 **가치 평가**의 척도를 위해서도 유용하다. 예

---

24 이러한 통합을 수행하는 능력을 헤겔은 "기호를 만드는 판타지"라 명명한다. "판단력은 보편자와 존재, 자신의 것과 발견된 존재, 내면과 외면의 완전한 합일을 완수하기 위한 중심점이다." (Georg Wilhelm Friedrich Hegel, *Enzyklopädie der philosophischen Wissenschaften im Grundrisse von 1830*, hrsg. v. F. Nicolin u. O. Pöggeler, Hamburg, [6]1959. §457, p.368)

25 『미학 강의』W 13, p.105.

26 『미학 강의』W 13, p.105.

술의 과제는 진리를 직관적으로 현시하는 가운데 발견된다. 예술이 진리를 산출하기 위한 형식은 그 자체로 **"감각적 지식"**[27]이며 비예술적 지식에서의 감각화 내지 예증과는 다르다. 헤겔은 "감각적 지식"을 통해 바움가르텐이 미학의 존엄과 독자성을 정초할 수 있게 했던 "cognitio sensitiva", 즉 감각적 혹은 감성적 인식이라는 개념을 계승한다. 지금 논의한 이러한 예술의 과제가 인정된다면, 헤겔이 보기에 "예술이 자신의 개념에 합당한 실재성을 통해 고상함과 탁월함을 획득하기 위해서는 이념과 형태가 상호 연동되는 방식으로 현상함으로써 내밀하게 합일되어야 한다."[28]

세 가지 예술형식 및 예술의 종말

이념을 형상화하는 맥락에서 제시된 이상을 헤겔은 예술의 역사적 전개 과정과 관련지어 세 단계, 즉 상징적, 고전적, 낭만적 예술형식으로 구분했다. 이념의 형상화 방식을 이렇게 단계화하는 일은 예술미의 개념 가운데 특수성의 계기에 속하며, 이 형식들은 예술미 개념의 실현을 위한 지절들로 이해된다. 미학의 체계는 예술의 역사적 전개 과정과 밀접한 연관을 갖는다는 점이 이를 통해 다시 한 번 입증되고 있다. 그러니까 예술 개념의 전개는 마치 개개의 예술작품들이 현실이 하나의 본질 속에 포섭되듯이 보편적 본질을 추상적으로 전개하는 일이 아니라, 예술 개념의 생성 과정을 추적하는 일을 뜻한다. 이런 추적은 이미 있었던 일에 대해서만 가능하며 의식**에 대해서** 의식의 입장에 따른 지식으로서만 서술된다. 헤

---

27 『미학 강의』W 13, p.139.
28 『미학 강의』W 13, p.103.

겔은 예술사의 세 가지 발전단계를 개념적으로 파악함으로써 예술의 이상적 유형을 포착한다. 이 예술형식이 이상적 유형인 까닭은 이것이 예술작품의 주종을 이루게 되었기 때문이다. 헤겔은 현실적으로 한 예술형식, 그리고 이 형식에 해당하는 한 시대에서 그 다음 단계의 예술형식의 지반이 발견되는 과정을 밝힌다.

이념 그리고 이념의 형태, 이 양자가 맺는 관계를 세 단계로 특징화함으로써 예술전개의 이상적 유형들이 확보된다. 이를 대략적으로 말하면 다음과 같다. 아직 이상에 도달하지 못한 (— 헤겔이 "전前예술Vorkunst"[29]이라고 말한 —) 단계, 이념과 형태가 완전히 일치함으로써 예술의 이상이 실현된 단계, 마지막으로 이러한 일치가 와해됨으로써 이상을 넘어서는 단계. 그러니까 정신이 ① 감각적 형태를 띤 표현을 찾아 나섬, ② 명징하게 표현된 형태를 통해 자신을 발견하고 자신과의 합치에 도달함, ③ 본래 자신에게 걸맞지 않은, 그러니까 언어적 표현이 불가능한 단계인 감각성으로부터 벗어남.

역사적으로 기독교 이전 시기의 동방 예술은 헤겔에 따르면 상징적 예술형식의 발전 단계에 속한다. 체계적으로는 정신의 직관화 과정이 상징적 예술형식에서 시작되는 방식에 대해 다루어진다. 이를 위해 헤겔은 예술을 자연현상과 대조시킴으로써 예술이 지닌 지시적 성격을 강조한다.

> 한낱 자연적인 감각성은 스스로를 표출하는 반면, 상징적 예술작품은 그것이 자연이든 인간 형태이든 눈앞에 가져감으로써 곧바로 제 자신으로부터 나와 타자

---

29 『미학 강의』 W 13, p.393.

를 가리키는데, 이 타자는 눈앞에 펼쳐진 형성물과의 유사성이 내적으로 입증되며 본질적인 연관을 갖는다.[30]

상징적인 예술이 지닌 보편적 지시의 성격에 따라 이 예술이 일종의 기호라는 사실이 도출된다. 헤겔은 "상징이란 일단 **하나의 기호**이다."[31]라고 말한다. 이 "일단"이라는 말을 통해 알 수 있듯이 이는 그저 보편적인 규정일 뿐 상징적 작품이라는 기호의 특수성이 설명된 것은 아니다. 무릇 기호는 전적으로 자의적 선택에 휘둘린다. 의미와 표기가 무관함에도 상징에서는 이러한 무관함이 고려되지 않는다. 형태와 의미 사이에 일부만 일치함으로써 형성되는 상징 가운데 헤겔이 드는 예로서는 영원성의 상징인 원, 삼위일체의 상징인 삼각형, 용기의 상징인 사자 등이 있다. 그렇지만 상징에서는 의미와 형태가 부분적으로만 일치하기 때문에 상호 불일치되는 면이 존재한다. 그래서 원이나 삼각형 같은 것들도 상징적이지 않은 속성을 지니고 있고, 사자도 그것이 상징하는 바와는 다른 속성을 갖는다. 의미가 오는 감각적 요소를 통해 대변되는 것은 아니기 때문에, 정신이 이런 형태를 주시한다 해도 이것을 분명하게 알 수는 없다. 이 형태에 정신이 완벽하게 삼투되지 않았기 때문이다. 감각적 기호의 모든 부분에 의미가 정립되어 있지는 않으며, 상징은 심상의 복합체이다. 헤겔은 감성의 이런 복합 구조를 정신이 완벽하게 통제할 수 없다고 보았다. 상징은 초보적 단계의 기호에 불과하며 기호의 기능을 완전히 충족할 수는

---

30 『미학 강의』 W 13, p.454.
31 『미학 강의』 W 13, p.394.

없다.

헤겔은 상징 예술형식에 따른 작품을 수용할 때 감성적인 것에 대한 이해에 수반되는 불확실성이 생겨난다고 보았다. 상징 예술에는 수수께끼 같은 성격이 형상화되어 있다. 의미와 형태 간의 관계에 따른 수수께끼적 성격은 당대 예술에 현시된 내용에도 영향을 미쳤는데, 헤겔은 가령 상징적인 것 자체의 상징으로서 스핑크스를 집중적으로 다루었다.[32] 여기에서 헤겔이 주목한 것은 상징적 예술작품들 **모두** 불명확한, 수수께끼 같은 내용을 담고 있다는 점이었다.

헤겔은 상징, 고전, 낭만적 예술형식의 역사적 전개를 자연의 성장과정과 유비적으로 고찰하였다. 예술형식들에 "시작, 발전, 완성, 종료"가 있다면, 이는 식물이 "발아, 개화, 퇴화"[33]하는 전개 과정의 유비를 통해 해명될 수 있다. 이를 세 예술형식과 연관함으로써 예술을 발전 도상에 놓으려는 의도가 고전적 예술형식을 통해 충족된다. 이 의도를 일반화해서 말하자면 자신의 타자 — 감각적인 것 — 에서 **직접적**으로, 말하자면 직관적으로 자신을 의식하려는 정신의 노력이다. 정신은 감각적 형식과의 완전한 합치에 도달한다. 헤겔에 따르면 정신이 자신의 타자와 화해하는 방향으로 발전하려는 이러한 목표가 예술 발전의 동기가 됨으로써 오히려 이 목표는 정신사의 짧고 강렬한 한 페이지를 통해서만 실현된 것이 되고

---

32 샤이블레는 이집트의 스핑크스와 그리스의 스핑크스 신화에 대한 헤겔의 해석이 『미학』을 해명하는 열쇠가 된다고 보았다. Harmut Scheible, *Wahrheit und Subjekt. Ästhetik im bürgerlichem Zeitalter*, Bern u. München, 1984, p.329.

33 『미학 강의』 W 14, p.246.

만다. 정점기를 헤겔은 과정의 중간에 두면서 "예술의 중심점"[34]이라고 칭한다. 이 단계의 특수성 및 난점을 강조하기 위해 그는 "통과점"[35]이라는 말을 사용하기도 했다. 고전적 예술에는,

> 자유로운, 자립적인 의미가, 그러니까 그저 무언가에 대한 의미가 아니라 제 스스로 의미가 있는 것, 그럼으로써 제 스스로 의미를 드러내는 것이 깃들어 있다. 말하자면 자기 자신을 대상으로 삼는, 정신성이 깃들어 있다. 자기 자신을 대상화함으로써 이 정신성을 외면화하는 형식은 내면과 동일하고 자기 스스로 의미가 있으며 자신에 대한 앎을 스스로 가리킨다.[36]

고전적 예술의 성격을 이렇게 규정함으로써 헤겔은 정신이 자신을 포착하고 자기의식에 도달하려는 관심이 고전예술에서는 완전히 충족되고 있음을 명확히 한다. 감각적 직관을 통해 작품의 의미가 현재성을 띤다. 감각적인 것에 의미를 외부에서 이입해야 할 필요도, 의미 부여를 위해 자신의 형태를 넘어서는 표현 형식을 요구할 필요도 없다. 직관에서 반성으로 이행해야 할 동기가 없고, 정신이 의도한 만큼 감각적인 것이 표현하지 못하는 경우가 생기지 않는다. 재료의 형상화 자체가 의미를 나타내는, 질료의 이런 완벽한 순치는 헤겔이 강조한 바와 같이 "고도의 기술적 숙련성"을 전제한다.[37]

---

34 『미학 강의』W 14, p.13.
35 『미학 강의』W 14, p.115.
36 『미학 강의』W 14, p.13.
37 『미학 강의』W 14, p.30.

헤겔은 고전적 예술형식이 모든 면에서 상징적 예술형식보다 진전된 형태라는 점을 인식시키기 위해 고전적 예술형식만을 다루지 않고 예술사에서 발군의 성과를 이룬 과정을 서술한다. 가령 고전적 예술형식의 시대에 이르기 전에 재료에 대한 기술적 지배력이 어느 정도 확보되어 있다는 점은 인정한다. 그러나 이런 지배력이 정신을 제대로 표현하는 단계에 도달한 것은 결코 아니며 한낱 상징적 형상화에 머물렀을 뿐이다. 정신 "본연의 관심들"을 감각적으로 현재화하기 위해서는 예술 특유의 내용을 개조해야 한다. 이와 관련해서 헤겔은 다음과 같이 말한다.

> 이러한 개조는 바로 이중적인 하락을 통해, 즉 한편으로는 보편적 자연력 및 이것의 인격화가 하락하고, 다른 한편으로는 동물적인 것의 상징적 의미와 동물적 형태가 하락함으로써, 정신성을 참된 내용으로, 그리고 인간의 현상 방식을 참된 형식으로 획득함으로써 가능했다.[38]

헤겔의 인식에 따르면 고전적 예술형식의 원리는 정신적 개체성이며, 이는 인간의 신체를 통해서 적절하게 표현시된다. 왜냐하면 감각적인 인간 신체의 모든 지절 속에 영혼, 내면 및 정신성이 깃들어 있도록 표현될 수 있기 때문이다. 이런 방식에 가장 적절하게 현시된 — "미의 정점"[39]인 — 이상은 — 역사적으로 보면 — 그리스 고전 조각의 신상을 통해 달성되는데, 헤겔은 이른바 빙켈만의 시각에 따라 이 조각들을 고찰한다. 헤

---

38 『미학 강의』 W 14, p.76.
39 『미학 강의』 W 14, p.26.

겔은 『정신현상학』에서 고대 그리스의 종교를 "예술종교"로 부르면서 절대자에 대한 표상이 예술작품을 통해 오롯이 생성된다는 점을 강조했다.

헤겔 미학에서 세 가지 (즉 상징적, 고전적 및 낭만적) 예술형식의 단계별 전환을 가능케 하는 동력은 역사적 진행은 물론 철학적 체계에 적용되는 동력과 동일하다. 즉 정신이 실체성에서 주체성으로 발전하는, 달리 말해서 정신의 현존을 대자적 존재로, 자기지로 고양하는 경향 및 이성적 세계 도정이 바로 그것이다. 헤겔이 『정신현상학』 단계에서 해명했던 그 동력은 예술의 전개에도 적용되는데, 예술은 정신이 자기 자신을 발견하는 방식 가운데 하나이기 때문이다. 예술은 절대 정신의 첫 단계이다. 즉 정신 철학의 체계에서 예술은 한 자리를 점유하는 동시에 역사철학적 맥락에 놓인다. 그렇기 때문에 이상에 대한 헤겔의 이론은 그의 역사철학과 연관이 있음은 분명하며 이를 통해 예술의 최고 형식인 고전적 예술형식이 이내 시효가 지난 것이 되는 까닭이 무엇인지에 대한 물음에 대답할 수 있다. 헤겔을 고전주의의, 그리고 이와 결부된 독단론의 대변자로 치부하는 식의 비판은 실효성이 없다. 헤겔이 보기에 고전주의 시대가 아니라면 이상을 담보할 규칙이 존재할 수 없기는 하다. 정신이 이상을 통해 스스로를 참되게 실현하는 단계를 넘어서는 역사적 발전 국면이 나타난다. 만약 자신의 체계의 관점에 따른 이런 발전에서 미의 실현 결과 미가 쇠락했다고 해도 헤겔이 이를 안타까워했을 것 같지는 않다. 어쨌든 예술은 이상을 넘어설 만큼 고양되어 정신적 내용이 의식 속에 깃드는데, 헤겔의 말에 따르면, 예술은 더 높이 고양된다. 이로써 예술 본연의 미적 성격을 넘어서게 되는데 이 성격이 중요한 계기이기는 해도 이 역시 예술의 역사에서 한 계기를 나타낼 뿐인 것이다. 정신적 존재인 인간이 외부 사물을 통해 자신을 인식하려는, 즉 인간의 의식에 따라 적절히 실재성을 부여하려는 노력을 경주해야만 한다면, 그리고 예술이 대자적 존재를 표현하기에

타당한 방식이 되어야 한다면, 예술이 자아의 실제 경험의 배후로 [즉 인간의 사상을 통해 표현되지 않는 영역으로] 되돌아가서는 안 된다는 첫 번째 요구가 나온다. 헤겔은 이를 두고 "언표된 것이 언표된다"고 말했다. 우리의 고차적 관심은 우리 자신과 동일한 소재와만 결합되며, 인간 의식을 통한 경험은 반복이 불가능한 진짜 경험이다. 예술사가들은 이 점을 두고 예술 양식의 반복 불가능성이라 표현하는데, 예술은 각 시대마다 타당한 표현 방식이 되고자 한다는 것이다.

예술이 정신의 대자성을 갖춘 양태인가의 문제는, 자기 이해의 **모든** 단계에서 의식의 매 단계마다 온갖 현실의 진리로 타당성을 갖는 **이념**을 예술의 개념에 따라 **직관 가능**한 것으로 형상화하는 일이 가능한지에 대한 문제이다. 왜냐하면 헤겔의 예술개념은 이념의 온전한 직관화, 즉 이념의 감각적 가상을 요구하기 때문이다. 헤겔에 따르면 진리에 대해 국부적으로만 기여하는 정도에 머문다면 예술이 자신의 과제를 수행했다고 볼 수 없다. 만약 이것이 예술의 과제라면, 예술은 차라리 선행하는 반성을 예증하는 삽화에 불과한 것이 되고 말 것이다. 이렇게 되면 예술은 더 이상 아름답지 않을 것이고 더 이상 이념의 현현이 아니며, 오히려 그 자체로는 진리가 아닌 계기의 현출에 불과할 것이다. 정신의 현실이, 즉 삶의 실제 관계들이 개별자와 보편자 간의, 감성과 정신 간의 직접적 화해 가능성과는 무관해질 수밖에 없는 상황에서 절대자를 가시화하라는 요구를 예술이 충족하지 못한다면, 차라리 분출하는 대립을 견디어내는 사유를 통해서만 절대자의 총체성이 포착될 수 있으며 그렇게 되면 예술 본연의 과제는 상실된다.

헤겔은 오직 고전적 예술형식을 통해서만 이상의 의미가 완전하게 달성될 수 있다고 보았다. 고전기 고대의 예술만큼 아름다운 것은 생각될 수 없으며, 낭만적 예술형식의 예술은 보다 고차적인 것으로서 화해의 문제가 더 이상 대립물의 [감각적인 것과 정신적인 것의] 조화 가능성의 맥락에 머물지 않고 더 진지하게 다루어진다. 낭만적 예술형식을 살펴보면, 고전주의에서는 하나의 **외적 매개**를 통한 화해에 의해 진리와 아름다움의 동일성에 도달했었다는 점이 분명해진다. 자연과 정신의 구분은 사라지고 정신은 육체성 속에 침잠한다. 외면과 내면 간의 바로 이런 무구분적 통일성으로 인해 소재 가운데 정신성을 드러내지 않는 것은 결코 없게 되는데, 이런 통일성 속에서 진리에 대한 직접적 직관이 가능하기 때문에 이를 통해 완전한 아름다움이 경험된다. 그러나 그 뒤에 나오는 단계의 맥락에서 살펴보면 고전적 예술형식은 그저 **직접적**으로 도달된 화해에 불과하며, 정신과 자연의 절대적 구분을 경험한 정신이 여기에 기거할 수는 없고, 오히려 화해를 이룰 가장 참된 형식을 모색하기 위해 정신 본연의 지반에 머문다.

헤겔은 정신 본연의 지반인 사유에 이르면 고대 그리스 예술의 신성을 표현하는 형식 속에서 만족이 지속될 수는 없다는 점을 지적한다. 실체적 위력을 갖는 영역에 대한 표현인 이 신성은 다종다기함 속에서 우연성을 내포한다는 것이 그 이유였다. 각 지역별로 다양한 개별적 신성의 현상은 신성에 대한 사상에는 아직 이르지 못한 비본질적 단계로 치부된다. 신성이 구체적 형태로 표상되지 않는 까닭에, 이런 다양한 신성에는 신인동형적 성격이 결부되어 있다. 헤겔이 보기에 애초부터 이런 신인동형론[4)]에 고대 신들의 세계의 해체를 낳는 맹아가 싹트고 있었다. 신성의 즉자대자적 면모가 이런 신성에서 실현되지 않은 채 특수성이나 개별성의 측면이 자리하게 되며, 그렇기 때문에 이런 측면은 "외면적 인간화 혹은 개별적 신인동형론으로 이어지는데, 이로써 신은 실체성 및 신성의 개념과는 반

대의 것이 되어버린다."⁴⁰

　미적 주체가 더 이상 단절 없이 직접적으로 예술 형태를 내면의 표현으로 경험하지 않고, 오히려 자립적인 경험 주체의 내면성과 외면적 실재 간 분열이 부각됨으로써, 결국 고전적 예술형식의 단계가 포기된다. 주관성이 외면적인 것의 정립존재를 완전히 의식함으로써 예술은 스스로를 예술로 반성하기 시작한다.

　자신의 내면적 힘에 대한 이런 새로운 자기이해는 주체가 외면적 대응물에서 내면으로 복귀하는 경험이며 이로써 고전기 고대는 종말을 맞았다. 이 결과 개인은 보편적 제도에 맞서 자신의 힘을 느끼게 되었다. 고대 후반기의 비극들은 이런 충돌을 주제로 삼았다. 그런데 헤겔에 따르면 이러한 자기이해는 기독교적 계시를 통해 완전히 확증을 받게 된다. 따라서 낭만적 예술형식에 대한 헤겔의 이해는 기독교 교리를 근거로 해서만 이해될 수 있다. 헤겔에 따른다면 예술의 발전 과정상 결정적인 분기점은 절대자의 교리인 기독교가 출현함으로써 나타났음이 분명하다. 왜냐하면 기독교에서는 오직 말씀을 통해 진리가 계시되며 결코 추상적이지 않은, 그렇다고 예술적 표현을 요하는 것도 아닌 그런 진리가 서술되기 때문이다. 기독교 교리가 표현되고 설명된 예술은 그저 보충으로서만 간주될 수 있을 따름이다. 헤겔의 말에 따르면 신적 정신은 "예술 스스로가 산출하거나 계시할 수 없고 종교로부터 받아들였으며 이 정신을 언표하고 표현하기 위해서는 이 정신이 즉자대자적 진리라는 의식과 더불어 예술이 이

40　『미학 강의』W 14, p.109.

정신으로 진입한다."⁴¹ 이미 이 발전 단계에서, 그러니까 헤겔이 — 실질적으로 최종 단계인 — 낭만적 예술형식의 해체로 부른 과정에 이르기 전에, 이른바 "예술의 종말" 혹은 명실상부한 예술의 자기초월에 도달했음에 틀림없다. 왜냐하면 예술은 직관에 맞는 진리만을 마련할 수 있기 때문이다. 이로 인해 예술에서는 실질적인 정신화가 이루어지지 않고 여전히 대상성에 얽매이는데, 예술 다음의 정신 단계에서 (즉 종교와 철학에서) 이 대상성을 지속적으로 부정함에 따라 진리의 표현이 가능하다.

따라서 정신화의 과정은 비단 예술만이 아니라 다른 정신의 영역에서도 결코 직선적으로 이루어지지 않는다. 예술의 이러한 측면을 헤겔은 낭만적 예술형식 내의 발전 단계에서 지적하고 있다. 그에 따르면 낭만 예술을 통해 고전주의로부터의 "전회가 이루어진다. 즉 정신은 직접성이나 유한성에 부정적 태도를 취하면서 이를 극복하고 이런 해방을 통해 대자적으로, 본연의 무한성과 절대적 자립성을 획득한다."⁴² 말하자면 기독교 예술을 통해 자아 본연의 내면성이 지극히 중요해졌지만 이는 신과의 매개를 통해, 즉 인간이 신적 정신에 대한 정신임을 의식함으로써 가능했다는 것이다. 그렇기 때문에 이런 자아는 자신과 긍정적 관계를 맺기보다는 오히려 자신의 자연적 실존을 스스로 포기하는 무한성을 발견하게 되는 것이다. 이로써 예술에서 외면적인 것은 모두 본연의 가치를 상실하게 되고 정신을 표현하기에 적합하지 않게 된다. 이제 정신은 더 이상 감각적인 것과 외면적으로 매개하지 않고 자기 자신과 매개한다. 그렇기 때문에

---

41 『미학 강의』 W 14, p.169.
42 『미학 강의』 W 14, p.141.

외면적인 것은 더 이상 아름다울 리가 없다. 미는 모든 외적인 것의 배후에서 떠나고, 오히려 외적인 것은 감각성에 완전히 침잠할 수 없는 정신적인 것을 암시적으로 표현할 뿐이다. 내면과 외면의 분리가 불가피해짐에 따라 아름다움의 유무가 의문시되었는데, 미는 이른바 이념의 감각적 가상이기 때문이다. 헤겔은 다음과 같이 말한다.

> 그리스적 아름다움은 정신적 개체성의 내면을 뜻하거니와 이는 개체의 육체적 형태, 행위 및 사건 등을 통해 온전히 구현되고 외면적으로 온전하게 표현되며 이 속에는 지복감이 깃든다. 반면 낭만적 아름다움의 경우 영혼이 외면적 현상에 깃들었다 해도 필연적으로 개체의 육체성에서 나와 내면으로 복귀하고 자신 속에 기거하고 있다는 점이 나타난다. 그렇기 때문에 이 단계에서 현상하는 육체성은 정신의 내면성을 표현할 수 있는데, 말하자면 영혼은 실재하는 실존에서가 아니라 자신 속에 가장 적절한 현실성을 갖는 것이다.[43]

정신화의 발전 단계가 변증법적으로 이루어진다는 것, 즉 화해되었다고 여겨졌던 것이 다시 모순으로 이행한다는 것은, 주체가 기독교를 통해 자립성을 획득했지만 이제 이 주체가 세계로 향하면서 완전히 다른 의미를 얻는다는 뜻이다. 기독교의 주체는 부정성의 과정에 진입했었다. 주체는 자연의 자연적 실존이 지닌 유한성이 신과의 화해를 방해한다는 것을 경험한 바 있기 때문에 이를 부정하지 않을 수 없었다. 그러나 주로 세속적 이해를 추구하는 주체는 이 단계에서 벗어나 자신의 자립성을 적극적

---

43 『미학 강의』 W 14, p.144.

으로 이해한다. 주체는 자기 자신에 시선을 둔 채 기사도 문화의 중심을 이루는 덕성, 즉 명예, 충성, 사랑 및 용기 등에서 자신의 가치를 확인한다. 이로써 주체는 부정성으로 향하는 과정으로부터 역진하게 된다. 말하자면 신적 정신과의 화해에 도달하기 위해서 주체는 어느 정도 자기 자신과의 화해를 달성하고 자기 자신을 긍정하는 것이다. 낭만주의의 종교예술은 이런 화해를 추상적 형식에 따라 표출했는데, 이때 주체는 세속적인 것이라면 그 무엇이든 ― 심지어 그것이 종교적 표상을 통해 형성된 것일지라도 ― 그로부터 벗어난다.

종교적 영역은 물론이고 기사도의 영역에서도 예술의 고유 내용을 이루는 것은 주체의 자립성으로서 이는 그저 우연지사에 불과한 온갖 외면성과 대립해 있다. 그렇지만 이런 우연성으로 인해, 즉 외면성이 외면성에 머물 뿐 내면에 걸맞은 표현을 갖지 못한다는 사실로 인해 외부 자연은 해방되어 순전히 제 스스로를 표현할 목적만을 지니게 된다. 이런 계기는 종교성 및 기사도가 더 이상 시대를 규정하는 내용이 될 수 없게 되자마자 곧바로 대세가 된다. 외면성의 이러한 해방은 예술의 대상이 모두 단순화되고 어떻게든 예술적 가치가 있는 것이 되도록 만든다. 이 점은 주체의 특칭성은 물론 외적 대상에도 해당된다. 헤겔은 셰익스피어가 (특히 비극을 통해) 인간의 특칭성 내지 개별성이 지닌 의미를 광범위하게 형상화했다고 보았다.

헤겔은 낭만적 예술형식의 해체를 상술함으로써 논의를 끝맺는다. 낭만 예술의 해체는 사실상 고전적 이상의 해체를 통해 이미 성취된 것에 대한 의식화와 다르지 않다. 낭만적 예술형식의 종결지점에 이르러 무한한 주체의 내용을 적절히 구현할 수 없다는 점은 결코 비관적이지 않고 오히려 긍정적이다. 즉 이제 외부 현실은 스스로의 고유한 가치가 견지됨에 따라 한낱 절대자의 매개물로 치부되지 않게 된다. 낭만 예술의 마지막 전개 과정과 관련해서 헤겔은 예술 산물을 통해 포착되고 형상화될 "소재의 완전한 우연성 및 외면성"[44]을 언급한다. 이런 소재로 인해 예술이 특칭성을 지닌다는 보상을 받게 된다. 이런 제작물들은 더 이상 이념의 표현도 현실에 대한 그 어떤 진리의 표현도 아니며, 오히려 이런 이념의 각 계기들을 형상화하는 데 진력할 따름이다. 감각적 외면으로는 내면으로의 무한한 자기복귀를 적절히 표현할 수 없는 까닭에, 이 외면은 그저 내면성의 자기감정을 낳는 동기가 되며 임의의 외적인 것이 될 뿐이다. 헤겔은 우연성이 "외적 현실 및 정신계가 갖는 특정 내용으로서 여기에 심정이 깃든다"[45]는 점을 강조했다. 이런 우연성으로 인해 낭만적 예술의 붕괴가 촉진되는데, 즉 산문적 객관성이 주관성과 맞서게 되고 예술형태를 통해서는 더 이상 화해에 도달하지 못한다. 그러나 이러한 정황은 이중성을 띤다. 절대자 혹은 신성의 감각적 직관 가능성이 상실됨에 따라 이제 주관성은 — 헤겔의 표현에 따른다면 — "전체 현실에 대한 주인으로 고양되었음을 안다."[46] 이런 계기로 인해 예술은 애초부터 자연에 대한 모방이라는 원리로부터 자유롭다. 이런 언급을 통해 헤겔이 나타내고자 했던 바는 다음과 같다. 즉 대상들의 내용이 표현을 위해서만 현존할 가치가 있는 것이지 절대자에 대한 의식이나 정신이 직접 표현될 수 있기 때문은 아니다.

낭만 예술의 붕괴와 관련해서 논의되는 내용의 우연성, 진부함 등에 대

---

44 『미학 강의』 W 14, p.220.
45 『미학 강의』 W 14, p.221.
46 『미학 강의』 W 14, p.222.

해 헤겔은 점점 더 초상화적 요소가 강해지는 제작물들도 여전히 예술로 불릴 수 있는지에 대해 의문을 제기한다. 헤겔은 자신의 이상론을 근거로 이에 대해 부정적으로 답한다. 그러나 근대 예술 속에서도 — 비록 그것이 예술미는 아닐지라도 어쨌든 — 예술의 개념을 간직할 수 있도록 하는 중요한 한 계기가 이상의 개념 속에 이미 깃들어 있다는 점을 헤겔은 밝히고자 했다.

반면 예술은 여기에서 특별히 본질적 중요성을 띠는 또 다른 한 계기를 지니고 있다. 즉 예술작품을 이해하고 상술하는 주체가 바로 그것인데, 이런 개인의 재능이 아무리 극단적인 우연성에 휘둘린다 해도 자연의 실체적 삶이나 정신의 형성물들에 충실하게 머물게 되며, 그 자체로는 의미 없는 것일지라도 이런 진리로 인해, 또한 놀랄 만큼 능숙한 표현으로 인해 의미를 갖추게 된다. […] 이런 측면에 따라 우리는 이 권역에 속하는 제작물들에 예술작품이라는 이름을 박탈해서는 안 된다.[47]

이런 언급을 보면, 의미 있는 것을 예술제작의 핵심개념으로 여기는 괴테의 예술관에 헤겔이 근접해 있음이 분명해진다. 괴테에 따르면 고전적 예술의 위대성은 미적인 방식, 즉 비언어적 방식으로 의미 있는 것에 도달했다는 점에 있다. 그가 보기에 아름다움은 원原현상Urphänomen이기 때문에 그 자체로는 설명도 서술도 불가능하다. 여기에서 헤겔과의 큰 차이가 발견되는데, 헤겔은 미를 직관 가능한 개념으로 보았으며 그렇기 때문

---

47 『미학 강의』W 14, p.223 이하.

에 직관이 결국 개념으로 이행된다고 생각했다. 저 인용문에서는 지극히 인간적인 내용을 작품으로 의미심장하게 변용할 줄 아는 예술가 개인의 창조적 능력이 상찬되고 있지만, 낭만적 예술형식의 해체에 대한 이런 연구에서 근대 예술가 특유의 상황이 인지되고 있음을 간과할 수 없는데 이런 상황을 헤겔은 예술의 과거성[48]이라 진술하고 있다.

『미학 강의』의 서론에서는 철두철미 예술철학이 다루어진다. 여기에서 헤겔은 예술이란 "그것의 최고 규정의 측면에 따른다면 우리에게 과거의 것"[49]에 머문다는 주장을 제시하였다. 헤겔을 비판하는 진영 가운데 일부는 이 주장이 전제하는 체계론에 대해 충분히 이해하지 못하였다. 헤겔의 주장에 대한 반론으로 예술이 지금도 계속 제작되고 있다는 점을 드는 이들이 바로 여기에 해당한다. 헤겔은 예술의 소멸을 예견한 것이 아니고 예술의 주요 기능이 변화했다는 점을 지적했던 것이다. 즉 예술의 성격으로 인한 것이 아니라 오히려 수용자의 세계 경험에 따른 변화의 산물로서 예술의 기능이 변화했는데, 말하자면 헤겔은 근대의 인간 실존에 따라 볼 때 "사상과 반성이 예술을 능가했다"[50]는 점을 나타내고자 했던 것이다. 다시 말해 근대인들이 진리를 확보하고자 할 때 주로 이용하는 수단은 논증적 지성이 되었고, 형성된 진리에 대한 직접적 직관은 이제 더 이상 우

---

48 헤겔 미학에서 예술의 과거성에 대한 상세한 해석에 대해서는 게트만-지페르트의 책을 참조. Annemarie Gethmann-Siefert, *Die Funktion der Kunst in der Geschichte. Überlegungen zu Hegels Ästhetik*, Hegel-Studien Beiheft 25, Bonn, 1984 ; *Einführung in die Ästhetik*, München, 1995, p.230 이하.

49 『미학 강의』 W 13, p.25.

50 『미학 강의』 W 13, p.24.

선시되지 않으며 그러니까 유일한 수단이 될 수 없다. 무엇보다 예술이 진리를 **총체성**에 따라 (즉 이념의 가상으로) 구체화할 수 있으리라는 신뢰가 사라졌다. 삶의 제반 관계 및 세계관 등이 전체적으로 통일적 면모를 상실한 만큼, 그리고 법률, 형식, 준칙 등의 형태를 띤 보편성이 과도해지고 점점 더 추상화되어버린 만큼, 헤겔이 예술적 관심 및 예술제작에 본질적인 것으로 간주했던 전제, 즉 보편성이 "심정·감각에 반향을 일으킨다"[51]는 전제는 사라진다. 예술은 더 이상 당대의 진리를 (고대의 신의 세계에 대해서 수행했던 것처럼) 온전하게 직관화하지 못한다. 예술이 맺는 진리 연관은 국부적인 것이 되었고, 반성이 이전보다 훨씬 더 강력하게 인간의 보편적 삶을 규정하면서 예술제작에 더욱 더 개입한다. 인간의 이런 명민한 자기의식을 통해 예술은 내용 면에서든 기법 면에서든 완성에 도달할 수 있지만, 그렇다고 해서 '진리를 광범위하게 직관하는 참된 장소'라는 예술의 지위를 되찾을 수는 없다. 왜냐하면 이런 가능성을 추구하다보면 예술은 시대에 맞지 않는 것이 되기 때문이다. 헤겔은 다음과 같이 설명한다.

"사람들은 예술이 점점 더 고양되고 완성되기를 희망하겠지만, 예술형식은 더 이상 정신에게 가장 필수적인 것일 수는 없다."[52]

헤겔이 이런 냉철한 평가를 내린 까닭은, 그가 절대 정신의 영역조차 직관, 표상 및 사유와 같은 의식 형식들로 엄격하게 구분하고 있기 때문

---

51 『미학 강의』 W 13, p.25.
52 『미학 강의』 W 13, p.142.

이다. 절대 정신에게 대상은 본래 낯선 것으로 다가오지 않는다. 그렇지만 헤겔은 정신이 역사적으로 전개되는 과정에서 직관이라는 낯선 매체를 마주하게 되는데 예술의 경우가 바로 그러하다. 헤겔이 내세운 전제에 따르면 고도의 반성능력이 직관이라는 매체를 통해서도 출현할 수 있기 때문에 예술작품도 정신의 반성적 욕구를 철저히 충족시킬 수 있으리라는 점은 용인될 수 없다. 그는 직관이 **직접성**의 양태에 속한다는 입장을 확고히 견지한다. 직관의 방식은 이미 예술발전의 관점에서 헤겔이 살던 당시부터, 그러나 본격적으로는 [20세기 전반의] 고전적 모더니즘 작품들과 관련해서 의문시되었다.

당대의 예술발전에 대해 헤겔이 내린 평가는 지극히 이중적이다. 한편으로는 "반성", "비판" 및 "사상의 자유" 등이 예술가의 인격성을 나타내는 표지가 된다는 점에 기꺼이 동의하면서도, 이런 발전의 반대급부로서 예술가가 자신의 작품을 진리와 더 이상 동일시되지 않는 내용의 임의성을 나타내는 "자유로운 도구"로 삼았다는 점에도 동의한다. 즉 이런 내용은 "백지상태tabula rasa"라는 것이다.[53] 이상이 실현된 시대에는 절대자 자체가 형상화의 원리를 시사했지만, 이제는 주관의 착상을 통해 소재를 제 마음대로 다룬다.

개별 예술들의 체계 ───────

예술철학의 제3부에서는 미 개념에 입각한 개별 예술들의 계기를 다루는데, 여기에서 그는 다양한 예술장르들을 작품의 구조에 따라 조형예술,

---

53   이상 『미학 강의』 W 14, p.235.

음악예술 및 언어예술과 같은 세 영역으로 분류하고 이에 대한 이론을 전개한다. 헤겔 미학의 제3부를 통해 특정 예술작품들에 대한 구체적 분석이 가장 풍부하게 이루어진다. 그러나 전반적으로 볼 때 예술철학 체계의 성격이 헤겔 미학의 주종을 이루며 결국 모든 예술장르와 개별 작품들은 이런 체계와의 연관 속에서 지위와 가치가 할당된다. 달리 말한다면 예술장르들의 위계질서가 성립한다. 이 장르들이 각 단계에 속하는 근거가 예술 소재의 조형 가능성Bildsamkeit이라는 척도이다. 헤겔은 이 척도를 **언어**를 통해 획득했으며, 감각적으로 볼 때 이 매체가 정신의 표현의지에 대한 저항적 요소가 가장 적다. 언어의 소재에 해당하는 음성은 의미의 지속성이 아주 찰나적이며 별도의 자립적 현존을 요구할 수 없다. 이런 순간적인 음성이 시간 속에 현존하면서 정신의 운동성에 조응한다. 따라서 헤겔은 시문학을 장르의 위계질서상 정점에 놓는 반면 가장 하위 단계는 건축이 차지하는데, 건축에서 공간을 점유하는, 그리고 중력을 지닌 소재가 정신의 명확한 외화를 강력히 저지한다. 예술장르에 대한 단계화를 통해 예술은 점차 공간에서 벗어나게 된다. 두 번째 단계에는 조각이 자리하는데 여기에서 이미 공간 차원의 축소가 두드러진 특징으로 나타난다. 건축이 그저 정신적 내용을 암시할 뿐 이를 형상화하는 데에는 이르지 못했다면, 조각에서는 (특히 인간 형상을 통해) 자연과 정신, 외면과 내면이 완전히 합치되는 일이 가능해진다. 그렇기 때문에 이 장르는 고전적 예술형식에 적합한 반면, 건축은 정신의 표현가능성을 탐지하고 모색하는 유형에 머문 상징적 예술형식에 적합하다. 마지막으로 낭만적 예술형식에 속하는 회화와 음악에서는 그 자체로 이념과 형태 간 상호 합일이 재차 추구된다는 점에서 발전된 단계임을 보여준다. 시문학은 그 어떤 예술형식에도 속하지 않는다는 점에서 특별한 지위를 갖는다. 헤겔은 시문학이 외적 질료로부터 훨씬 더 해방되었다는 점을 입증하면서 다음과 같이 역설한다. "시문학의 감각적으로 외화되는 방식에 따른 규정성은 이를 특정 내용이나 한정된 파악 혹은 서술의 권역에 제한할 근거가 없다."[54]

헤겔에 따르면 시문학을 통해 예술의 본질이라 할 언어로 복귀한다. 언어예술뿐만 아니라 음악예술 및 조형예술까지도 언어를 본질로 한다. 개별 예술에 깃든 감각적 요소를 지속적으로 탈각해가는 작업 결과 본래적 언어예술인 시문학에 도달하였거니와, 이 예술은 정신과 직결된, 정신의 관심에 가장 잘 들어맞는 것으로 표현될 수 있는, 즉 "조형 가능성이 가장 큰 소재"[55]인 음성 언어로 이루어져 있다. 시문학은 내면의 표상과 직관을 일깨워 근본적으로 모든 내용을 채택할 수 있게 되었다. 그러나 형상화의 지평이 확장되고 자유로워짐에 따라 위험 또한 수반되는데, 말하자면 특정 문학 작품들의 경우 산문과 구분할 만한 근거가 사라지게 된 것이다. 분명한 것은, 시문학적 표상에서 시문학적 판타지가 창조적 힘을 갖게 된다는, 즉 구체적 내용들이 직관될 수 있게 된다는 점이다. 상상력이 이렇듯 무제한적 가능성을 갖고 내면을 직관화하는 일은 다른 예술장르에서는 생길 수 없다.

시문학의 언어와 일상 언어와의 차이에 대해 헤겔은 다음과 같이 말한다. 즉 여타 장르들의 요구이기도 한 진리에 대한 서술을 시문학은 제대로 수행한다. 말하자면 시문학은 "대자적인, 보편성 속에서 이미 인식되어 있는 내용을 그저 조형적으로" 언표하는 것과는 반대로 "저러한 분리나 연관이 아직 생겨나지 않은 실체적 통일성에 깃들어 있으면서 다름 아

---

54 이상 『미학 강의』 W 15, p.232 이하.
55 이상 『미학 강의』 W 15, p.239.

닌 자신의 개념 자체에 합치한다."[56] 따라서 형태의 통일성에 대한 요구는 시문학적 표상의 구체성에 대한 요구와 직결된 문제이다. 산문으로 이루어진 학문의 경우 이와 달리 대상과의 유기적 통일성이 포기될 수 있다. 이런 산문은 단지 관점들만을 제공하는데, 전체를 직관화한다기보다는 논증적·분석적으로 다루면서 비로소 대상 전반의 통일성을 추구하기 때문이다. 산문은 표상을 내적 목적으로 여기지 않고, 의미를 추상적으로 포착하기 위한 수단일 뿐이다. 시문학 작품에서 내용의 구상화가 일어나지 않는 바로 그 순간, 반성으로 이행한다. 예술작품이 현실성의 진리를 언표해야 한다면, 근대의 시문학은 보편자와 개별자가 추상적으로 분리됨에 따라 반성으로 이행하지 않을 수 없다. 시문학은 학문적(철학적) 산문이 되지 않을 수 없으며 사유의 힘을 통해 저 두 계기는 개념적으로 파악됨으로써 필연적으로 합일될 수 있는 것이다.

따라서 예술의 과거성이라는 주장은 무엇보다 시문학적 언어·판타지에 대한 헤겔의 파악과 가장 잘 들어맞는다. 시문학의 언어 및 형상화된 직관을 통해서만 아직 전개되지 않은 내용을 오롯이 표현할 수 있게 되는 것이다. 개념의 계기들 간의 대립이 여전히 직관되고 표상될 수 있는, 즉 근대의 예술에서 나타나는 그러한 반성의 예술은 헤겔의 견해에 따를 때 이미 시대에 뒤떨어진 것이다. 이때 언어를 통한 예술적 작업은 헛된 일이며 가장 완벽하게 형성된 언어는 철학적 학문에서 개념적인 해명에 쓰이는 언어이다.

---

56   이상 『미학 강의』 W 15, p.240.

쇼펜하우어의 예술관

헤겔과 마찬가지로 쇼펜하우어도 예술을 직관 가능한 진리로 이해했다. 다만 이런 구상을 뒷받침하는 체계 면에서는 두 사상가 사이에 매우 큰 차이가 있다. 이는 플라톤주의에 대한 입장에서, 그리고 직관에 대한 평가에서 확인할 수 있다. 헤겔의 경우 가상이 본질적이고 미는 가상 속에서 자신의 생명을 갖는 반면, 쇼펜하우어의 경우 현상계는 "마야의 베일"[5)]에 비유될 수 있는, 단적으로 가상과 기만의 세계이며 진리는 이 베일을 뚫고 이념을 포착함으로써 획득 가능한 것이 된다. 쇼펜하우어에게 이념은 직관적 인식 본연의 대상이며 미적 관조나 예술제작을 통해 해명된다. 그렇게 이해된 이념은 순수한, 무욕의 직관을 위한 객체이며 쇼펜하우어가 보기에 제대로 이해된 플라톤적 이념이다. 실제로 신플라톤주의의 예술철학에 따르면 플라톤의 이념, 그리고 제작된 예술작품이 상호 유사성을 갖는다는 점이 시종일관 강조되고 있다. 말하자면 이 두 심급들이 공히 논증적 인식의 성격을 지니고 있지 않다는 것이다.

『의지와 표상으로서의 세계』[57]를 골자로 하는 쇼펜하우어의 미학으로 인해 미학이 체계철학의 본질적 부분에 해당했던, 미와 예술론이 인식론과 긴밀하게 결부되었던 시대가 종말을 고했다. 철학과 예술의 밀접한 연관은 쇼펜하우어의 형이상학에서 이 두 영역 간의 공동 목적에 따라 생겨났다. 쇼펜하우어는 "단지 철학만이 아니라 아름다운 예술들도 근본적으로 실존의 문제를 해소하는 데 진력한다"라고 역설했는데, 그가 보기에

---

57 Arthur Schopenhauer, *Die Welt als Wille und Vorstellung*, 2 Bdé., hrsg. v. Arthur Hübscher, Wiesbaden, 1966. 이하 인용은 『의지와 표상으로서의 세계』, I과 『의지와 표상으로서의 세계』, II로 함.

이 양자는 "삶이란 무엇인가?"라는 물음으로 나아간다. 쇼펜하우어에 따르면 예술작품은 이런 물음에 대해 예술 특유의 방식에 따라, 즉 **"직관의 언어"**를 통해 대답한 결과이다. 쇼펜하우어는 다음과 같이 말한다.

> 따라서 어떤 예술작품이든, 즉 회화이든, 조각상이든, 시이든, 무대에 올려진 공연이든, 그 무엇이든 직관에 호소하면서 저 물음에 대답한다. 물론 음악도 이런 물음에 답변을 내놓는다. 그러나 완전히 즉각적으로 이해되는, 그러나 이성을 통해 번역될 수 없는 언어를 통해 음악은 우리의 모든 인생 가운데 가장 내밀한 본질을 언표하는 까닭에 여타의 예술들보다 더 심오하다.[58]

여기에서 예술은 '존재자의 본질은 무엇인가?'라는 형이상학에서 가장 중요한 질문에 대해 나름의 방식으로 대답을 수행할 수 있다는 점이 인정되고 있다. 따라서 미적 인식형식이 여타 인식방식과 다른 점을 해명하는 것이 주요 과제가 될 수밖에 없다. 이를 위해서는 쇼펜하우어의 체계 전반을 고려해야 한다. 쇼펜하우어의 철학에는 단 하나의 사상이 설파되는데 이것이 지닌 여러 계기와 측면들에 따라 형이상학, 윤리학 및 미학으로 분화되었을 뿐이다.[59]

우선 쇼펜하우어가 스스로를 칸트 철학의 계승자로 (정작 본인은 자신이 칸트 철학의 완성자라고) 여긴다는 점을 상기할 필요가 있다. 그가 보기에 칸트 철학에는 불멸의 위대한 두 가지 업적이 있다. 비판적 초월론 철학의

---

58 『의지와 표상으로서의 세계』, II, p.463.
59 『의지와 표상으로서의 세계』, I, p.VII.

토대가 되는 물자체와 현상을 구분했다는 점이 그 하나이며, 도덕 주체가 현상계 너머로 확장되도록 자유의지를 구상했다는 점이 또 다른 하나이다. 쇼펜하우어가 보기에도 인식 대상이 인식 주체의 구성적 행위 없이는 주어질 수 없다는 통찰보다 "더 확실한 […] 진리는 없다."[60] 세계를 칸트의 맥락에서 현상들의 총괄개념으로 보면서 세계를 객관화할 계기로 삼으려 하지 않고 오히려 '세계는 표상이다'라고 말한 것이야말로 쇼펜하우어의 특징을 잘 나타낸다. 이로써 쇼펜하우어는 세계를 주체와 아주 긴밀하게 연관 짓는다. 여기에서 한 걸음 더 나아가, 현상은 분명 **순전한** 표상에 불과하며, 이로써 가상에 대한 플라톤적 해석에 입각한 현상이다. 현상이 시종일관 시공간상에서 구상된다면, 이는 시종일관 생성되는, 결코 현실적이지 않은 것이라는 뜻이다. 이때 현상들은 즉자적 실재성이 반사된 것이 되고, 학문적 인식은 이러한 현상 영역에 국한된다. 즉 학문적 인식은 "사물의 외면에 머문다."[61]

쇼펜하우어는 칸트가 물자체 관념을 완전히 공허한, 그 어떤 손길도 닿지 않는 것으로 여긴다는 점을 비판한다. 물자체는 그저 우리를 위한 사물인 현상의 대응개념으로서만 다루어졌다. 다만 칸트가 자신의 도덕론에서 표상계 너머로 나아간다는 점을 쇼펜하우어도 인정한다. 왜냐하면 주체가 현상계로 완전히 진입하지 못하는 한 도덕법칙을 통해 입증되는 도덕적 의지규정의 자유는 그저 사유로서만 가능하기 때문이며, 그렇지 않다면 결정론에 따른 것이 될 테니 말이다. 이성 자체가 도덕적 당위를

---

60 『의지와 표상으로서의 세계』, I, p.3.
61 『의지와 표상으로서의 세계』, II, p.218.

내포한다는 사실로 인해, 이성적 의지가 — 사물 자체와 마찬가지로 — 현상계의 법칙에 지배를 받지 않는다는 점이 입증되었다.

따라서 쇼펜하우어는 즉자적 실재에 확실하게 접근하기 위해 자유 의지의 현상 속에서 사물 자체에 접근하는 칸트의 행보를 이용했다. 즉 쇼펜하우어가 보기에 자기의식을 통해 실재적인 것에 제대로 접근할 수 있으며 실재성은 그 어떤 표상의 법칙에도 의거하지 않는 것으로서 말하자면 사물 자체이다. 쇼펜하우어는 자기의식이 수행하는 경험의 이중성에 그 근거를 둔다. 한편으로 인간은 자신이 객체들 가운데 하나로서 육체라는 점을 경험한다. 이 경험은 근거율에 따른다. 다른 한편으로 인간은 내적 직관으로 직접 들어가 자신이 의지라는 점을 경험한다. 이것이 바로 우리에게 사물 자체가 곧장 해명되는 방식이 된다. 이런 자기 경험을 근거로 해서 한 걸음 더 나아간 쇼펜하우어는 자기경험에 대한 의지의 관념을 전체 세계의 근저를 이루는 실재성에 적용하였다. 모든 존재자들의 본질이 세계에 대한 표상에 의해 가려져 있는데 바로 이 본질이 의지로 이해되고 있는 것이다. 의지는 "실재성의 요체"[62]이다. 쇼펜하우어는 발견술적 원칙을 통해 다음의 결론에 도달한다. "우리에게 직접적으로 알려진 것을 통해 우리는 간접적으로만 알려진 것을 해석해야 한다. 그러나 그 역은 성립하지 않는다."[63] 이와 동시에 쇼펜하우어는 형이상학을 단지 자유로운 사변에서만 산출하는 것이 아니라 이 형이상학을 위한 토대를 다시 경험적으로 구축한다.

---

62 『의지와 표상으로서의 세계』, II, p.400.
63 『의지와 표상으로서의 세계』, II, p.219.

의지가 현상의 타자이며 근거율에 의거하지 않는다는 점, 다시 말해 의지에 대한 학문적 인식은 불가능하다는 점은 자명하다. 의지는 "결코 근거를 갖지 않는다."[64] 이로써 모든 현실의 근저에 비합리성이 놓이며 쇼펜하우어는 세계의 이성적 연관에 대한 전통적 도식을 뒤바꿔놓았다. 내적, 외적 사물의 세계, 즉 대상세계는 쇼펜하우어에 따른다면 사물 자체 혹은 의지가 표상에 따라 본질로 간주된 형태이다. 이 표상계를 구조적으로 고찰해보면 총체적으로 주체의 객체이다. 이에 대해 쇼펜하우어는 의지가 객관성에 진입함에 따라 객관화되는데 이는 다양한 단계로, 말하자면 의지의 본질이 어느 정도 명확성을 갖고 표상에 등장하는가의 여부에 따라 분화될 수 있다고 말한다. 의지의 이런 객관화 단계들을 쇼펜하우어는 "이념들"이라는 용어로 부르는데 이는 원래 플라톤이 의도했던, 그러나 종종 오해되곤 했던 바로 그 이념론에 대한 해설을 통해 나온 것이다. 쇼펜하우어는 이념 사상에 깃든 직관 가능한 형태, 즉 이념의 에이도스[형상]적 성격을 강조하고자 했다. 쇼펜하우어가 보기에 이념들은 직관 가능한 보편자, 혹은 직관 가능하게 표현된 유類이다. 엄밀히 말한다면 (불변하는) 하나의 이념이지만, 개체들의 본질을 **직관 가능**하게 만듦으로써 이 이념이 여러 종류의 개체들을 대변한다. 이렇게 해서 이 하나의 이념이 동시에 특정 종류에 해당하는 다수의 저 개체들을 구현한다. 이념의 형상적 성격이나 직관 가능성에 따라 다수의 이념들이 쇼펜하우어 예술철학을 이루는 핵심개념들에 따라 정돈된다. 쇼펜하우어는 이념이 심상과 유사성을 가지며 예술을 통해 적절히 표현될 수 있다는 점을 역설했다. 또한

---

64   『의지와 표상으로서의 세계』, I, p.134.

그는 이념이 포착됨에 따라 학문적 인식방식을 능가하는 완전히 독립적인 인식방식이 정초된다고 말했다. 쇼펜하우어가 의지와 현상계 사이의 형이상학적 소재지로 지정한 이념들은 보다 더 높은 차원의 인식론적 의미를 갖는다. 이념들은 쇼펜하우어에 따르면 근거율에 입각한 과학적 방식에 따르지 않더라도 인식 가능하다. 미는 이념의 인식으로 소급되어야 하기 때문에 쇼펜하우어는 "우리의 고찰에 따르면 […] 미는 우리 속의 인식이며 아주 특별한 인식방식이다"[65]라고 말한다.

이념들이 시공간상에 있지 않고 불멸의 상태로 실존하기 때문에, 현상들처럼 근거율에 따라 인식될 수 없다. 쇼펜하우어에 따르면 이념들에 대한 인식 가능성을 해명하기 위해서는 이념이 인식 가능성에 관한 가장 보편적 형식으로, 말하자면 인식 주체에게 객체가 되는 존재 형식으로 진입해야 한다. 주체가 객체에 부여하는 규정을 모두 단념하고 이념을 포착하기 위해 순전히 객관적으로 직관적 태도를 취해야 한다면, 이 주체가 이념을 인식하기 위해서는 특별한 능력이 요구된다. 무시간적인 이념들은 인식에 상응하는 주체를, 다시 말해 가장 보편적 형식의 주체를, 아니면 "이념의 주관적 상관물"을 요구한다. 이때 상관물을 규정하는 일은 미적 고찰의 주체를 규정하는 일이 된다. 쇼펜하우어는 미적 직관 혹은 이념 인식에 도달하기 위해 인간의 자연적 관계를 얼마나 심대하게 전도시켜야 하는지를 강조한다.

---

65 Arthur Schopenhauer, *Metaphysik des Schönen*, hrsg. v. u. eingel. v. Volker Spierling, München, 1985(이하 인용 『미의 형이상학』.), p.38.

따라서 개체들인 우리가 이제 근거율에 따르는 인식 이외의 그 어떤 것도 갖지 않지만 이 형식이 이념의 인식을 배제하는 까닭에 다음과 같은 점이 나타난다. 즉 우리가 개별 사물에 대한 인식에서 이념으로 고양되면 이러한 인식이 가능한 유일한 경우는 주체 내에 하나의 변화가 발생했을 때, 즉 모든 종류의 객체들의 저런 거대한 변화에 상응하여 유비적으로 나타나는, 그리고 이념을 인식하는 주체가 더 이상 개체가 아니도록 해주는 그러한 변화가 생겼을 때뿐이다.[66]

개인이 자신의 내적 상태를 지양한다는 것은 객체에 대한 인식을 더 이상 의지의 직무로 설정하지 않는다는, 즉 사물과 주체 간의 혹은 사물들 상호 간의 순전한 **관계들**로 확정하지 않는다는 것을 뜻한다. 자신의 개체성을 넘어서는 주체는 순수한, 반성도 의지도 없는 주체가 된다. 이로써 미적 직관의 주체는 칸트의 『판단력 비판』에서 미적 반성의 주체와 아주 깊은 연관을 갖는 무관심성으로 전이된다.

쇼펜하우어는 강의록 『미의 형이상학』에서 인간의 모든 기쁨과 향유가 보통은 의지를 만족케 하는 형식들에 따른다는 점을 상술한다. 그러나 미에 따른 기쁨은 이런 식으로 해명되지 않는데, 이에 대해 쇼펜하우어는 다음과 같이 상술한다.

미에 따른 기쁨은 완전히 다른 종류의 것임은 명백하다. 이 기쁨은 언제나 유일무이하게 전적으로 순전한 인식을 통해서만 나온다. 즉 아주 순수하게, 그러니까 이 인식의 객체들이 우리의 개인적 목적들과, 말하자면 우리의 의지와 연관을

---

66 『미의 형이상학』, p.51.

갖지 않을 경우에만, 따라서 우리의 만족이 우리의 개인적 관심과 결부되지 않을 경우에만 나오는 것이다. 결국 미에 대한 기쁨은 완전히 무관심적이다. 그렇기 때문에 이런 기쁨에서는 모든 개체와 관련된 모든 것이 중단되며 미는 객관적으로, 다시 말해 만인에게 아름답게 된다.[67]

무관심적 태도라는 문제와 관련해서 쇼펜하우어가 칸트와 아무리 유사하다 해도 다음과 같은 뚜렷한 차이에 주목해야 한다. 칸트의 경우 주체의 미적 상태가 보통의 관계를 도외시함으로써만 (감각적으로 직접 주어진 것을 도외시함으로써만) 도달되는 반면, 쇼펜하우어는 통상적 인식 태도를 완전히 뒤바꿀 것을 요구한다. 또한 칸트는 미적 반성의 태도의 존립 영역이 개념적 인식의 이전 단계에 속하는 것으로 이해하는 반면, 쇼펜하우어의 경우 이념의 인식은 학문적인 개념 인식과는 완전히 다른 종류의 인식이다. (즉 주체는 **다른** 주체가 되며, 이 주체에게 그 자체로 기존의 것과는 **다른** 객체가, 말하자면 이념들이 개방된다. 그러나 칸트의 경우 근본적으로 모든 현상들이, 설사 이 현상들이 모두 만족스럽지는 않을지라도, 미적으로 고찰될 수 있다.)

따라서 학문적 인식과 미학적 인식의 차이는 칸트의 경우보다 쇼펜하우어의 경우가 훨씬 더 심대하다. 이에 따라 쇼펜하우어의 경우 **개념**과 **이념**의 구분이 언제나 더욱 엄격하게 강조된다. 통일적 의지에서 곧바로 파생된 직접적 객관화의 이념은 근원적 통일로 생각되지 않을 수 없으며, 오직 인간에게 속하는 특유의 인식방식인 시공간 표상에서만 이념의 다수성이 촉발된다.

---

67   『미의 형이상학』, p.38.

쇼펜하우어에 따르면 "모든 예술의 목적은 파악된 이념을 전달하는 일"[68]이다. 자연에서, 생명에서 샘솟는 이념에 대한 이런 파악은 개념을 삼가면서 이에 따라 그 어떤 반성도 의지도 없는, 그런 부정성을 전제로 한다. 특별한 감수성, 즉 정신의 온 힘을 직관에 집중하는 능력이 바로 긍정적 전제가 된다. 이렇듯 직관을 강화하고 관조에 도달함으로써 이제는 사물의 시작, 장소, 원인 등을 더 이상 묻지 않고 오직 사물의 본질에 대해서만 파고들어간다. 그래서 주체는 객체에 대한 선명한 거울이 되고 자신 속에서 매몰된 개인적 속성이 사라진다. 쇼펜하우어가 묘사하는 이념의 내면화는 말하자면 인식되어야 할 것과 하나가 되는 신비로운 상태이다. 이러한 내면화는 다음과 같다.

> 마치 대상만 현존하고 이를 수용할 누군가가 없는 것과 같으며, 따라서 더 이상 직관하는 자를 직관과 분리할 수 없고 양자는 하나가 되는데, 왜냐하면 의식 전체가 하나의 직관 이미지로 완전히 가득 찬 채로 수용되기 때문이다. 그래서 객체는 이런 식으로 자신 밖에 있는 것과 맺는 모든 관계로부터 벗어나며, 의지와 맺는 모든 관계로부터 벗어난다. 결국 그렇게 되면 인식되는 것은 개별 사물 자체가 아니라 영원한 형식을 갖춘 이념이 된다.[69]

일상적 고찰에서 벗어나 관조에 이르고, 이런 관조를 통해 이념이 드러나는 일은 쇼펜하우어에 따르면 단번에 이루어진다. 개별 사물은 그것의

---

68 『의지와 표상으로서의 세계』, I, p.279.
69 『의지와 표상으로서의 세계』, I, p.210.

보편적 이념을 함축적으로 내포하며, 직관하는 개인은 순수한, 의지가 없는, 그럼으로써 고통이 없는 인식 주체가 된다.

'주체에게 고통이 사라져버림'을 개념화함으로써 의지의 진정제라고 하는 예술의 중요한 기능이 공표되고, 이념을 포착하는 관조를 통해 인식은 의지의 억압에서 벗어난다. 그러나 이런 인식방식은 오직 **천재** 혹은 천재적 영감에만 해당되는 매우 드문 것이다. 쇼펜하우어는 천재의 면모에 대해 다음과 같이 언급한다.

> 따라서 천재성은 순수한 인식 주체가, 즉 세계를 바라보는 명징한 눈이 되기 위해 순수한 자기직관을 수행하는, 이런 직관을 통해 자신을 사라지게 하는, 원래 의지의 직무에 속했던 인식을 의지의 소관에서 벗어나게 하는, 다시 말해 관심, 의욕 및 목적 등으로부터 눈을 돌리는, 그래서 인격성이 시간성을 완전히 포기하는 그러한 능력이다. 그리고 이런 눈은 순간적이지 않으며, 파악된 것을 잘 가다듬은 예술을 통해 반복하기 위해 필요한 만큼 지속성을, 그만큼의 분별력을 갖추고 있다.[70]

쇼펜하우어의 천재이론은 낭만주의로부터 많은 자극을 받아들였는데, 특히 천재의 분별력이라는 (말하자면 일상적 연관에 묶여 쇠잔해지지 않고 지성을 추출해내는) 중요한 특성이 여기에 속한다. 쇼펜하우어는 이 개념을 장 파울로부터 수용했는데, 파울은 자신의 『미학 입문』에서 분별력을 천재의 본질로 설명한 바 있다. 천재적 인간의 **판타지**가 갖는 고상한 의미도 낭만

---

70 『의지와 표상으로서의 세계』, I, p.218 이하.

주의 천재론에 이미 형성되어 있었다. 판타지는 사물 속에서 자연이 실제 형성하는 불완전한 상태를 보지 않고, 개인들 간의 투쟁으로 인해 순수한 실현이 불가능해진 자연의 의도를 사물 속에서 인식하는 능력이다.

보통의 인간들이 과학적인 도구적 인식도 작동시키는 의지에 주로 휩싸여 있다면 천재는 의지보다 지성이 훨씬 더 강하게 각인되어 있다. 쇼펜하우어는 천재들이 "지성의 비정상적인 뛰어남"[71]으로 인해 자신의 본래 근원인 의지로부터 지성을 완전히 떼어낼 수 있다는 것을 증명하고 싶어 한다고 말한다. 그는 생명을 향한 의지Wille zum Leben가 명석한 지성에 의해 해명됨으로써 자신의 비참한 상태를 더 명확하게 감지하도록 해주는 까닭에, 천재의 전형적인 심정이 **멜랑콜리**로 나타난다고 보았다.

천재가 세계에 대한, 즉 사물의 관계에 대한 개념적 파악을 철저히 외면하고 이념 속에서 사물을 다르게, 아니 더 정확히는 또 다른 세계에 주목하는 까닭에, 천재의 행동거지는 때때로 광기 비슷한 것으로 보인다. 쇼펜하우어는 19세기를 시종일관 사로잡던 문제인 천재와 광기의 관계에 대해 상세하게 사변적 작업을 수행하였다.[72]

쇼펜하우어의 미 형이상학에서 천재에 대해 예외적인 지위가 부여되고는 있지만 다음과 같은 점도 확인된다. 즉 예술제작을 하지 않는 인간과 천재가 구분된다 해도 사물 속에서 이념에 대한 직관에 도달하는 능력 면에서의 수준 차 정도라는 것이다. 이런 인간들도 나름의 미적 만족을 얻게 되는데 이것이 바로 이들도 저 능력을 갖고 있다는 증거이다. 다만 이

---

71 『의지와 표상으로서의 세계』, II, p.431.
72 플라톤의 대화편 『파이드로스』에서 천재와 광기의 유사성이 시적 광기와의 연관 속에서 이미 다루어졌다.

들은 무욕의 관조 상태에 창조적 방식으로 응답할 만큼의 분별력을 발휘하지는 못한다. 쇼펜하우어에 따르면 임의대로 창출된 작품은 이념 인식을 창조적으로 반복하는 일이 되며, 예술작품의 본질은 관조를 통해 획득된 사물의 참된 본질, 즉 이념에 대한 인식을 전달하는 데 있다. 쇼펜하우어가 중요하게 생각한 것은, 이념이 예술을 통해 이렇게 매개되지만 그것이 동일한 하나라는 점을 강조하는 일이었다. 그는 예술작품 면에서나 자연사물에 대한 직관 면에서나 미적 만족의 성격도 동일한 하나라고 말한다. 이는 미적으로 관조되는 **객관**의 고유성에 따라 도출된 결론인데, 이 객관은 말하자면 개체로 형상화된 개별 현상이 아니라 그 현상 속에서 파악된 이념이기 때문이다. 그러나 이념은 현상에 의해 매개되는 이 심급에 결코 영향을 받지 않는다. 쇼펜하우어의 말에 따르면 "예술작품"이란 "만족을 가능케 하는 인식을 더욱 쉽게 해주는 수단일 뿐"인 것이다.[73]

쇼펜하우어는 순수한 관조를 수행하는 천재의 선천적 가능성과 관조를 통해 확보된 인식을 다른 인식들과 매개하는 후천적 능력을 구분한다. 그는 여기서의 후자를 기술이라 부르고, 다음과 같이 말한다. "관조의 눈을 갖고 있다는 것, 모든 연관을 떠난 채 사물에 깃들어 있는 본질을 인식한다는 것이 천재의 선천적인 재능이다. 반면 우리에게도 이 재능을 빌려줄 수 있으며 자신의 눈을 우리에게 얹어 놓을 수 있다는 것, 이것이 예술의 후천적 기술이다."[74] 쇼펜하우어의 미학은 아주 분명하게 인식비판의 기능을 충족하는데, 왜냐하면 관조 혹은 미적 인식의 가능성이 천재라는 고

73　『의지와 표상으로서의 세계』, I, p.229.

74　『의지와 표상으로서의 세계』, I, p.230.

양된 형식으로 출현함으로써 논증적·학문적 인식을 조명하고 이를 상대화할 수 있도록 하기 때문이다. 미적 직관의 순수 인식으로 인해 의지에 의해 왜곡된, 일상에서나 학문에서 수행되는 그런 주관적 인식방식에 대해 특별히 더 주목할 수 있게 된다. 천재는 도구적 인식의 지배로부터 해방된다. 이런 인식은 점점 더 생존을 위한 실용적 도구가 될 뿐 결코 참된 이론이라 칭할 수 없다. 예술과 학문 간의 관계는 쇼펜하우어가 보기에 직관 및 개념을 그것들의 인식수행능력과 관련해서 부여하는 가치를 통해 각인된다. 이때 직관에 관해 말하자면 그것은 "단지 모든 인식의 **근원**이 아니라 […] 진정한 의미의 인식이다." 즉 "이것만이 무조건적인 참이며 인식이라는 이름의 값어치를 완벽하게 하는 독보적 인식이다. 이것만이 의당 본연의 **통찰**이고, 인간과 실제로 동화되었으며 인간의 본질로 이행하여 완전한 근거를 갖고 **존재**한다고 할 수 있기 때문이다. 반면 개념들은 인간에게 부가적 부착물일 따름이다."[75] 직관을 이렇듯 인식 본연의 실체로 강조하면서 높이 평가함으로써 쇼펜하우어의 인식 개념은 감각지각적이며 어떤 면에서는 유물론적인 면모를 보여준다. 개념적 사유는 인식의 핵심으로 나아가지 못한다. 즉 직관을 해명하지 못함으로써 직관을 통해 주어진 것 사이의 관계들을 포착함에 따라 다루어질 직관의 내용을 도외시한다. 그래서 개념적으로 작동되는 학문은 수단이 되는 사유의 작동을 자립화하려다보니 정작 인식 본연의 목적이자 목표가 되는 직관의 내용은 지나쳐버리는 듯 보인다.

쇼펜하우어가 직관의 인식적 의미에 대해 기술한 앞의 인용은 『순수 이

---

75 『의지와 표상으로서의 세계』, II, p.83.

성 비판』의 초월론적 원리론에 나타난 칸트의 유명한 준거점을 떠올리게 한다. 여기에서 칸트는 다음과 같이 말한 바 있다.

> 인식이 대상과 연관을 맺는 종류와 수단이 어떻든 간에 인식이 대상과 직접 연관을 맺도록 하는 인식, 모든 사유를 수단으로 하여 목표로 삼고 있는 인식이 직관이다(B33).

칸트의 이 문상은 하이데거가 『칸트와 형이상학의 문제』에서 행한 평가로 인해 더욱 유명하다. 하이데거는 칸트의 설명을 이렇게 결론지었다. 인식은 주로 직관임에 틀림없으며 모든 사유는 "오직 직관을 위한 직무"를 수행하고 인식은 또한 "사유하는 직관"이라 불릴 만하다는 것이다.[76] 하이데거의 이런 해석은 사유와 직관의 이원론을 지양할 수 있는 가능성에 대한 관심에서 나왔다. 반면 쇼펜하우어는 칸트의 이원론을 더욱 심화했는데, 근거율을 주요 동기로 삼는 논증적 인식으로서의 사유, 그리고 직관적 인식으로서의 직관, 이 양자가 인식을 위한 독자적 양태들이 되기 때문이다. 이로써 학문과 예술은 인식 의도 면에서 더욱 대립된다.

칸트와 마찬가지로 쇼펜하우어의 경우에도 미학은 이론철학에서 실천철학으로 체계 내 이행을 나타낸다. 미적 관조를 통해 달성된 무욕성 및 무관심성은 곧바로 도덕적 의미를 띠는데, 이로써 인간에게 의지로부터 상대적으로 자유로운 자립적 공간이 나타나기 때문이다. 이런 자유로운 공간을 통해 이기주의에 대한 시간상의 극복이 이루어지는데 이는 나

---

[76] Martin Heidegger, *Kant und das Problem der Metaphysik*, Frankfurt am Main, [4]1973, p.21 이하.

름대로 윤리적 태도를 근거지우며 고통 받는 이들 간의 공감을 가능케 한다. 그러나 쇼펜하우어의 천재는 도덕적 의미를 넘어서서 이제까지 종교에만 허용되었던 기능, 즉 구원자의 힘을 갖는다. 구원의 표상이 종교에서 예술로 이행된 것이다. 천재적 예술가는 의지의 힘으로부터 제대로 구원될 길을 앞장서 가는, 말하자면 근대의 사도와 같다. 쇼펜하우어는 예술을 바그너가, 그리고 19세기 후반에 걸쳐 파악되었던 바와 같이 구원의 종교로 구상하는 길을 닦았다.

역자 주

1) 현현Scheinen에 대해서는 1장 역자 주 2) 참조

2) Darstellungsästhetik은 '표현미학'으로 번역되기도 한다. 그러나 이때 '표현'이라는 말은 표현주의Expressionismus의 함축과는 다르다. 헤겔은 물론 칸트도 '표현/표현하다'에 해당하는 독일어 Ausdruck/ausdrücken을 사용하지만 이것의 함의가 현대적 맥락의 '표현'과 합치하지는 않는다. 칸트나 헤겔이 '표현'이라는 말을 사용한 것은 예술활동과 언어 행위의 유사성을 나타내기 위한 것이었을 뿐이다. 따라서 여기에서는 '서술', '기술', '재현'의 의미를 포괄하는 '현시'를 택하였다.

3) 이상Ideal은 '이념상'으로 번역되기도 한다. 칸트는 이상을 '이념Idee의 실존에 대한 표상'으로 이해하는데, 경험의 지평에 존재할 수 없는, 그래서 의식될 수 없는 이념이 실제로 현존할 가능성에 대한 표상을 실천이성의 완성이라는 목표와 관련하여 구상하였다. 반면 헤겔은 예술미 개념이 구체적으로 실현되는 각 국면을 '이상'과 연관 지어 이해한다.

4) 신인동형론Anthromorphismus은 절대자 신이 인간의 지평에 드러남으로써 개별성과 보편성이 화해를 이루는 국면을 설명하는 맥락에서 언급된다. 이와 관련해 헤겔은 "신의 인간화"라는 개념을 사용하면서 신학에서 논의되는 성육신Inkarnation 개념과 연관 짓는다. 그리스 종교에서 '신의 인간화'는 불완전한 의인화에 머무는 반면, 신성의 참된 실현은 종교적으로 볼 때 '신인神人', 예수 그리스도를 통해 이루어진다. 다만 헤겔은 이를 종교적 성육신의 의미에 머물지 않고 종교적 내용에 대한 철학적 해명을 도모한다.

5) 쇼펜하우어에 따르면 세계의 본질은 의지이다. 근원적인 하나의 의지가 개별화의 원리principium individuationis에 따라 다양한 현상을 이룬다. '표상으로서의 세계' 혹은 '가상'이라 불리는 후자를 쇼펜하우어는 고대 인도 사상을 빌려 마야의 베일Schleier der Maja에 비유한다.

6

예술, 작품 속에 정립된
진리가 되다

⋮

하이데거

Kunst als „Sich-ins-Werk-Setzen der Wahrheit"
• *Heidegger* •

하이데거의 이론과 예술론을 살피기 위해서는 그의 사상 체계에서 예술이 어떠한 위상을 갖는지에 대해서 논해야 한다. 그런데 주목할 것은 그의 철학 내에 미학이라 칭할 만한 그 어떤 분과도 없다는 점이다. 하이데거는 — 그의 말에 따르자면 — 이러한 "영역적regional 존재론"이 철학에 천착하고 있지 않기 때문에 윤리학, 언어철학 및 인간학 등을 그가 기획한 바 없는 것은 당연한 일이다. 이런 분과들은 대상들을 그것의 유래에 따라 다룬다. 반면 대상들의 의미는 오직 존재에 대한 물음, 그리고 진리 생성 일반에 대한 물음의 차원에서만 해명될 수 있다. 따라서 하이데거의 미와 예술 개념은 그의 "존재에 대한 사유"의 구성부분으로, 즉 그의 사유 도정의 전 단계에 걸쳐 나타나는 존재 사유의 내적 체계에 속하는 것으로 간주된다. 하이데거는 자신의 철학에서 유일무이한 주제는 존재물음이라는 점을 천명했지만 이 주제를 접근하고 추구하는 데는 여러 방식이 있다. 통상 하이데거의 사유발전을 두 국면으로 나누는데, 두 번째 국면은 이른바 "전회Kehre"로 설명된다. 많은 해석자들은 하이데거의 철학에서 매우 의미심장한 이 전회가 그의 논저 『예술작품의 근원』에서 시작된 것으로 보는데, 그런 점에서 하이데거의 예술작품론은 중요한 지위를 점한다. 이러한 전회는 현존재의 빈터[1]에서 존재의 빈터로, 즉 기초존재론 Fundamentalontologie으로서의 현존재 존재론에서 존재사유로 전회한 것으로 이해될 수 있다. 오랫동안 인간의 존재방식은 사유의 출발점이 아니었다. 오히려 존재의 진리는 다양한 존재 방식을 통해 성숙되어 왔는데 그 가운데 하나가 예술이다. 존재 의미의 탈은폐Entbergung가 동시에 은폐함Verbergen이기도 하다는 점을 예술작품은 전형적으로 보여준다. 존재의 의미는 무진장하지만 진리가 일어나는[2] 과정에서 존재의미가 망각된다는 점이 예술작품을 통해 분명하게 경험되며 이 경험이 진리의 역사라는 구상으로 전이된다. 따라서 하이데거는 — 전회 이후에는 — 전통 형이상학의 "존재망각"을 현시하여 이를 지양해야 한다는 전제에서 출발하지 않는다. 그의 인식에 따르면 존재의 모든 빈터가 은폐함과, 그러니까 존재의 시간성만으로는 숙고되지 않는 존재망각과 연결되어 있다는 점이 진리의 '일어남'을 통해 드러난다.

예술의 진리 경험을 전회의 결정적 계기로 보고 하이데거 사상을 두 국면으로 나누는 것에 대해 푀겔러는 반론을 펼쳤다. 말년에 하이데거가 자신의 사유를 그 과제별로 세 개의 길로 나눈 것을 지적하면서 말이다. ① 존재와 시간에 대한 혹은 존재의 의미에 대한 물음, ② 존재의 진리에 대한 혹은 역사로서의 진리에 대한 물음, ③ 빈터에 대한 물음이 바로 그것이다. 푀겔러에 따르면 "빈터"라는 예사롭지 않은 표현을 통해 하이데거가 강조하고자 했던 것은 결국 모든 전통과 구별되는, 자신의 철학만이 지니고 있는 특별함이었다.[01] 하이데거 사상을 세 국면으로 나눈다는 것은 예술을 통해 전회가 이루어지는 경로를 별도로 상정한다는 뜻이다. 그러나 "빈터"를 모티브로 하는 세 번째 국면에서도 예술철학이 제시된다. 즉 빈터가 생긴다는 것은 예술철학에서도 특별한 역할을 수행한다.

하이데거의 글 중에서 예술을 별도의 주제로 삼은 듯한 제목의 글은 드물다. 이미 언급된 1936년의 이 논문은 원래 강연문이었는데 1950년에 개정된 형태의 글로 『숲길Holzwege』에 수록되었다. 이 외에 「건축, 거주, 사유Bauen, Wohnen, Denken」라는 제목의 강연록에서 하이데거는 건축에 대해 논하고 있으며 『예술과 공간Die Kunst und der Raum』이라는 저서도 있다.

---

01 Otto Pöggeler, *Die Frage nach der Kunst. Von Hegel zu Heidegger*, Freiburg/München, 1984, p.224.

그렇지만 예술을 이렇게 특별히 주제화하는 것 외에도 예술, 특히 시의 경험에 대한 하이데거의 남다른 애정은 매우 높이 평가할 만하다. 하이데거 철학의 첫 국면부터 이미 횔덜린의 시가 다루어졌고 사유 수준의 척도를 여기에서 찾았다. 이 사실은 하이데거에게 작시Dichten와 사유Denken가 더 이상 이질적인 진리 수행으로 간주되어서는 안 된다는 의미를 지녔다. 철학과 시, 이 두 가지는 공히 '기투企投하는 말함entwerfendes Sagen'인데, 이때 철학은 형이상학적으로 확립된 언어에 사로잡히지 않아야 한다. 하이데거는 "많은 공적에도 불구하고 인간은 이 대지 위에 시적으로 거주한다Voll Verdienst, doch dichterisch wohnet/der Mensch auf dieser Erde"라는 횔덜린의 시구를 (가령 1947년 출간된 「휴머니즘에 대하여Über den Humanismus」에 등장하는) 여러 차례 곱씹는다. 그렇다고 해서 학문에서 나와 시문학으로 도피하는 것은 아니었다. 오히려 이것은 언어가 지닌 시적인, 달리 말하면 창조적인 성격에 대한 강조이다. 그는 존재자의 질서와 지배를 위한 모델 역할을 하는 일에 더 이상 얽매이지 않는 사유를 간구했고 존재의 진리를 위한 언어를 발견하고자 했다. 이는 마치 시인이 자신의 작품에 혁신적 표상을 담을 언어를 형성해야 하는 것과 같다.

『예술작품의 근원』에 나타난 방법론적 토대를 설명하기 위해 하이데거의 형이상학 비판에 담긴 근본 특징들 가운데 몇 가지를 소개할 필요가 있겠다. 왜냐하면 하이데거가 이 글에서 목표로 삼았던 것이 예술 이해의 변경이었기 때문이다. 기존의 예술 이해에는 철두철미 형이상학의 표상이 지배적이었지만, 하이데거의 『예술작품의 근원』의 "초판"에는 "오직 **일자一者**만이 중요하다"는 언급이 나온다.

말하자면 예술의 본질 규정에 대한 지금까지의 생각과 언표에 대한 높은 평가에

도 불구하고 우리 현존이 예술과 맺는 근본 지위의 변화를 함께 준비해야 한다.[02]

하이데거는 서구 형이상학에 대해 근본적인 비판을 수행했다. 즉 서구 형이상학은 존재자의 존재를 일면적으로 **우시아**Ousia, 즉 **실체**로, 말하자면 언제나 거기로 소급되고 마는 그런 본질의 **항존적 현존**으로 이해했다. 그러나 그런 식의 현전함으로 이해된 존재는 존재의 시간상의 오직 한 차원인 현재만을, 즉 실체화된 영원한 현재만을 정당화한다. 서구 형이상학은 존재의 규정에서 시간성을 축출하는 것을 준거점으로 삼았다. 또한 존재의 시간적 성격이 탈각됨으로써 "존재망각"이 시작된다.

『존재와 시간』에서 서구 철학의 이 "존재망각"을 해명하려는 시도가 이루어진 바 있다. 존재의 의미에 대한 물음은 **매개되지 않은 채** 제기될 수도 대답될 수도 없다. 즉 존재는 "이 물음의 의미에 대한 이해를 재차" 일깨워야만 한다. 그래서 하이데거는 『존재와 시간』의 서론에서 다음과 같이 말한다. "이 논고의 의도는 **존재**의 의미에 대한 물음을 구체적으로 완수하는 데 있다. 존재에 대한 모든 이해를 어떻게든 가능케 하는 지평인 시간에 대한 해석이 바로 이 논고의 잠정적 목표이다."[03]

『존재와 시간』의 서론에서 하이데거는 존재의 의미에 대한 물음에 걸림돌이 되는 존재에 대한 완고한 선입견 세 가지에 대해 다음과 같이 말하고 있다.

---

02 Martin Heidegger, *Vom Ursprung des Kunstwerkes. Erste Ausarbeitung*(이후 『예술작품의 근원1』으로 인용), in: *Heidegger Studies*, Bd. 5, 1989, p.5.
03 Martin Heidegger, *Sein und Zeit*(이후 『존재와 시간』으로 인용), Tübingen, [11]1967, p.1.

1. "존재"는 "가장 보편적"인 개념이며 그 어떠한 변화 속에서도 이미 그 속에서 함께 이해된다는 견해에 대해 하이데거는 다음과 같이 반박한다. **존재**의 이런 보편성은 유적 보편성이 아니며 단지 특수한 종류의 존재자가 그 속에 결정되어 있을 따름이다. 존재라는 보편 개념이 분명하다는 견해는 잘못되었으며, "오히려 가장 막연하다."

2. 존재는 최고의 보편성을 지닌 까닭에 이에 대해 정의할 수 없다는 관점에서 견지되는 정의 불가능성에 내해서는 하이데거도 분명하게 지지를 표명한다. 그러나 그는 거기에서 머물지 않고 "존재의 정의 불가능성으로 인해 존재의 의미에 대한 물음이 불필요해지는 것이 아니라 오히려 이것이 간절히 요구된다."

3. '존재'를 통해 가장 자명한 개념이 다루어진다는 편견을 하이데거는 강하게 비판한다. "하늘은 푸르다", "나는 기쁘다"와 같은 종류의 언표는 누구라도 이해할 수 있다. 그러나 하이데거는 다음과 같은 반론을 제기한다. "우리가 이미 존재이해를 통해 살아가지만 존재의 의미가 어둠 속에 가려져 있다는 점이야말로 **존재**의 의미에 대한 물음을 재차 수행해야 할 근본적 필연성을 입증한다."[04]

예로부터 잘못된 자기이해에 대해 문제를 제기하고 몰사상성이 지배적인 곳에서 반성을 개시하는 일이 철학의 과제로 여겨졌다.

하이데거에 따르면 태곳적 언어는 인간의 다양한 존재이해를 표현했다. 그러나 형이상학에서는 이러한 다양성이 획일화되고 제한되며 근원

---

04 『존재와 시간』, p.3 이하.

적 존재이해를 규정하기 위해 (주체, 객체와 같은) 특정 표현들이 이용된다.

하이데거의 **철학관**은 『존재와 시간』의 첫 페이지부터 아주 분명하게 표명되어 있다. 철학은 존재의 의미에 대해 묻는다. 이때 존재 물음을 통해 모든 지식의 **근원**을 묻는 철학에서 세계 내적인innerweltlich 개별 존재자와 관련한 지식은 논외이다. 그러나 철학의 존재 물음은 이론보다 앞선, 즉 인간의 존재방식인 **현존재**와 더불어 이미 주어져 있는 존재 이해에 그 근거를 두고 있다. 철학은 선행하는 직접적 존재이해를 의식화한다.『존재와 시간』에서 하이데거는 "선존재론적 존재이해를 […] 철저히 함"[05]이라는 언급을 하는데, 이를 철저히 하기 위해 하이데거는 모든 존재론의 근저에 놓여 있어야 할 "기초존재론"의 작업을 수행한다. 어떻게 보면 이 기초존재론은 초월철학의 기능들도 충족한다.[06]

하이데거의『존재와 시간』에서는 인간의 존재방식이 "현존재Dasein"라 규정되며 이 현존재의 본질이 실존으로 파악되고 있다. "본질"이라는 용어를 하이데거는 하나의 '유'가 지닌 본질적 측면으로 보지 않았으며, 따라서 임의의 특수한 개체에 대립되는 보편적 실체와 같은 것이 아니다. 그에게 "본질"이란 오히려 존재하는 그 무엇이다. 그 무엇이든 그것이 본질적일 수 있으려면 역사를 지녀야 한다. 결국 모든 본질능력은 인간에 귀속한다. "본질"이라는 표현은 모종의 방식으로 존재하는 능력을 칭하는 것으로 이해되어야 한다. 하이데거의 현존재 존재론(실존분석)은 철학적 인간학의 전통적 준거점에 대해 의문을 제기한다. 여기에서는 "인간이

---

05 『존재와 시간』, p.15.
06 『존재와 시간』, p.11 참조.

란 무엇인가"라는 질문을 제기하는 데에서 출발해왔는데, 이는 사물의 본질에 대한 물음, 그러니까 가령 "나무란 무엇인가"와 같은 물음과 같은 문법적 형식을 띤다. 이런 물음에서는 통상적으로 다른 종들과 비교하고 종차를 확정함으로써 대답이 수행되어 왔다. 그래서 생물학적 인간학 같은 경우에도 인간을 동물과 비교함으로써 설명하려는 경향이 있다.

이런 시도에서는 다음과 같은 사실, 즉 "인간이란 무엇인가"라는 질문에서의 '…**이다**[…임]'가 [인간이 아닌] 대상에서의 '…이다'와 똑같이 취급될 수는 없다는 사실이 간과된다. 인간은 '…**이다**'에 대한 물음을 스스로에게 던지지만 자신의 대상에 대해 묻지는 않는다. 저 물음을 통해 인간은 존재의 의미에 대해 묻게 되는데, 이를 **존재의 존재** 혹은 세계 전반에 대한 질문과 혼동해서는 안 된다. 따라서 (인간의 존재방식인) 현존재의 분석에서는, 사물성이나 대상성이라면 그 무엇이든 이것으로부터 인간을 떼어놓고 스스로에게 질문을 던질 줄 아는 인간을 본질이라 칭한다.

하이데거는 언제나 존재 이해에 수반되는 인간의 존재방식을 현-존재[거기에-있음]Da-Sein라 부른다. 이와 관련해서 하이데거가 기존의 형이상학 및 과학에서 생각한 "존재[있음]" 규정에 한계가 많다고 보았다는 점을 상기할 필요가 있다. 기존의 규정에 따르면 "존재"는 "시공간상에 현전함" 혹은 "현존성" 같은 것과 별반 다르지 않다. 이에 대해 하이데거는 현존재의 (따라서 인간의) 존재 이해에 대한 자신의 견해를 피력한다. 이러한 이해는 생각과 언표의 정확성을 위한 전제가 된다. 이 가운데 우선 존재의 근원적 "비은폐성"(진리를 뜻하는 그리스어 알레테이아aletheia)을 떠올릴 필요가 있다.

인간을 여타 존재자들과 차별화해주는 것이 바로 존재 이해이다. 인간의 사명은 스스로 "자신의 존재에서 이 (존재) 자체를 문제 삼는다"[07]는 데에 있다. 인간이 존재 이해를 수행할 줄 안다는 것은 자신의 본래적 존재에 대해 스스로 해명할 수 있다는 것만을 뜻하는 것이 아니다. 또한 인간은 자신의 실존 과정에서 연관되는 것의 존재에 대해 기존의 방식대로 익숙하다고 잘못 생각하고 있기도 하다. 인간은 "존재자의 존재"와 관련해서 표현된 모든 물음에 앞서, 다시 말해 이론철학적으로 형성되어 온 모든 존재론에 앞서 선존재론적 존재 이해를 통해 실존하고 있다. 하이데거는 후기 저작에서 존재 이해의 **"원현상"**을 "빈터"라고 말하기도 했다. 빈터는 인간의 세계-내-존재 일반과도 연관을 갖는다.

『존재와 시간』의 서두에서 하이데거는 세계-내-존재인 현존재의 근본 구조를 규정한다. 이는 인간이 다른 사물들과 마찬가지로 우리가 "세계"라고 부르는 존재자 속에 출현한다는 점을 의미하는 것은 아니다. '내-존재'란 '친숙하게 있음' 혹은 '함께 거주함'이라는 뜻이 된다. 따라서 '세계-내-존재'란 인간에게 완전히 중립적인, 연관이 전혀 없는 대상은 없다는 의미이며, 그렇기 때문에 '인간이 어떻게 세계에 속하는가' 혹은 '사유하는 존재인 인간이 대상들을 어떻게 발견하는가, 즉 어떻게 주체가 객체에 도달하는가'라는 질문을 하게 된다는 것이다. 철학에서의 이런 전통적 물음들은 하이데거에 따르면 언제나 사물들이나 세계와 더불어 존재하는 현존재의 존재방식에 대한 오해를 불러일으킨다. 인간은 외부 대상들을 접할 때 이에 대해 어느 정도 친숙함을 갖고 있다. 대상은 인간에게 무언가 의미를 띤 것이며 무언가를 가리킨다. 그러면서 대상은 인간에게

---

07   『존재와 시간』, p.42.

무언가가 되거나 아니면 존재자가 되어 인간의 손안에 쥐어진다. 인간이 세계-내-존재로서 실존한다고 할 때, 이 세계가 원래 폐쇄적이니 인간이 이 세계로 향하는 다리를 놓아야한다는 것이 아니다. 오히려 세계는 근원적으로 어떤 방식으로든 개방되어 있다. 결국 세계-내-존재란 의미 연관 속에서 인간을 해명하는 방식이다.

인간이 세계와 더불어 있다고 해서 세계가 모든 개인들에게 똑같이 개방되어 있다는 것은 아니다. **통상적**으로 존재하는 것은 세계성 일반의 현상일 뿐이다. 하이데거는 다음과 같이 말한다. "세계성 자체가 특정 '세계들' 전체 가운데 임의의 구조로 변용 가능하지만, 세계성 일반의 선험성으로 결정지어진다."[08] 다시 말해 우리가 살아가고 있는 상이한 "세계들"은 세계성 일반의 현상을 근거로 해서만 그런 세계들로 존재할 수 있으며, 이런 현상이 바로 현존재의 **실존**이나 존재성을 이룬다. 인간의 본질에 해당하지 않는 전통 범주들 대신에 실존적인 것이 등장한다. 하이데거는 이런 연관들을 우선시하였다. 그러고 나서 현존재에 대한 상세한 분석을 통해 현상을 입증한다.

외부 대상들과의 친숙함을 입증하는 것이 중요한 과제라면, 현존재의 준거점이 현존재의 일상을 통해 나오게 되는 것은 너무나 당연하다. 이렇듯 우선 마주치게 될, '자연적' 세계가 바로 '환경'이며 이것이 우리가 접하는 존재자인데 이는 결코 우리와 떨어져 존립하는, 즉 "눈앞에 있는 것Vorhandenes"이 결코 아니라 우리를 향해 다가오는 "손 안에 있는 것Zuhandenes"으로서의 "도구"이다. 하이데거는 이것이 그때그때마다 특정

---

08 『존재와 시간』, p.65.

한 정황에 놓이며, 따라서 인간이 자신을 둘러싼 세계의 대상과 실천적 교섭을 할 때 존재자에 가장 가깝게 접근한다고 보았다. 이로부터 사물은 그리스인들이 사용했던 "프라그마타"[3]라는 표현을 통해 조명을 받게 된다. 손 안에 있는 것에 대한 실천적 교섭은 사물과의 거리를 두고 이를 이론적으로 바라보는 태도와는 완전히 대립된다. 그저 눈앞에 있는 것만을 바라봐야 한다면, 실천적인 모든 연관들로부터 벗어날 수밖에 없게 되기 때문이다. 하이데거에 따르면 "이론적 태도는 둘러봄Umsicht 없이 그저 응시하는 일이다."[09] 그의 정의에 따르면 "둘러봄"이란 일상생활에서 요구되는 실천적 지향을 갖고 의미와 지시연관 속에 몰두함을 뜻한다. 이 둘러봄을 포기한다는 것, 다시 말해 대상들과의 친숙함에서 벗어난다는 것은 세계가 포기된다는 것을 뜻한다. 따라서 하나의 인식론이 눈앞에 있는 자연에서 출발하면서 눈앞의 자연을 순수하게 보고 표상을 갖게 된다면, 이 인식은 "세계의 특정한 탈세계화의 성격"[10]을 갖는다. 그럴 경우 세계성의 현상, 즉 의미 연관에 의해 열려있는 존재는 누락되고 만다.

하이데거는 도구를 예로 들면서 지시연관들이 이미 밝혀져 있다는 점을 시사한다. 도구는 결코 완전한 자립성을 지닌 채 **존재**하지 않는다. 도구는 당연히 사용되는 물건이며 그렇기 때문에 그 자체로 사용될 쓰임새 Wozu, 재료의 유래Woher 등을 통해 타자를 지시한다.[4] 존재자의 지시연관이 이미 밝혀져 있다는 바로 그 이유로 인해, 도구는 사용되는 물건의 기능을 수행하며 이 물건은 '손 안에 있음'이라는 존재방식을 갖는다. 도구

---

09   『존재와 시간』, p.69.
10   『존재와 시간』, p.65.

와 실천적 교섭 중에는 이 존재방식이 전혀 문젯거리가 되지 않는데, 너무나 자명하여 행위자가 이에 대해 성찰해 볼 겨를도 없기 때문이다. 이러한 도구가 제 기능을 발휘하지 못할 경우에만 도구에 주목을 하게 되며 비로소 손 안에 있던 이것의 쓰임새가 의식된다. '더 이상 손 안에 있지 않음'을 분명하게 주목하지 않을 수 없게 됨으로써 이 도구는 그래도 눈앞에 있는 성격을 지닌 것으로 되돌아온다. 손 안에 있는 것은 그것이 손 안에 있지 않게 될 경우에 비로소 긴요한 것이 된다. 그러나 내가 더 이상 손 안에 있지 않음이 드러난, 망가진 사용물을 계속 필요로 하며 결국 이것이 어떻게 수리되어야 할지 내가 고려Besorgen하는 대상이 되는 바로 그 순간, 이 도구의 순수한 '눈앞에 있음'이 회복되고 이를 보수하려는 관점에서 내 고려의 '손 안에 있음'으로 이행한다.

하이데거가 존재자의 존재 방식에 대해, 말하자면 도구의 존재 방식에 대해 이렇듯 꼼꼼한 분석을 수행한 것은 세계 안에서 마주치는 것들의 적절한 가치를 산출하기 위함이었다. 다시 말해 인간과 조우하는 모든 것들이 깃들어 있는 세계가 이미 어떤 방식으로든 밝혀져 있다는 것을 나타내기 위한 것이다. 비록 밝혀진 것들이 일상적, 실천적 교섭을 통해서는 주제화되지 않은 채 남아 있기는 해도 말이다. 그때그때마다 전체의 연관성은 이미 밝혀져 있는데, 이런 연관하에서 개별 사용물들이 어떤 식으로든 의미 있는 사물로 현상할 수 있다. 그래서 작업장의 경우 개별 도구들 모두 사용물로서 자신의 지위를 점하게 되는데 이 도구는 작업장 전체에서 쓰임새가 있다는, 그리고 작업장에서 특정 산물이 생산되도록 한다는 의미를 갖는다. 이런 전체 연관성은 개별 도구들의 손 안에 있음을 구성하지만, 그 역은 성립하지 않는다. 연관성을 갖는 전체가 지시 관계로 구조화된다. 하나의 도구는 다른 도구를 지시하며 그럼으로써 하나의 의미를 얻는다. 즉 하나의 특정 도구는 특정 생산물의 재료를 지시하고, 이 산물은 인간에 의해 특정 방식으로 사용된다는 점을 지시하는 식으로 이어진다. 쓰임새에 대한 지시작용들은 결국 모든 것을 "궁극목적"으로 향하게 하는데, 현존재가 바로 이것으로 파악되어야 한다. 오직 인간만이 목적 그 자체가 되는 것이다. 하이데거의 말로 하자면, 오직 실존에서만 실존의 존재를 통해서 인간의 존재가 중요해진다. 그렇기 때문에 세계의 세계성은 현존재의 실존성에 그 근거를 둔다. 저런 지시연관들의 총체가 환경으로서의 세계이다. 세계는 물론 환경에서 자신을 다 드러내지는 않지만, 의미를 갖는 환경의 구조가 세계 일반의 구조에 대해 중요한 한 가지를 가리킨다. 이것이 하나의 단서가 되어 이로부터 세계의 의미에 대해 질문을 던지게 되는 것이다. 동시에 세계-내-존재는 인식 가능성의 조건임이 분명해진다. 세계가 이미 해명되어 있다는 이유로 인해 설명되지 않은 채 완전히 다른 영역으로 넘어갈 것을 주체가 강요받지 않는, 그런 인식이 가능해진다.

『존재와 시간』에서 개진되는 진리의 조건들은 하이데거가 보기에 지속적으로 관철되는 것이며 예술작품의 존재방식을 파악하려는 그의 시도에서도 여전히 효력을 발휘한다. 즉 이런 시도를 할 경우에도 예술작품에 대해 다양한 접근을 함으로써 형성된, 예술에 대한 선先이해에서 출발해야 한다는 것이다. 『예술작품의 근원』 강연록의 초판에서 하이데거는 "예술작품들은 우리에게 숙지되어 있다"[11]는 말을 한다. 바로 그 이유로 인해 우리에게 **숙지**된 것은 아직 **인식**되지 않은 것이라는 칸트의 언급[5]이 상기된다. 혹은 루카치가『하이델베르크 예술철학Heidelberger Philosophie der

---

11 『예술작품의 근원1』, p.5.

Kunst』에서 '예술작품은 존재한다. 이것이 어떻게 존재할 수 있는가?'라는 문장으로 시작한다는 점도 상기할 필요가 있다.

하이데거는 예술작품의 근원에 대한 물음을 생산적으로 수행하기 위해서는 예술작품이 작품으로 존재할 수 있도록 하기에 "충분한" 예비개념을 지니는 것이 가장 중요하다고 보았다. 예술의 성격 및 예술작품의 존재성을 상위 원리에서 도출하여 연역할 수 있는 방법은 없다. 이미 이해되고 의식된 것을 점차 더 해명하고 이해를 다져 나갈 수 있을 뿐이며 이런 식으로 해서 논리적으로 의문시되는 순환 운동의 구조가 완성되는 것이다. 왜냐하면 "예술의 본질은 작품을 통해서 도출되어야 한다. 오직 예술의 본질을 통해서만 작품의 본질에 대한 경험이 가능하다."[12] 하이데거가 예술의 예비개념들을 파악하는 데 필수불가결한 것으로 보는 해석학적 순환에 대한 이런 규정을 통해 예술의 근원에 대한 물음의 의미가 더욱 심대해지는 것이다. 이에 대해 『예술작품의 근원』의 초판에서 다음의 말이 덧붙여진다. "그렇지만 우리가 작품을 이 작품의 존재를 통해 파악할 수 없는 그 순간, 예술작품의 근원에 대한 물음은 그 준거점이 충분히 확보되지 못한다."[13] 여기에서 하이데거가 예술작품의 생성과 관련지어 "근원"에 대해 논하고 있다는 점이 특기할 만한데, 이 표현은 보통 자연물과 같은 비인격인 것의 생성과 연계될 뿐 작가의 제작물과는 관련짓지 않기 때문이다. 이와 더불어 하이데거는 작가 개인의 인격성이 작품을 작품으로 만들어 주는 존재를 결정하는 요소는 아니라고 여긴다는 점이 드러

---

12 Martin Heidegger, Der Ursprung des Kunstwerkes(이후 『예술작품의 근원』으로 인용), Stuttgart, 1960, p.8.

13 『예술작품의 근원1』, p.7.

난다. 근원Ursprung을 원인Ursache과 혼동하면 안 된다.[6] 하이데거는 작품의 성격을 해명하기 위한 심리학적 시도를 모두 거부하면서도, 역설적으로 "예술 산물의 산출이 영혼론에 기여했다"[14]고 말한다. 하이데거에 따르면 "예술작품"은 "언제나 예술가의 산물이다"는 점을 당연히 인정한다. "그러나 이러한 산물이 작품을 작품으로 만드는 존재는 아니다."[15]

『예술작품의 근원』의 초판에 나오는 위 인용문에는 하이데거가 해석학적 순환을 성취하는 전형적 방법이 드러나 있다. 하이데거는 이런 동반 성취가 오직 하나의 "도약Sprung"을 통해서만 보증 받을 수 있다고 말하면서 도약과 근원의 언어적 유사성에 따른 이런 활용이 "우리가 캐묻고 있는" 바로 이 "근원에 대해 올바로 알 수 있는 유일한 방식"[16]이라고 주장한다. 따라서 작품에 대한 예비개념에 입각해서 작품존재, 그리고 예술을 상호 해명해 주는 해석학적 순환으로 "비약Absprung"하는 일을 감행할 필요성이 있는 것이다. 이 논문의 초판에서 하이데거는 어느 정도 의도적으로 작품개념을 다루고 있으며 이를 불충분하고 모순된 규정들에 대해서는, 즉 산출된 대상의 존재에 대해서는 곧바로 외면하고 있다. 이런 대상에 대한 확신이 논의되고 전제된다 해도 구체적 작품을 통해 개진되거나 입증된 것은 아니다. 언필칭 "위대한 예술"이라는 술어가 허용되는 일부 예술작품들만 그런 식의 확신이 가능한데, 말하자면 하이데거는 — 『미학 이론』을 쓴 아도르노가 그러했듯이 — 이런 예술들만을 다루고자

---

14 『예술작품의 근원1』, p.6.
15 『예술작품의 근원1』, p.6.
16 『예술작품의 근원1』, p.8.

했다.

작품 성격의 오롯한 형식에 입각해서 이 성격을 직접적으로 주장하는 태도를 하이데거는 나중에 수정하였다. 후기 판본에서 그는 예술작품에 대한 선先철학적이고 형이상학적인 선입견에 강력하게 반대하면서 예술에 대한 구체적 경험을 강조했던 것이다. 이러한 새로운 태도를 통해 더 이상 무턱대고 해석학적 순환으로 도약하는 것이 아니라 훨씬 더 사려 깊게 그 순환을 동시에 성취해 나간다.

그렇게 하여 우리는 순환의 진행을 성취할 것임에 틀림없다. 이는 결함투성이의 궁여지책이 아니다. 이 길을 밟는다는 것은 강점을 갖는 것이요 이 길 위에 머문다는 것은 수공업으로 정립되는 한에서의 사유를 경축하는 일이다. 작품에서 예술로의 큰 걸음만이 예술에서 작품으로 되돌아가는 순환인 것이 아니라, 우리가 시도하는 걸음걸음 모두 이 원을 돈다.[17]

하이데거는 전제가 되는 해석학적 상황의 윤곽을 기술함으로써 예술작품을 논의할 필요성을 역설한다. 그가 여기에서 내세우는 본질적 전제가 예술의 작품적 성격이다. 예술의 현실성은 작품의 존재방식을 갖는다. 그리고 예술은 작품의 구조를 가리킨다. 이때 특정한 작품적 성격은 예술에 자신의 근원을 두고 있다는 점을 가리킨다. 예술에 대해 물음을 던지는 자가 직면한 해석학적 상황이란 불가피한, 즉 물음을 던지면서 이해하기 위해 애쓰는 자가 도달할 수밖에 없는 바로 그 순환이다.

---

17 『예술작품의 근원』, p.9.

하이데거가 언급한 (작품과 작가 간 혹은 작품과 수용자 간의 관계가 아니라) 작품 및 예술 간의 엄격한 지시 관계를 통해 그가 전통적 생산미학이나 수용미학에 입각하지 않고 예술을 다루고자 했다는 점이 명확히 드러난다.

하이데거는 『예술작품의 근원』의 초판 및 그 이후 판본에서 이해의 순환으로 진입할 수 있게 만든 또 다른 방식에 대해 언급한 바 있다. **첫 번째** 판본에서 하이데거가 중요하게 생각했던 것은 작품과 예술의 상호 해명을 촉진하기 위해 개진된 건실한 작품개념을 통해 순환으로 뛰어 들어가는 일이었다. 반면 **두 번째** 판본에서는 고상하고 건실한 예비개념에 입각해 해석학적 순환으로 "비약"하는 일이 아니라, 작품과 예술 간 상호 조명을 가능케 하는 순환 진행을 "두루 거치는 일"이 중요해졌다. 이는 선철학적인 자연적 의식이 취하는 관점인데, 이런 의식 내에서는 예술제작이 ─ 예술의 외적 현상 면에서 ─ 우선 시공간적을 점유하는 여타 산출물들과 비교된다. 이러한 입장의 변화만을 어렴풋하게나마 외적으로 지각할 수 있게 된 이후, 하이데거는 예술작품의 체험이라는 표상이 일반화된다고 여겼다. 그가 말하는 "많이들 논하는 미적 체험Erlebnis"[18] [7)]이야말로 예술작품에 기대하던 바인데, 이를 통해 감각적 사물성에 본질적인 체험 내용이 성립될 수 있다.

결국 하이데거에 의해 이런 해석학적 절차가 수행되는데, 그가 예술에 대한 지배적 편견에 맞섬으로써, 그러니까 사물적 성격이 하부 구조를 이루고 이 위에서 예술 본연의 요소가 시작되도록 한다는, 즉 예술 대상에 그런 식의 층위가 있다는 모델에 맞섬으로써 가능해진다. 하이데거에 따

---

18   『예술작품의 근원』, p.10.

르면 이런 층위 모델에는 오랫동안 예술철학의 주류를 이루어 온 표상이 그 근거로 놓여 있다. 그가 여기에서 염두에 두고 있는 것은 바로 예술을 알레고리 혹은 상징으로 보는 표상이다. 여느 때처럼 그는 여기에서도 이런 전통적 표상의 개념이 갖고 있는 근원적인, 즉 희랍어상의 의미에 대해 연구하면서 이를 분석한다.

> 물론 예술작품은 하나의 제작된 사물이지만 이는 단지 사물 자체와는 다른 무언가allo agoreuei를 말하고 있다. 이 타자를 통해 작품은 자신이 타자를 열어 보인다는 것을 알리고 있다. 작품은 알레고리Allegorie이다. 예술작품에서는 제작된 이 사물이 다른 무언가와 결합되어 있다. 결합한다는 것은 그리스어 '심발레인symballein'을 뜻한다. 작품은 상징이다.
>
> 알레고리와 상징은 오랫동안 예술작품을 명명하는 시각을 확립하도록 만든 근본 표상이다.[19]

하이데거는 예술작품의 사물성에 깃든 기능에 대한 편견을 계기로 철학적 전통에서 가장 중요한 사물관념을 언급한다. 우선 사물의 속성들을 지닌 것으로, 즉 우연적 속성과 구분되는 하나의 실체로 보는 표상을 들 수 있다. 두 번째로 사물을 감각적으로 접근 가능한 것으로 보는 관념이 있다. 사물은 "감각적으로 주어진 것의 다양성의 통일"[20]로 규정된다. 마

---

19 『예술작품의 근원』, p.10 이하.
20 『예술작품의 근원』, p.18.

지막으로 사물을 형태가 마련되지 않은 소재로 파악하는 경우가 있다.[21] 기존의 모든 미학에서 관건이 되었던, '상호 유희하는 소재와 형식'이라는 개념이 이 세 번째 표상을 통해 작동하기 때문에 앞선 두 가지 표상과는 달리 예술작품을 규정하기에 적절한 듯 보인다. 그러나 하이데거는 이런 사물 이해에 대해서도 이것이 예술작품의 근본적 성격이 될 만한 관점이 된다는 것에 대해 불신감을 나타내는데, 소재와 형식 간의 결합체는 작품이 아니라 도구적인 것의 구성에 불과하다는 것이다.

> 용도Dienlichkeit란 이런 존재자가 우리의 시야에 들어와 포착되도록 하는, 그럼으로써 바로 이런 존재자로 현존하게 만들어주는 근본 특징이다. 형식 부여는 물론이요 이를 위해 행해지는 소재 선택, 그리고 소재와 형식 간 결합체가 갖는 지배력조차 저런 용도에 입각하고 있다. 용도에 따르는 존재자는 언제나 제작의 산물이다. 이 산물은 무언가를 위한 도구로 제작된다. 이에 따라 존재자의 규정에 따라 본 소재와 형식은 도구의 본질 속에 자신의 터전을 둔다. 도구라는 이름이야말로 이것이 본디 사용되기 위해 산출된 것이라는 뜻을 갖고 있다. 소재와 형식은 결코 순전한 사물의 사물성이라는 근원적 규정일 수 없다.[22]

하이데거의 핵심 입장은 다음과 같다. 여기에서 말하는 용도는 도구에 직접 접근하여 선취해야 한다는 규정에 따른 것이 아니라, 오히려 직관적으로 경험 가능한 것을 기술해야 한다는 규정에 따른다. 그렇지만 하이데

---

21 『예술작품의 근원』, p.20.
22 『예술작품의 근원』, p.22 이하.

거는 일상적으로 흔히 보는 도구가 아니라 예술적 심상을 통해 현시된 도구에 시선을 두고 이를 고찰한다. 예술작품은 진리 능력을 갖는 경우에만, 즉 현시된 것을 해명할 수 있을 경우에만 의미를 갖는다. 하이데거가 여기에서 마치 전통적인 현시미학을 염두에 두는 듯 보인다. 말하자면 그는 심상을 고찰하면서 우선 [실재하는 도구, 그리고 이 도구에 대한 예술적 현시를] 동일시하는 시선을 중요하게 여기고 있으며, 사용 목적에 맞게 소재와 형식을 선택할 때 관건이 되는, 이미 잘 알려진 도구의 본질적 특징을 재인식하는 일을 중요하게 여기고 있다. 그러나 사실 그는 이런 태도의 불충분성을 논한다. 말하자면 "저런 식의 정확한 언명은 우리가 이미 알고 있는 것만을 밝혀줄 뿐이다."[23]

심상에 대한 고찰 방식을 통해 도달된 요점은 다음과 같다. 작품은 소재-형식의 결합체와는 전혀 무관하며 오히려 그 자체로 주제화되는 무언가로서 이런 존재방식에 입각해 제시되는 농부의 신발과 같은 것이다. 따라서 작품은 이런 결합체로 **존재**할 수 없다. 작품은 오히려 도구(농부의 신발)에 대한 진리이다. 하이데거는 고흐의 그림을 소재로 삼아 고찰하면서 도구에 대한 이런 진리를 전달하고자 한다. 현시된 것을 한 농촌 아낙네의 신발이라고 상정한 하이데거는 연상적 기법을 통해 신발이라는 도구가 사용되는 농촌의 상황 가운데 몇 가지 특징을 소묘해 나간다. 이를 통해 도구를 도구이게 해주는 존재는『존재와 시간』에서 이미 설명된 것처럼 도구의 용도에 존립하고 있지만, 예술은 더 나아가서 이 용도가 제 나

---

[23] 『예술작품의 근원』, p.29. 여기에서 행해지는 경험의 측면에서 "정확하다"라는 술어를 하이데거는 당연히 비판적 의도에서 사용하고 있다. 예술작품에 대한 미적 경험에서는 정확성이 아니라 진짜 진리가 중요하다.

름으로는 "도구의 본질적 목적을 충족하는 데", 말하자면 "신뢰에 [⋯] 깃들어 있다"[24]는 통찰을 보증해야 한다. 농부의 신발을 표현한 이 그림을 하이데거가 집중적으로 고찰함으로써 신발이라는 도구에 깃든 신뢰라는 존재 성격이 해명될 수 있었다.

따라서 예술작품은 진리의 감각적 심상이나 직관화와는 거리가 멀다. 오히려 그것은 진리의 참된 장소로 이해되어야 한다. 이 경우에는 신뢰를 허락하고 있음이 입증되는 농부의 신발에 대한 진리의 장소는 바로 용도이다. 이러한 입증은 논증적 절차를 통해서가 아니라 불현듯 현현함으로써 일어난다. 하이데거는 다음과 같이 말한다. "작품과 가까이 있는 우리는 통상 있었던 곳과는 다른 곳에 이미 존재하고 있었다."[25]

여기에서 미적 진리의 섬광이 번쩍이는 찰나적 순간이 강조되는데, 이 순간은 미학 이론의 전통적 주제이다. 하이데거가 역설하고자 했던 바는, 현시된 존재의 진리가 그것의 일상적 문맥에서 나오지 않으며 오히려 이런 통상적인 일상의 연관이 불현듯 단절됨으로써 현현할 수 있게 된다는 점이다. 이런 급작스런 현현이 작품을 가능케 한다. 즉 "고흐의 그림은 농부의 신발 한 켤레가 진리 속에서 무엇으로 **존재**하는지를 해명한다."[26]

미국인 미술사학자인 샤피로는 고흐의 그림이 하이데거의 추측처럼 농

---

24 『예술작품의 근원』, p.30. 『본래성의 은어』에서 아도르노는 이 구절부터 그 이하까지(p.30 이하)를 농촌 세계의 단순하고 건강한 삶의 이데올로기와 연관 지어 비판하고 있다. Theodor Wiesengrund Adorno, *Jargon der Eigentlichkeit. Zur deutschen Ideologie*, Frankfurt am Main, 1964, p.25 이하, p.32 참조.

25 『예술작품의 근원』, p.32.

26 『예술작품의 근원』, p.32 이하.

부의 신발을 표현한 것이 결코 아니며 고흐 자신의 신발 한 켤레일 뿐이라고 지적했다. 샤피로는 이를 통해 하이데거의 『예술작품의 근원』을 논박하는 결정적 논증을 제시했다고 생각했다. 물론 그가 하이데거의 도상학적 오류를 지적한 것임에는 틀림없지만, 예술의 작품적 성격에 대한 하이데거의 기술은 특정 그림 전체에 대한 해석과 결부되는 것은 아니라는 점 또한 이론의 여지가 없다. 고흐의 이 심상은 작품의 면모를 갖추기 위해 채택된 사례 그 이상도 이하도 아니다. 잘 알려져 있다고 착각하고 있는 일상적인 것을 미적 진리의 상태를 통해 새롭게 주목하게 만든 것은 아주 탁월한 것이다. 그러나 — 그리스 신전 같은 — 다른 사례들을 통해 알 수 있거니와, 여기에서 예술가의 작품에 담긴 진리 성격에 대한 철학적 사상은 표현되는 특수한 것에 특별히 연연하지 않는다.

여기에서는 작품의 작품성을 작품의 진리적 성격이라 칭한 것이 중요하다. 하이데거는 이에 관해 "작품 속에서im Werk 진리의 '일어남'이 "작동 중am Werk"[27]이라고 말한다. 그가 이러한 비인칭 어법을 통해 진리를 표현함으로써 "바로 위대한 예술 속에서 비로소 […] 작품과는 달리 예술가에 대해서는 관심이 주어지지 않는다"[28]라는 점을 견지한다. 진리를 주제화하면서 인칭 없이 혹은 인칭을 초월하는 일에서 더 나아가 진리 상태는 '일어남'으로, 그러니까 결과가 아닌 과정으로 존재한다는 점이 눈에 띈다. 작품이 표현하는 진리 과정은 다양한 양상으로 다시 기술된다. 보통의 경우 이런 양상들을 통해 진리의 '일어남'이 갖는 모순성이 드러난

27　『예술작품의 근원』, p.33.

28　『예술작품의 근원』, p.39.

다. "이념의 감각적 현현"이라는 헤겔의 정립과 아주 비슷한 표현이 여기에도 보인다. "존재자의 존재는 그것의 지속적인 현현이 된다."[29] 이로서 언뜻 정지한 듯 보이는 양극을 통해 존재자의 존재 방식을 인식할 수 있는데, 이런 지속성을 갖는 것도 현현함으로, 즉 지속적인 것의 변화를 낳는 운동으로 진입한다. 진리의 '일어남'이 갖는 모순성은 ― 이러한 '일어남'에 깃든 '탈은폐'와 '은폐함', 즉 ― "세계"와 "대지"의 "투쟁"으로 파악된다.

하이데거의 『예술작품의 근원』은 '**알레테이아**' 혹은 '**비은폐성**'으로서의 **진리** 개념을 전개한 저작 가운데 하나이다. 이에 대한 중요한 전거가 되는 부분은 그의 초기 논문 「진리의 본질에 대하여Vom Wesen der Wahrheit」와 나중에 출간된 (60년대의 논문집)『사유의 사태로Zur Sache des Denkens』에서 발견된다. 비은폐성은 하이데거가 보기에 탈은폐와 은폐함 간의 투쟁을 통한 내적인 '일어남'이다. **은폐함**은 『예술작품의 근원』에서 하이데거가 "**거부**"와 "**전도**"라는 용어를 채택함으로써 이중적 형태를 띤 채 현상한다. 존재자는 스스로 우리에게 거절함으로써 우리는 그것이 존재한다고 아직은 말할 수 있는 것이다. 그러나 이것은 "조명 받은 것의 빈터의 시작"[30]이다. 반면 존재자가 존재자에 의해 전도됨으로써 조명 받은 것 내에서 "전도"가 일어난다. 은폐함과 탈은폐의 모순을 하이데거는 매우 도발적으로 다음과 같이 표현하였다. "진리는 본질적으로 비-진리이다." 이 말은 비은폐성이 결코 일의적一義的인 '일어남'이 아니라 언제나 은폐함을

---

29 『예술작품의 근원』, p.33.
30 『예술작품의 근원』, p.57.

동반한다는 점을 나타낸다.

　하이데거에게 예술작품은 진리의 접근 불가능성의 전형이며 존재가 부여한 그 무언가가 바로 진리의 '일어남'이다. 접근이 불가능하다는 관점에서 보면 정초 방식이 다르기는 하지만 예술작품의 수수께끼적 성격을 구상한 아도르노와 유사하다.

역자 주

1) 빈터Lichtung는 어두운 숲 속에 햇살이 드문드문 비치는 땅을 뜻한다. '밝힘'이라고 번역되기도 한다.

2) '일어나다'에 해당하는 독일어 geschehen은 일어남Geschehen/Geschehnis, 그리고 역사Geschichte를 파생어로 갖는다.

3) 프라그마타Pragmata는 '행위', '사건', '사물' 등의 의미를 갖는 '프라그마'의 복수형이다.

4) 가령 '망치'는 '못'을 '벽'에 박기 위한 쓰임새가 있고 '나무'와 '쇠'라는 재료로 이루어져 있다.

5) 저자는 이를 칸트의 언급이라 했지만 헤겔의 언급을 잘못 표기한 것으로 보인다. 『정신현상학』서문의 31번째 단락에서 헤겔은 "숙지된bekannt 것이란 무릇 숙지되어 있기 때문에 인식되어 있지 않다nicht erkannt"라고 말한다.

6) 저자가 원인Ursache과 대비시키고 있는 근원Ursprung의 의미는 오히려 근거Grund와 대비시켰을 때 좀 더 분명해진다. 합리적·논리적으로 입증할 begründen 수 있는 근거와 달리, 근원은 이러한 논증을 통해 규명되지 않는 것을 뜻한다. 쇼펜하우어의 용어를 빌리자면, 표상계로서의 현상에서는 이성을 통해 전자가 해명되지만 '의지'는 이성의 파악 수준 너머에 있는 세계의 원상, 즉 근원적 존재Urwesen이자 근원적 일자Ureine이다. 존재의 이러한 근원은 심연Abgrund이라는 말로 이해되기도 한다.

7) 현대 미학에서 흔히 언급되는 미적 경험aesthetic experience의 독일어인 ästhetische Erfahrung은 내용상 칸트에게까지 거슬러 올라가지만 정작 칸트는 이 말을 사용하지 않았다. 칸트에게 Erfahrung은 인식의 발단을 이루는 경험을 뜻하는 것이지 미적 경험 자체의 고유성을 나타내는 말이 아니었다. 칸트 이후 미적 경험이 인식의 발단으로서의 지각적 경험과 구분되어야 하는 맥락에서, 특히 주지주의적 경험 개념과의 차별성을 강조하는 맥락에서 경험 Erfahrung 대신 체험Erlebnis이라는 말이 사용되었다.

7

미학, 합리성 비판을 통해
비동일자를 구제하다

⋮

아도르노

Ästhetik als Rationalitätskritik und Rettung des Nichtidentischen
• *Adorno* •

아도르노가 본인의 미학 이론을 오랫동안 준비하고도 스스로 출간하지 않았다는 사실은 우연한 전기적 사실이 아니다. 미학에 대해, 최소한 미학의 전통을 계승하는 일에 대해 대체로 유보적인 입장을 가졌던 것으로 보인다. 아도르노에게 미학은 ― 헤겔의 경우와 마찬가지로 ― 본질적으로 예술철학이다. 예술이 인간 문화의 가장 중요한 요소라 할 수는 없을지라도 본질적 요소인 것만은 분명하다. 아도르노는 당대의 끔찍한 역사, 특히 나치의 테러를 보면서 문화에 대해 염세적 입장을 취했다. '문화는 실패했다'는 그의 말에 이런 입장이 집약되어 있다. 인간을 인간답게 만드는 것이야말로 문화 본연의 목적이라는 전제에 입각했기에 이런 진단이 내려진 것이다. 문화가 지닌 이런 의미를 염두에 둘 때 아도르노는 문화가 진정한 인간화에 기여하지 못한다는 점을 분명히 하였다. 그는 예술가의 작업이 지속적으로 수행될 수도 미학 이론의 작업이 올곧게 수행될 수도 없다는 확신을 견지하였다. '아우슈비츠 이후 시는 더 이상 없다'는 아도르노의 언급은 그런 맥락에 따라 이해될 수 있다. 이 언급을 조금 더 보충하자면 '아우슈비츠 이후 무릇 예술이, 특히 문학이 인간화에 기여할 것이라는 신뢰를 바탕으로 쓰인 시는 더 이상 없다'가 될 것이다. 아도르노가 이런 언급을 통해 작가에게 작업금지령을 내리고자 했던 것은 아니었고, 상상하기도 어려운 현대의 야만을 진지하게 바라본다면 인간이 자기 자신과 문화를 이해하려는 일이 더 이상 가능치 않게 된, 그런 역사적 단절을 말하고자 했던 것이다. 이런 일들이 엄습함에 따라 예술의 실존 자체가 모두 자명성을 상실하였다. 예술이 진리능력을 갖추고자 해도 이것이 점점 어려워진다.

『미학 이론』의 "구舊 서론"에서 아도르노는 미학이 처한 난점뿐 아니라 현대 예술의 곤란한 상황을 다음 구절을 통해 설명하고 있다.

예술의 가능성에 관해 미학은 예술이 존재한다는 사실Daß보다는 존재하는 방식 Wie을 우선적 지향점으로 삼았다는 점을 은연중에 암시해 온 듯하다. 그러한 태도에 의심의 여지가 생겼다. 한때 칸트의 인식론이 수학적 자연과학에서 출발했듯 미학이 저런 식의 예술에서 출발하는 일은 더 이상 불가능하다. 자신의 개념을 고수하면서 소비됨을 거부하는 예술은 반反예술로 이행한다. 존속하는 예술과 도덕적으로 불화 상태에 있는, 실제로 있으며 앞으로도 있을 그런 재앙으로 인해 예술 자체에 깃든 불편함이 미학 이론에 전달되는데, 이러한 거리낌은 전통 미학에서는 생경한 것들이었다.[01]

이 인용문은 현실과 미학적인 거리를 두는 특유의 "방식"에 따를 때 예술이 도덕적 책임을 지닐 수 없을 것이라는 점을 전제하고 있다. 예술을 통해 직접적 실천으로부터 떨어져 나오는 일은 너무 냉소적인 것 아닐까? 비인간적 현실이 앞으로 있게 될 모든 일마다 실제로 엄습하여 점차 예술적 현시가 없어지지는 않을까?

미학이 학문이 되려면 거리를 두고 전체를 조망하는 관조적 태도를 갖춰야 하는 것인지, 그리고 이러한 태도가 (카프카를 위시한) 진보적 예술과 화합할 수 있는지에 대한 질문이 제기될 수 있다. 난해한 현대 예술을 다루는 미학 이론이 꼭 있어야 하는지에 대한 질문도 제기될 수 있다. 미학의 필연성에 대한 질문에 대해 아도르노는 간결한, 그렇지만 난해한 대답을 제시한다. "저렇듯 사례가 아닌 존재자를 예술을 통해 사유하는 일이

---

01 Theodor Wiesengrund Adorno, *Ästhetische Theorie*, Bd. 7, *Ges. Schriften* (이하 『미학이론』), Frankfurt am Main, 1970, p.503.

바로 미학에 요구된다."[02]

이를 통해 말하고자 하는 바는 다음과 같다. 예술은 그 자체로 존재하는 것이며 이것이 철학의 과제가 되는데, 그러면서 이 과제를 예술 본연의 매체인 사유를 통해 해결해야 한다는 것이다. '사례가 아닌 존재자Das nicht der Fall Seiende'란 순전히 실증적인 것 혹은 실증주의에 반대하기 위해 아도르노가 정식화한 말이다. 단순한 사실 확인에서 탈피하여 결코 한 규칙의 사례가 아닌 것, 그래서 보편적 법칙이나 규칙에 포섭할 수 없는 것이 바로 그것이다. 이는 단순히 동일시하는 사유에 배치되는데, 왜냐하면 이제는 특수자가 중요하기 때문이다. "비동일자"[1)]라는 개념을 통해 아도르노는 바로 이 점을 보여주고자 했다. 전적으로 동일화될 수 없는, 그럼에도 분명 사유와 지각에 호소하는 이런 비동일자로 인해 예술에 대한 철학적 작업으로서 미학이 있게 된다는 것이 아도르노의 견해이다. 따라서 예술은 그 자체로 해결되지 않는, 그러나 해답을 찾기 위해 쉼 없이 철학적 반성과 유기적으로 연관 짓는 일을 본령으로 삼는다. 이로써 예술의 수수께끼적 성격은 바로 이런 측면과 결부되어 있다.

앞으로 아도르노의 『미학 이론』에 나타나는 그의 설명을 보게 될 텐데, 예술에 대한 이런 견해는 "역사적으로 변모하는 계기들의 성좌에 깃든 예술 개념", 그럼으로써 정의를 불가능하게 만드는 그런 개념을 갖는다.[03]

이에 따라 예술에 관한 철학의 방법론은 역사적 조건에 따르는, 예술 개념을 구성하는 저런 계기들의 성좌를 따라가며 연구하는 방향으로 인도된다. 그렇지만 이런 자율성은 "결코 개별적으로 선택되는 범주"일 수

---

02 『미학 이론』, p.499.
03 『미학 이론』, p.11.

없기 때문에 예술만의 특성일 수 없다. 아도르노가 보기에 예술성에만 개별적으로 적용되는 자율성 범주는 없다. 또한 예술성의 법칙에는 그 어떤 고매한 의의도 없다.04 자율성이 미학에만 적용된다고 할 수는 없기 때문에, 미학에서 그것은 예술성 자체보다는 예술의 지반을 가리킨다고 할 수 있다. 여기에서 중요한 것은 현실의 여타 영역과 차별화되는 예술 고유의 자립성을 갖는다는 점이다. 이런 자립성은 예술 자신의 추상적 주장을 통해서가 아니라 — 헤겔의 변증법에 따른다면 — 기존 예술을 부정하고 이를 극복함으로써, 혹은 — 역사적으로 보면 — 숭배 혹은 주술과 같은 것으로부터 해방됨으로써 획득된다. 직접적으로 경험되는 현실과는 달리 예술은 정립된 가상성을 통해 자율성을 획득한다. 도덕, 법, 정치 등이 그 내용을 이루는 여타 제도들과는 달리 예술은 자신만의 형식법칙을 주장한다. 자율성 개념을 낳은 자기 입법적 행위의 모델을 아도르노는 예술작품에 적용함으로써 작품에 주체의 특성을 부여한다. 예술의 이런 자기입법성은 교육적·실천적인, 정치 이데올로기적인, 사이비 종교적인 목적들 및 감각적·직접적 향유를 위한 목적들을 위해 예술을 투입해야 한다는, 이런 목적들을 위해 예술을 뜻대로 처분할 수 있어야 한다는 요구 일체에 반기를 든다. 아도르노에 따르면 예술의 인간주의는 저런 이용가능성에서가 아니라 바로 자율성의 의미에 따른 자립성에서 나온다. 아도르노의 이러한 통찰은 다음과 같은 방식으로 강조되고 있다.

이용되지 않으려는 바로 그 순간 예술은 인간화된다. 예술의 인간주의는 인간을

---

04 『미학 이론』, 18쪽.

이용하려는 그 어떤 이데올로기와도 화합할 수 없다. 이런 이데올로기에 맞서는 반인간주의를 통해서만 예술은 인간의 신뢰를 얻는다.[05]

여기에서 "반인간주의"란, 예술의 사명이 불완전한 상태의 인간주의를 긍정하지 않고, 예술의 비판적 잠재력을 통해 여전히 유예된 인간주의를 고지하려는 입장을 뜻한다. 이에 따라 예술은 충격, 해체, 혼란 등을 가함으로써 인간성에 대한 기존의 오해들과 충돌을 빚는다. 예술의 인간주의, 보다 정확히는 반인간주의에 대한 숙고를 통해 분명해지는 사실은, 예술의 자율성이 예술의 사회비판적 의미를 위한 근본적 전제조건이 된다는 점이다. 아도르노가 보기에 이런 사회비판적 의미야말로 예술의 가치를 드높인다. 그러면서도 이러한 독자적 존재방식으로 인해 예술이 비판적 기능을 견지하기에 어려운 점이 발생한다는 것을 그는 직시한다. 아도르노에 따르면 현대 예술은 이런 난관에 봉착해 있다. 예술은 숭배 혹은 여타 제도로부터 해방될 수밖에 없다. 이로써 예술의 자율성에는 독자적 존재방식과 같은 긍정적 성격이 확보된다. 그런데 자유롭지 않은, 혹은 ─ 아도르노가 규정한 ─ "현혹연관Verblendungszusammenhang"에 휩싸인 사회에서 예술이 자신의 이런 긍정적 성격에 스스로 맞서지 않을 경우 이러한 긍정성은 오히려 비진리로 전락한다. 예술이라는 **형식** 자체가 언제나 현존하는 것에 반대하는 경향을 띤다. 예술은 현존하는 것을 긍정하고 강화하기도 하지만 다른 한편으로는 저렇듯 자신에 맞설 수단을 지니고 있다.

자신의 생산 과정 속에서 진리를 주장하려면 예술은 자신의 구조 내에

---

05   『미학 이론』, p.293.

존재하는 이런 변증법적 관계를 감내해야 한다. 말하자면 예술 본연의 계기들은 예술의 반대편에 서 있는 것과의 상호 작용을 통해서만 작동한다. 자율성과 관련한 이런 문제에 대해 다음과 같이 말할 수 있다. 즉 예술은 실존 경험에 대한 반정립이되, 그러면서도 진리 능력을 지녀야 하는 (아도르노 또한 예술철학의 본류를 이루는 전통에 따라 진리 능력을 전제한다) 예술의 이러한 거부가 그저 추상적인 부정에 머물 수는 없다. 예술이 경험적 실재성으로부터 구분되는 자율성을 띤다 할지라도 내부적으로는 실재성과 연관을 갖되 그러면서도 이 실재성을 단순히 재생·반영·모방하는 것이 되지 않는, 그러한 변증법적 변용을 획득한 자율성을 띠어야만 예술은 진리능력을 갖출 수 있다. 이렇게 변증법적으로 이해되는 자율성으로 인해 예술은 비자립적 경험계로부터 소외되지 않으면서 타자와의 관계를 유지한다. 미적 자율성이라는 특정한 형식하에서 예술은 현실적인 요소들이 지닌 형식적 법칙에 맞게 이를 새로운 형상으로 통합하고 현실을 전유하는 일을 착수하게 된다. (이 점과 관련해서 예술가란 자신에게 제공된 1차적 자연의 요소를 바탕으로 2차적 자연의 생산자라는 칸트의 언급을 상기할 필요가 있다.) 아도르노는 "2차적 잠재력의 존재"[06]를 언급하면서 예술은 "형식의 계기를 통해"[07] 경험계에 맞선다고 하였다. 예술이 현실성을 비현실성으로 전화하는 이런 상태를 의식적으로 성취한다는 점에서 신화와는 근본적으로 구분된다. 이에 대해 아도르노는 다음과 같이 말한다.

---

06 『미학 이론』, p.14.
07 『미학 이론』, p.15.

그러나 미적 심상은 본연의 비현실성에 편입되어 형식적 법칙과 다르지 않은 것이 된다는 점에서 신화적 심상으로부터 해방된다.[08]

따라서 미적인 것 혹은 예술의 자율성은 미적인 심상에 형식이 부여됨으로써 달성된다. 여타의 영역들에서도 이는 동일하게 적용된다. 아도르노가 본연의 비현실성으로의 편입에 대해 논하는 국면에서 오히려 형식의 관점이 급진화된다. 이렇게 되면 철두철미 예술에 속하는, 즉 외부에서 주어진 것이 아니라 예술 자체를 통해 산출된 고유 형식과 관련되는 형식만이 관건이 된다. 아도르노의 사상은 실제로 순전히 미학적인, 그 자체로부터 산출된 형식을 표현하고 있다. 이에 대해 그는 다음과 같이 말한다.

예술작품의 형식들을 생성하기 위해서는 제 나름의 자율적 산출이 필요하다.[09]

수행방식이나 형식의 자율성에 속하는 것으로서 예술이 예술가 외부의 현실에 속한 기호를 다른 기능들로 채용한다는 점도 언급할 수 있다. 문

---

08 『미학 이론』, p.133 이하.
09 『미학 이론』, p.456. 이 점에 관해 렉키는 자신의 연구서 『아우라와 자율성. 벤야민과 아도르노에 있어 예술의 주관성에 대하여 *Aura und Autonomie. Zur Subjektivität der Kunst bei Walter Benjamin und Theodor W. Adorno*』(Würzburg, 1988)에서 다음과 같이 말한다. "아도르노는 외부의 요구에 반하는 요청을 예술의 내면에도 타당하게 만듦으로써 자율성 규정을 반복하고자 했다. 강압적 형태의 판본, 가령 형식적 규준이나 양식적 경향과 같은 것들을 자율적 예술은 견뎌내지 못한다. 그렇기 때문에 외부에서 가해지는 온갖 강제적 요구에 대한 거부 못지않게 중요한 것이 '자율적인 […] 수행방식'이다(『미학 이론』, p.119)"(p.85).

학 예술의 경우 텍스트 내의 언어 기호를 수용하면서도 이를 동일화의 도구로 채용하지 않는다. 언어의 의미적 계기는 예술가의 독자적 수행을 통해 '지양Aufhebung'될 수 있다. 헤겔적인 의미에서의 '지양'이 성취되었다 해도, 즉 단순히 폐기되는 것이 아니라 가치가 보존되고 고양되었다 해도 예술은 분명 비판적 기능을 갖고 있다.

예술가의 작업이 예술작품을 해방시키는 자율성에 따른 온갖 자의를 방지한다는 점은 분명하다. 따라서 칸트가 실천적 태도에 관해 범례적으로 제시했던 자기입법이나 자율적 통제를 통해서만 이러한 자유로움을 획득할 수 있다.

"자율적인 것이자 사회적 현실"[10]인, 다시 말해 아도르노 스스로 "자율적 형상이자 사회적 현상"[11]인 예술의 이중적 성격은 예술의 역설적 상황이라기보다 예술의 변증법적 구성이라 말해야 한다. 자율성을 지닌 예술은 결코 사회 전체와 무관한 것으로 볼 수 없으며, 특정한 상태와 그에 맞는 역할을 가능케 하는 역사적 정황을 토대로 제 본질을 드러낸다. 그리고 자율성은 역사를 통해 점진적으로 생성되고 획득된다. 사회와 맺는 암시적 연관은 예술가가 제작할 질료의 사회적 매개를 통해, 즉 기술 및 생산력의 수준에 의해 창출되며, 명시적 연관은 사회적으로 매개된 주제를 통해 창출된다. 이에 따라 아도르노는 "예술은 사회에 대한 **사회적** 반정립이다"[12]라고 정식화한다. 예술을 위한 예술의 위험, 즉 자율성을 절대시

---

10 『미학 이론』, p.16.
11 『미학 이론』, p.368.
12 『미학 이론』, p.19.

함으로써 생겨나는 위험을 불식하기 위해 사회에 맞설 사회적 책무가 있다. 사회에 대해 단순히 거부만 할 경우 예술은 이데올로기의 도구가 되고 말 것이다.

진리 내용, 논리성, 예술의 수수께끼적 성격 ───────
아도르노는 "거시 예술"²⁾에 예술의 진리 요구가 담겨 있다고 보았다. 예술의 진리능력은 여타 전통적 예술론의 개념들과 같은 정황에 놓여 있는데, 아도르노가 이런 전통적 개념들을 단념할 수 있다고 여기지는 않았을지라도 비판을 통해 이를 혁신해야만 한다고 보았다. 일단 예술의 진리요구에 대해 아도르노는 역사철학적·사회비판적 분석을 수행한다. 아도르노에게 예술철학의 체계적 지위는 역사철학을 통해 부여된다는 점에서 헤겔의 경우와 별반 다르지 않다.

문명사로서의 역사에 따르면 인간은 오직 지배관계에 입각한 사회에 있게 되며, 그럼으로써 "부정성의 완성" 상태에 도달한다. 『계몽의 변증법』[13]을 통해 알 수 있듯 원래 주체의 해방을 위해 작동되던 기능들이 강박적으로 자립화되면서 주체의 개체성에 반하는 것이 된다. 이성은 그렇게 도구적 이성으로 전락하며, 보편 개념의 지배하에서 모든 특정 개체의 고유한 권리가 박탈된 "관리되는 세계"가 공고해지고 이는 인간의 현실이 된다. 역사적 전개에 대한 아도르노의 진단은 사회 비판은 물론 개념 및 인식비판으로 이어진다. 외적 혹은 내적 자연에 대한 지배를 지표로

---

13 Theodor Wiesengrund Adorno/Max horkheimer, *Dialektik der Aufklärung. Philosophische Fragmente*, Frankfurt am Main, 1969. (이후 인용은 『계몽의 변증법』)

삼아 인식이 이루어지면서 동일화 사유 및 체계강박만이 가속화되어 왔다. 아도르노는 체계 자체가 지닌 가치에 대한 오해를 독일 관념론 철학에서 찾아냈고 지배연관만 있을 뿐 화해의 요소는 없는 사회의 총체성을 "전체는 비진리다"[14]라는 정립으로 정식화했다. 동일화 사유, 그리고 말하자면 삶의 영역 전반에 걸친 사물화조차도 상품 생산의 무정부상태가 횡행하는 사회의 지표가 된다. 마르크스의 생산모델이 아도르노에 의해 사회비판적이고 인식비판적인 방식으로 적용되고 있다. 동일성의 강박에 대한 지적과 힐난이, 개별자와 보편자 간의 화해에 대한 비난이 곳곳에 나타난다. 이런 화해는 맹목적 지배로 이루어진 일반적인 현혹연관으로부터는 나올 수 없고 오직 유토피아의 형식 안에서만 사유될 수 있다.

유토피아적 화해란 지배 없는 사회이자 지배 없는 인식이다. 아도르노는 후자가 처한 난관에 대해 『부정 변증법』에서 다음과 같이 말한다. "인식의 유토피아는 개념들을 통해 비개념적인 것을 밝히되 양자를 동일시하지 않는 일이 된다."[15]

따라서 아도르노의 인식비판은 본질적으로 개념에 대한 비판이다. 개념을 통해 구체적으로 작동되는 개념파악을 포착하는 헤겔과는 달리 아도르노가 보는 개념은 포섭하고 동일시하는 경직된 도구이며 주로 일반 개념일 뿐이다. 이는 "개념이란 것이 같지 않은 것을 같게 하는 것과 무엇이 다른가?"라는 질문을 던지면서 개념을 비판한 니체의 시각과 일맥상

---

14 Theodor Wiesengrund Adorno, *Minima Moralia. Reflexionen aus dem beschädigten Leben*, Frankfurt am Main, 1980, Aph. 29, p.57.

15 Theodor Wiesengrund Adorno, *Negative Dialektik*, Frankfurt am Main, 1973, p.21(이후 인용은 『부정 변증법』).

통한다. 유토피아에 대한 저런 규정에 따르면 이론적인, 다시 말해 오로지 논증적 개념에 따른 접근으로는 비개념을 도모할 수 없다. 이러한 체계상의 지점에 입각해 볼 때 인식에 대한 이론을 통해 인식의 과제를 설정하지만 이 과제의 수행을 위해서는 비논증적으로 현실을 다루어야만 한다. 즉 인식과 관련해서 (철학과 예술은) 상보적이어야 한다. 예술은 비개념적으로 행하면서 모든 이론의 개념성을 요구하는 반면 철학은 언표되지 않는 예술의 진리를 말로 나타내고자 진력하는 까닭에, 이로써 철학을 통해 인식된 과제가 예술을 통해 실현된다.

아도르노가 『미학 이론』에서 예술과 진리의 관계에 대해 표명한 다음과 같은 주장은 의미심장하다.

> 예술은 진리를 도모하되 직접적으로 그렇게 하지는 않는다. 따라서 진리는 예술의 내용을 이루고, 예술은 진리에 대한 자신의 관계를 통해 인식이 된다. 예술이 진리에 즉해서 출현하므로 예술 자체가 진리를 인식한다. 그렇지만 예술은 논증적인 인식도 아니요 객체의 반영이 예술의 진리를 이루는 것도 아니다.[16]

아도르노에 따르면 예술은 진리를 지향한다. 그렇지만 인식의 제약하에서 이를 지향할 경우 실제적인 것이든 관념적인 것이든 간에 이를 단지 지칭하는 것만으로는 진리가 실현될 수 없다. 화해에 도달하지 못한, 참되지 못한 사회를 기술하는 것에 머문다면 이는 존재하는 상태와 타협하는 일이자 기존의 재앙을 긍정하는 일에 불과하다. 따라서 예술이 진리능

---

16   『미학 이론』, p.419.

력을 위해 자율성을 확보해야만 한다. 현실을 승인하려는 온갖 요구에 맞서기 위해서라도 예술은 자율성을 견지하지 않을 수 없다. 그렇기 때문에 아도르노는 예술이 "비현실성"의 상태에 있음을 지적한 것이지만 이는 세계로부터의 도피가 아니라 또 다른 세계의 가능성을 허용하는 일이 된다. 이로써 예술은 언제나 그 속에 내재된 표현의 계기 자체를 거부한다.

아도르노에 따르면 시대의 수준에 맞게 의식화되어 있는 이런 예술에 대한 철학은 현실에 대한 반영이나 모방을 통해 작동되는 예술관을 더 이상 따르지 않는다. 『부정 변증법』에서 아도르노는 명시적으로 루카치를 언급하지는 않지만 분명 그를 염두에 둔 채 인식 모사설에 대한 반론을 제기한다.[17]

인식 모사설에 의해 반박되었던 "주체의 자발성"은 인식하는 사유뿐만 아니라 예술적 형상의 진리능력을 위한 조건을 이룬다. 아도르노의 이런 사상을 관념론으로 오해해서는 안 된다. 여기에서는 주체의 인식대상보다 주체의 구성조건이 우위에 놓이지 않는다. 이럴 경우 오히려 아도르노가 비판한, 실제로 시종일관 주관주의적 태도에 입각한 동일성 사유를 입증하는 일이 되고 말 것이다.[18] 따라서 아도르노는 다음과 같은 통찰을 보여준다. "동일성에 대한 비판을 수행함으로써 객체의 우위가 감지된다."[19] 이는 객체의 우위에 대한 인정이며, 이를 통해 변증법은 유물론이 된다.[20] 유물론적 계기로 인해 철학은 특수자를 다룰 수 있게 되며 특수자를 가리

---

17 『부정 변증법』, p.205 참조.
18 『부정 변증법』, p.184 참조.
19 『부정 변증법』, p.184.
20 『부정 변증법』, p.193.

는 온갖 동일성 사유에 대해 비판적 태도를 취하게 된다.

아도르노에 따르면 철학의 진리 요구는 오로지 비판의 부정성에 입각하는데, 그렇다고 헤겔이 전제했던 내재적 비판에만 입각한다기보다 오히려 비동일자에 정당성을 부여하고자 하며 그런 까닭에 개념의 힘에 대해 신뢰할 수 없게 된, 그런 비판에 입각한다. 아도르노의 입장에서 볼 때 **따라서 진리는 비동일자의 개시**일 수도 있다. 이런 기획에서 물자체를 지향하는 칸트가, 즉 개념을 통해 사물이 지닌 오롯한 특수성의 상태를 지향하는 태도가 재발견된다. 그렇기 때문에 철학의 과제는 개념을 수단으로 하되 진리를 확보할 수 있으리라는 개념의 오만을 분쇄하는 데 있을 뿐이다. 결국 철학은 개념을 **통해** 이 개념이 현실을 거스르지 않도록 맞선다는 역설적 과제를 충족해야 하는 것이다. 아도르노의 이런 기획은 『부정 변증법』에 다음과 같이 언급되어 있다.

> 모든 철학은 그 수행 방식으로 인해 관념론을 선결조건으로 한다. 철학은 개념들을 통해 작동되지 않을 수 없으며 비개념적인 소재들을 텍스트에 부착할 수는 없기 때문이다. […] 그런데 이렇게 됨으로써 철학의 질료인 개념에 우선권이 부여된다. 이 질료조차 추상성을 띤다. 그러나 철학은 이 불가피한 사이비를 스스로 인식하고 명명할 수 있다. 이런 와중에 지속적으로 사유하는 철학은 사이비를 제거하지는 않고 이를 스스로 재구성함으로써, 철학적 명제는 모두 이런 비진리에 대한 자기의식임이 부각된다. 바로 이것이 부정 변증법의 이념이다.[21]

---

21 아도르노가 구상한 삽입구에 관해서는 다음을 참조. *Editorische Nachbemerkung zur ND*, in: *Ges. Schriften*, Bd. 6, p.531.

아도르노는 예술, 그것도 예술의 가상적 성격이야말로 이러한 자기복귀의 범형이라고 생각했다. 예술의 가상은 부정적 초월이다. 이를 달리 표현하자면 예술에서의 화해는 여전히 유예된 것으로서 현재한다.

따라서 진리는 예술에서 제 입지를 확보하지만 이는 동일화의 맥락에서 그런 것이 아니다. 예술작품이 판단하지는 않지만 추론을 통해 진리를 표현한다. 여기에서 비개념적으로 전개되는 추론이 바로 그 표현이자 동시에 어느 면에서는 진리라는 수수께끼를 해명하는 일인데, 이는 언표이자 동시에 침묵이다. 이러한 긴장이 감지되는 그만큼 요소들 간의 일치성, 그리고 작품의 논리성이 더욱 더 전달되며 그만큼 침묵 속에서 더 많은 것이 언표된다. 그러나 진리 내용의 개진은 오직 철학의 과제일 수 있다. 따라서 철학과 예술은 서로 상대편을 제시해 보여준다. 현실의 현혹 연관과 관련해 볼 때 진리라 할 수 있는 것을 지시하는 일은 예술이 맡는 반면 이를 개진하는 일은 철학이 맡는다.

예술작품의 논리성이 동일화 사유의 논증적 논리와 어떻게 구분되는지, 그럼에도 어떻게 논증적 논리와 마찬가지로 개념적 작업을 유발하는 일이 가능한지에 대한 궁금증이 생긴다. 개념적으로 개진되지 않은 작품의 논리를 아도르노는 작품의 수수께끼적 성격이라 부른다. 그러니까 예술작품을 자연어로 곧장 번역할 수는 없을지라도 언어와 유사한 면이 있는데 이를 작품의 수수께끼적 성격이라 하는 것이다. 질료에 깃든 진술을 언어화하려는 작품의 충동이 감지될 때 이를 예술작품의 수수께끼적 성격이라 칭한다. 이것이 제 형태를 갖추고 형성되는 정도에 따라 형성물 내에 정체되어 있던 잠재력이 표현되고 구축됨으로써 수수께끼가 해명되고 형태가 자유를 확보할 수 있게 된다. 작품에서는 이러한 파악가능성 혹은 호소력이 종종 감지될 수 있다는 점이 설명되고 있다. 그러나 아도르노는 작품에서의 언표와 은폐함 간의 균형을 강조함으로써 작품의 수수께끼적 성격 본연의 관점을 강조하고자 했다. 언표와 은폐함은 작품을 통해 "세계와 대지의 투쟁", 즉 탈은폐와 은폐함의 동시성이 생겨난다는 하이데거의 예술작품관이 반영되어 있다는 점이 일깨워진다.

예술작품의 수수께끼적 성격은 필경 하나의 수수께끼가 일단 그 자체로 이해되어야 해명이 가능하다는 생각이 들게끔 한다. 그러나 아도르노는 이런 이해와 해명에 반대하는 자신의 입장을 다음과 같은 예술관을 통해 견지하였다.

예술작품을 더 잘 이해할수록 어떠한 차원에 입각해 그 수수께끼가 더욱 더 풀리게 되겠지만 그만큼 작품 본연의 수수께끼는 더욱 더 해명되지 않는다.[22] 수수께끼를 해명하는 일은 이것의 해명 불가능성을 말하는 일과 다르지 않다. 이것이 예술작품이 관찰자를 직관하는 시선이다. 그 내용이 파악됨으로써 이해되어야 한다는 예술작품의 요구는 예술 특유의 경험에 달려 있지만 이 경험을 반성하는 이론을 통해서만 충족될 수 있다. 예술작품의 수수께끼적 성격이 지시하는 바는 오직 매개적으로만 사유될 수 있다.[23]

아도르노의 이런 언급은 무엇보다 가다머의 예술 개념, 즉 예술의 원리를 이루는 수수께끼적 성격 대신에 역사적으로 조건 지어진 이해의 과정을 정립하는 해석학적 개념에 대한 교정이나 비판으로 이해될 수 있다.

---

22 『미학 이론』, p.184.
23 『미학 이론』, p.185.

예술의 언어적 성격

아도르노는 예술작품의 수수께끼적 성격을 통해 작품의 언어적 구조를 가리켜 보여주는 것이라고 했는데, 이런 관점에서 보면 예술의 언어성이 『미학 이론』의 주요 동기가 된다. 예술의 언어성은 예술을 규정하는 거의 모든 본질적 범주들과 결부되어 있다. 예술의 언어적 성격은 무엇보다 예술의 형식 개념과 가장 밀접한 연관을 갖는다. 아도르노는 "형식은 개별자가 전체에 의해 언어화되도록 시도한다"[24]라고 말한다. 여기에서 자연언어의 유기적 성격이 중요하다. 언어의 단어가 살아 있는 언어체계 전체에 의해서만 의미를 획득하는 것처럼, 예술작품도 언어와 유사하게 형태나 형성물 전체가 작품의 요소를 담지함으로써 의미를 획득한다. 아도르노의 이해에 따르면 "미적 형식"은 "작품 내부에 현상하는 것을 일치상태에 이르도록 하는 객관적 조직"이다. 이를 아도르노는 "산재해 있는 것을 비폭력적으로 종합함"[25]이라 칭하기도 하는데 여기에는 사회비판은 물론 개념비판도 결부되어 있다. 그렇게 해서 예술은 지배하려 하지 않는 언어의 지위를 획득하면서도 다수성 및 특수성에 통일성을 이룩하는 형식이 효력을 발휘할 가능성을 부여한다. 그러나 다수성을 확보하는 통일성이 예술적 형식에 의해 이루어지는 경우조차도 이를 비변증법적으로, 일의적으로 이해해서는 안 된다. 아도르노는 다음과 같은 점을 강조한다. 즉 예술가가 형식을 부여하는 노동 과정을 통해 "언제나 항상 취사선택한다. 거부 없이는 어떠한 형식도 없다. 이런 과정에서 지배적인 것이 예술작품

---

24 『미학 이론』, p.217.

25 『미학 이론』, p.215 이하.

내로 들어가 거기에서 연명한다."[26]

이러한 지배적 계기들이 — 예술제작에서조차 — 불가항력적임에도 불구하고 아도르노는 진정한 예술작품에서의 자연과 기술(예술) 간의 화해가 일종의 화해적 언어의 양태를 갖추고 나타날 것을 기대해 마지않는다.

강제 처분되면서도 동시에 화해되어 있는 인간 언어인 예술은 자연의 언어를 통해서는 인간에게 모호하게 남아 있는 것에 특별히 접근해가고자 한다. 화해를 주체와의 동일성으로 옮겨간다는 점에서 예술작품은 관념론 철학과 공통점을 갖는다. 이런 점에서 철학은 그 진리 면에서 예술을 전범으로 삼되 그 역은 성립하지 않는데, 특히 셸링 철학의 경우가 그렇다.[27]

예술작품에 주체의 의도가 일방적으로 정립되지 않도록 하되 여기에 언어적 성격이 부여될 수 있다. 오히려 예술작품은 자신의 형태가 일종의 자기표현이, 즉 장엄한 "피조물의 언어"가 되도록 한다. 이에 대해 아도르노는 다음과 같이 역설한다.

주체가 비개념적 언어인 예술을 형성함으로써 이 형태를 통해 피조물의 언어와 같은 것이 다시 현현하되 이런 현현이 역설적으로 전도되는 한에서 합리성의 지위를 점한다.[28]

---

26 『미학 이론』, p.217.
27 『미학 이론』, p.120.
28 『미학 이론』, p.121.

보편화된 사물화 경향은 자연 언어의 자리까지 잠식해 들어왔고 그럼으로써 예술에 대한 사물화되지 않은 지식에 도달하려면 예술작품이 일상 언어의 주요 계기들에 저항력을 갖추어야 한다. "예술의 참된 언어는 비언어적이다."[29]

예술의 언어적 성격에 대한 아도르노의 숙고는 예술을 통해 말하고자 하는 바가 무엇인가라는 질문으로 이어진다. 예술을 통해 말하는 주체는 작품의 저자나 수용자가 아니라 작품을 통해 자신을 표현하는 자이다. 즉 작품 자체가 언표의 주체이다.[30]

아도르노가 예술의 비개념성은 물론 이와 동시에 예술작품이 개념과 유사한 점을 지니고 있다는 견해를 견지한다는 점에서 헤겔과 공통점을 갖는다. 이들은 예술의 언어적 구조에 대한 자각이 증가해간다는 견해를 공유하였다. 헤겔은 예술의 변화를 통해 인간의 성찰이 발전했다고 본 반면, 아도르노는 지난 200여 년의 예술적 발전을 통해 예술 자체가 정신적으로 성숙했다고 보았다. 헤겔은 예술의 진리 기능이 결국 철학 및 학문적 산문으로 지양된다고 본 반면, 아도르노는 예술의 비논증적 언어가 개념적 언어에 의해 지양될 경우 예술의 진리 내용이 사라진다고 보았다. 예술의 진리 내용이 침묵하는 언어의 형성물과 결부되어 있어 결코 번역되거나 "지양"될 수 없다는 점을 예술의 언어적 성격이 가리켜 보여준다는 것이다. 지양의 관점에서 볼 때 예술작품은 무언가 철저히 이해되었다 해도 이것의 의미가 완전히 이해될 수는 없다. 헤겔은 언어를 근간으로

---

29 『미학 이론』, p.171.
30 『미학 이론』, p.249 이하 참조.

하는 예술이 증가한다는 점을 들어 예술이 개념을 통해 스스로 지양되는 경향을 갖는다는 결론을 도출한 반면, 아도르노는 언어의 의미론적 계기를 절대화한 헤겔의 견해에 반론을 제기한다. 즉 아도르노는 언어의 언표 불가능성 관념을 비동일자의 표현으로 정립하였다.

예술의 "언어"에 대한 아도르노의 언급이 단순한 은유가 아닌 까닭을 이해하는 데 관건이 되는 것은 언어의 또 다른 계기, 즉 비의미론적 계기를 확인하여 이것이 예술작품의 틀을 형성한다는 점을 자각하는 일이다.

아도르노가 구분한 언어의 양극 사이에는 다양한 대립적 단계들이 자리하고 있다. 하나의 극은 언어의 의미론적이고 동일적인, 사물화된 요소로 구성되어 있으며 이 요소가 절대화되면서 존재자를 지배하는 역할을 한다. 다른 하나의 극은 언어의 미메시적 표현의 요소이다. 의미론적 언어가 개념적 구성을 통해 작동한다면, 언어의 미메시스적 충동은 절대적 표현, 즉 언어 자체의 표현의 극단을 이룬다. 아도르노가 보기에 예술의 언어는 언어성을 이루는 이 양 극단, 다시 말해 표현과 구성, 이 사이에 놓인다. 보다 정확하고 엄밀한 틀을 갖춘 예술의 언어를 주제로 삼을 경우 이는 아도르노가 보기에 언표된 언어가 아니라 문자 언어이다.[31] 아도르노가 예술의 언어 가운데 부각하려 했던 몇 가지 표징들을 충족하는 데 있어서 문자가 말보다 더 분명하다. 특히 예술 언어의 침묵이 그러하며 더 나아가 직접 소통을 위한 것이 아니라 오히려 감추어지는 언어의 성격이 그러하다. 이내 사라지는 말과는 달리 이미지처럼 고정되어 있는 까닭에 문자는 특별히 다양한 해명 작업을 수행하며 기호들 간의 다층적 상호

---

31 『미학 이론』, p.189 참조.

작용을 허용한다. (여기에서 서구의 주체 편향성을 음성중심주의에 결부시켜 바라본 데리다를 떠올려 볼 수 있다). 아도르노는 "예술의 수수께끼적 이미지"[32]에 대해, 그리고 "물음표" 혹은 즉자존재의 이미지로서의 예술작품에 대해 말한다. 이 모든 용어들은 작품의 언어적 구조의 복합성 및 비논증성을 가리키고 있다. 그렇다고 이런 속성들이 예술작품의 논리성에 배치되는 것은 아니다. 예술작품의 논리성은 작품의 일관된 형성, 질료의 분절화, 요소들의 엄정한 연상 등에 의해 성립한다. 언어성, 즉 의미연관은 작품의 형식을 이루는 척도가 된다. 의미론적 언어 사용의 개념에 깃든 언어의 합리적 계기는 예술작품의 경우 형식을 통해 달성된다. 그러나 이때 형식의 합리성은 자신만의 가치를 주장할 수 없다. 여기에 작품의 미메시스적 충동이 맞서기 때문이다. 따라서 아도르노는 "예술의 수수께끼적 이미지"를 "미메시스와 합리성 간의 성위星位"라고 부른다.[33]

미메시스 ─────────

아도르노의 『미학 이론』에 나타난 근본 범주의 시작은 미메시스 사상이다. 여기에서 특기할 만한 점은 아도르노가 이 개념을 플라톤이나 아리스토텔레스의 인식론적·존재론적·미학적 평가로 대변되는 철학사적 전통으로부터 수용한 것은 아니라는 것이다. 오히려 아도르노는 미메시스에 대한 아주 새로운, 가령 정신분석 혹은 문화인류학 등을 통해 수행된 해석과 연결되어 있다. 아도르노의 경우 특히 프랑스 연구자 카유아를 통

---

32 『미학 이론』, p.192.
33 『미학 이론』, p.192.

해 친숙했던 — 문화인류학은 태고적 인류가 미메시스적 태도를 통해 자연에 동화됨으로써 자신의 지배권 밖에 있는 자연으로부터 무시로 엄습하는 공포를 완화하고자 했다는 전제에서 출발한다. 이미 인간 밖의 자연에서 이미 발견되는 의태Mimikry로 인해 미메시스적 태도는 친숙하다. 미메시스 관념은 호르크하이머와 아도르노의 공저『계몽의 변증법』에서 처음 정립된 용어이며 여기에서 정의된 의미가『미학 이론』에도 견지되고 있다.『계몽의 변증법』에서 표현된 미메시스는 다음과 같다.

> 주변 환경에 스스로를 활동적으로 관철하는 대신 그 안으로 스스로를 상실해 가는 생명체에 깊이 내재하는 경향성, 자연 안으로 다시 침잠하도록 스스로를 내던지는 성향을 뜻한다. 프로이드는 이를 죽음충동이라 했고, 카유아는 의태라 했다. 그런 류의 성벽은 현실적 노동형식을 우회할 수 없는 범죄에서부터 섬세한 예술작품에 이르기까지, 확고한 진보에 역행하는 것을 관통하고 있다.[34]

자연을 지배하도록 조종되는 과정에서 자신을 자연과 분리하여 주장하려는 주체의 태도와 미메시스를 구분 짓는 계기들이 이 인용을 통해 강조되고 있다. 미메시스적 태도는 예술제작 이외의 영역에서도 발견되며, 이 인용문에도 밝혔듯이 극단적으로는 타자 속에서 주체가 자기를 상실하기에 이른다. 이런 극단 속에서는 합리성의 태도가 더 이상 나올 수 없으며 타자와의 거리 두기가 전혀 불가능한 이런 태도에 대한 인식은 불가능하다. 반면에 예술에서의 미메시스는 그것이 비개념적이면서도 합리성과

---

34 『계몽의 변증법』, p.240 이하.

대립되지 않는 태도라고 아도르노는 생각했다. 아도르노는 여기에서 "주관적 산출물이 타자와, 즉 자신의 정립물이 아닌 타자와 비개념적인 유사성"[35]에 도달했다고 말한다. 미메시스적 태도를 취하는 주체는 자신의 정립을 통해서는 언표되지도 정립되지도 않는 것과 유사해진다. 이로써 명백해지는 것은, 결코 없는 (혹은 아직 없는), 그 어떤 개념적 확증을 통해 추출되지 않았기 때문에 예술로는 아직 인식될 수도 없었던 그 무언가가 미메시스를 통해 예술과 동화된다는 점이다. 아도르노가 "비동일자"라는 관념으로 파악했던 것이 [미메시스를 통해 예술과 동화되는] 바로 그것이다. 예술가의 미메시스가 이런 비동일자를 목표로 삼기 때문에, 이 미메시스를 일부 예술론이 예술가의 목적이라고 주장하는 이른바 대상의 모방과 같은 것이 될 수 없다. 그러니까 미메시스는 무언가의 반영과 같은 것이 아니요 기계적 인과성과도 무관하며, 대상 세계의 유기체에 정확히 합치시키지 않으면서 무언가를 현상케 하는 자발성과 생산성을 떠올린다. 아도르노는 예술가의 미메시스에 대한 이러한 파악을 통해 루카치 혹은 사회주의적 리얼리즘 반영이론에 대해 신랄한 비판을 표명하였다. 예술을 자연의 모방으로 보는 전통적 표상이 한낱 "예술의 사이비자연화"[36]에 불과하다는 것이다. 여기에서 자연과 예술이라는 양극 사이의 참된 매개는 생각할 수 없는 것이다. 자연과 예술의 변증법에 대해 아도르노는 다음과

---

35 『미학 이론』, p.86 이하. 프뤼히틀은 아도르노의 미메시스 개념에 대한 자신의 책에서 아도르노에게 유사성의 원리는 "인식이론"에 등장한 "마술 혹은 형이상학의 유산"이라는 점을 지적하고 있다(Josef Früchtl: *Mimesis — Konstellation eines Zentralbegriffs bei Adorno*, Würzburg 1986, p.241).

36 『미학 이론』, p.120.

같이 말한다.

> 예술작품이 더욱 엄정하게 약동하는 자연을, 그리고 이 자연에 대한 모사를 단념할수록, 성공한 예술작품은 더욱 더 자연에 접근해간다. 미학적 객관화, 즉 즉자적 자연존재의 반영은 주관의 목적론적 통일성의 계기를 온전하게 관철한다. 작품들은 이를 통해서 자연과 유사해진다. 반면 특칭적 유사성들은 모두 우연지사가 되어 대부분 예술 외적인 것이 되며 사물화된다.[37]

여기에서 아도르노에 반대하는 이들이 수용하지 않았던 원시 단계가 나타난다. "자연의 모방"은 예술철학을 진지하게 받아들인다면 자연을 그저 흉내 내는 것이거나 자연 산물을 모사하는 것이 아니라, 자연의 진행과정 — 그러니까 능산적 자연의 모방, 결국 아도르노에 따르면 대상화되지 않은 자연의 모방으로 이해된다.

예술가의 미메시스는 논리학에서 말하는 비동일자를 목표로 삼는데 이는 존재론에 따르면 아직 유예된 사회 상태 혹은 구제되고 해방된 자연으로 이해될 수 있다. 아도르노가 보기에 여기가 자연미의 위상을 나타내는 국면이기도 하다. 칸트와 유사하게 아도르노는 — 그 자체로 예술가의 생산에 전범이 되는 — 아름다운 자연이란 외부의 목적에 종속되지 않는 자연을 뜻한다. (칸트도 예술작품은 자연과 마찬가지로 개념적으로 규정되는 목적이 아니기 때문에 내적인 목적에 맞게 현상하지 않을 수 없다고 말한 바 있다.) 그러나 아도르노의 자연 및 예술관에 깃든 난점은 예술의 미메시스가 개념적 규정 없

---

37 『미학 이론』, p.120.

이는 우리에게 그 어떤 식으로도 결코 존재하지 않는 자연을 전범으로 취한다는 데에 있다. 이에 대해 아도르노는 다음과 같이 말한다.

> 예술이 이미지imago로 삼을 바로 그러한 자연은 전혀 없다. 예술에서 참된 것은 비존재자이기 때문이다. 예술에서는 동일성을 정립하는 이성에 의해 질료로 전락한, 자연이라는 말로 불리는 타자가 관건이 된다. 이런 타자는 단일한 개념이 아니라 다수로 이루어져 있다. 그래서 예술의 진리 내용은 예술작품의 추상적 상위 개념이 아니라 이런 다수를 표현한다.[38]

자연을 단지 질료로 폄하하는 규정에 대한 아도르노의 비판은 자연을 "정신의 타자"로 규정한 헤겔을 겨냥한다. 그러나 이러한 헤겔의 파악에는 정신 자체가 타자, 즉 정신에 철두철미 상응하지 않을 수 없는 그런 자연과의 대응 속에서만 생성되는 무언가라고 보는 견해가 잠재되어 있다. 인용된 구절에서 예술이 — 단일한 개념과 구분되는 — 다수를 주제화할 때 진면목이 드러난다고 했는데, 이러한 진리를 부여하려는 목표는 "비동일자의 구제"로 환언될 수 있다. 이런 예술적 미메시스의 기획을 합리성으로부터의 도피로 보는 견해는 완전한 오류일 것이다. 이미 바움가르텐에 의해 미학이 독립 분과로 등장한 이래 이런 견해를 강조하려는 일을 방지하면서 감각적 인식에도 합리성을 정초하기 위한 수단을 발견해 왔음에 틀림없다. 바움가르텐도 저러한 다수가 예술의 진리 내용을 의미한다는 점을 역설한 바 있다. 그가 보기에 징표들의 충만함이 예술제작을

---

38 『미학 이론』, p.198.

위한 "외연적 명석함"을 보장하는 반면, 개념적 작업은 표상된 것에 대한 내포적 명석함 혹은 통일성에 이를 뿐 자연의 현실적 다채로움을 도외시함에 따라 이를 상실한다. 바움가르텐의 기술에 따르면 필연성에 따르는 것이지만 결함이 있는 추상적 작업을 수행하는 개념적 인식을 보완하는 것이 감각적 인식이다. 아도르노도 예술이 그러한 보완 기능을 받아들인다고 보았는데, 『미학 이론』에 다음과 같이 적고 있다.

> 예술은 주체와 객체의 비형상적 관계에 대해 개념적 인식이 헛되이 기대하는 일, 즉 주관적 수행을 통해 객관적인 것을 드러내는 일을 분열된 상태로나마 완수하기 때문에 개념적 인식을 교정한다.[39]

개념적 인식에 대한 이런 교정을 예술이 성취할 수 있는 까닭은 예술이 개념과 가깝고 유사하기 때문이다. 이런 연관하에서 바움가르텐은 미와 예술 특유의 인식형식, 즉 인간의 감성 가운데 이성과 유비적인 "유사 이성"을 언급한 바 있는데, 이로써 감성적 인식에 대한 논의가 정당화될 수 있게 된다. 아도르노가 보기에 예술이 갖는 개념적 유사성은 이 예술이 개념 본연의 의도를 수용함으로써 성립하는데, 다만 이 의도를 다른 수단과 절차를 통해 실현하고자 하는 것이다. 인식 추구의 본래적 의도는 사물의 즉자존재의 해명이다. 아도르노는 비판철학기 이전의 칸트가 지닌 소박함에 매몰되지 않으면서 이런 해명을 주장해야 한다고 역설했다. 그런데 개념의 구성작업 혹은 — 부정적으로 표현하면 — 주체의 지배요구

---

39 『미학 이론』, p.173.

는 사물이 자신의 즉자존재를 스스로 가리켜 보여주지 못하게 만든다. 개념이 허용하는 것 그 이상을 해명할 수는 없게 되는 것이다. 반면 비개념적인 미메시스는 다수를 개념적 통일성 아래 포섭하지 않으며 그럼으로써 이 다수가 스스로 전개되도록 한다. 예술가의 미메시스를 통해 형성된 것의 요소들이 강압적이지 않고 자유가 보장된 통일성 아래 집결되는 까닭에 인식의 사물화된 형식에 대한 대응모델이 된다. 이런 과정이 가능하려면 미메시스와 합리성이 추상적 반정립 상태에 머물지 않고 상호 매개되어야만 한다. 아도르노는 새로운 구조가 발견될 때마다 그 속에 미메시스와 합리성이 상호 매개되어 있다는 것을 보여주고자 했다. 가령 그는 "예술에서 미메시스는 정신 이전의 것으로서 정신과 대당관계에 있으면서도 이와 동시에 정신이 그 속에서 불타오른다"[40]라고 말한다. 여기에서 정신은 미메시스를 통해 추구되는 것과 마찬가지로 자신의 객체와의 본연적 합일을 의욕한다는 점이 강조되어 있다. 따라서 정신은 미메시스적 충동에 의해 고무된다. 다만 정신의 규정성이 지닌 확실함 때문에 개념이라는 수단을 장착하고 있는데 이로 인해 정신은 자신의 객체로부터 소외된다. 그러나 예술가의 미메시스가 그저 단순히 진리에 몰두할 수 있는 것은 아니다. 아도르노는 미메시스를 통해 직접성에 도달했다고 착각하는 모든 견해를 혐오한다. 따라서 그는 예술이 우선 개념과 대립되는 직관과 연관을 갖는다는 견해에 대해서도 민감하게 대응하고 비판한다.[41]

아도르노가 예술 가운데 비논증적인, 즉 "개념도 판단도 없는 추론절

---

40 『미학 이론』, p.180.

41 『미학 이론』, p.151 참조.

차"[42]라고 불렀던 미메시스적 합리성의 구조는 미학적 의미를 실현하는 사안들과 직접적 연관을 갖는다. 이 구조는 순간적으로 엄습하면서 지각하는 이를 강타한다. 아도르노는 이런 지각 양태가 예술작품 자체의 속성이라고 생각했다. 특정 방식에 따른 감성이 의미를 창출하는 저런 미적 경험은 "모든 예술작품은 한 순간이다"[43]라는 진술로 집약된다.

---

42 『미학 이론』, p.205.

43 『미학 이론』, p.17.

역자 주

1) 동일성identity이 확보되지 못한 것을 뜻하는 비동일자는 정체가 분명하게 드러나지 않는 것을 뜻하기도 한다. 미학적 사유의 특유성이 궁극적으로 사물의 질적 차별성과의 연관에서 나온다는 점을 염두에 둘 때 아도르노의 '비동일자'는 미학적으로 의미심장한 개념이다.

2) 5장에서 저자는 "그[헤겔]와 칸트가 거시 미학große Ästhetik을 써내려갈 수 있었던 마지막 이들이었다"라는 아도르노의 비판을 소개하면서, "거시 미학"이 미학 고유의 단초 없이 "전체 체계가 구성되면서 그것의 필연적 특징이 발견"되는 방식을 갖추고 있다고 말한 바 있다. 여기에서 저자는 große Kunst라는 아도르노의 표현이 "예술의 진리요구"에 매달려 있다는 점을 비판적으로 분석한다. 아도르노에게 예술은 자율적인 것으로 이해되면서 어떤 식으로든 "사회적 현실"에 대한 진리 내용을 다룬다는 점을 함축하고 있기 때문에 "예술의 진리 능력"을 결코 부정하지는 않는다. 이런 맥락에서 이 표현도 "거시 미학"의 경우처럼 "거시 예술"로 번역한다.

역자후기

이 책은 독일 프랑크푸르트 대학 철학과 교수를 역임한 브리기테 셰어 교수의 『Einführung in die philosophische Ästhetik』을 번역한 것이다. 이 책에서 저자는 서구 지성사의 주요 사상가들이 '미'와 '예술'에 대해 논의한 내용의 요체를 집약하면서도 이들의 미학이 단지 미와 예술론에 국한되지 않고 좀 더 폭넓은 조망을 보여주고 있다는 점을 강조한다.

저자가 밝히고 있듯이 18세기에 철학의 분과학으로서 정초된 미학은 감성적 지각에 대한 철학적 논의에서 출발하였다. 인간의 인식 문제에서 항상 동반되는 감성과 지성은 근원적으로는 인간의 정신 자체이면서도 그 정신을 설명해 주는 근본적 계기들이다. 감성 고유의 인지적 능력이 확보됨에 따라 합리주의의 지배력에 균열이 생겨나는 과정에서 감성에 대한 학적 논의가 갖는 이른바 인식비판적 잠재력을 확인케 한다. 저자는 바로 이러한 잠재력이 미학을 철학의 근본 분과로 만들어주는 근거라고 생각한다. 최근 우리가 목도하고 있는 미학의 경향들이 이른바 고전적 미학의 전통과 대척점을 이루고 있다는 것은 분명한 사실이지만, 바움가르텐에서 아도르노에 이르는 미학적 사유에서 우리 시대의 미학적 과제의 해결을 위한 단서가 발견될 가능성 또한 배제할 수 없다. 저자의 말에 따르면 "포스트모던의 동기들 가운데 다수가 전통 미학의 구성요소에 포함"되어 있는 것이다. 단순화의 오류를 무릅쓰고 이를 달리 표현해보면 현대의 미학은 고전 미학의 데칼코마니이다. 고전적 미학의 틀에서 생각해낼 수 있는 여러 계기들에 대한 정확한 대척점이 현대 미학의 입지점이라 할 때 현대 미학의 문제틀은 고전 미학의 문제틀에 대한 정확한 이해 없이는 그 전모가 파악되기 어렵다. 이 책이 20세기 후반 이후의 미학적 성과들을 담아내지 않았다는 아쉬움은 없지 않지만 오히려 고전 미학에 대한 깊은 성찰을 통해 현대 미학의 위상을 재정립할 수 있을 것이라는 기대가 저 아쉬움을 상쇄할 수 있을 듯하다. 미학의 태동 과정 자체에 이미 상이한 두 요소, 즉 감성과 지성 간의 긴장이 내재되어 있고 이러한 긴장 관계는 미학적 사유에 역동성을 부여하는 원동력이 된다. 포스트모던을 위시한 동시대의 미학적 사유가 갖는 의의 역시 이러한 탈경계적·인식비판적 잠재력에서 모색될 필요가 있지 않을까? 바로 이러한 문제의식이 내가 이 책을 통해 얻은 소기의 성과이다.

나는 셰어의 책 가운데 일부를 번역해서 미학을 전공하는 학생들에게 읽힌 바 있다. 수강생들이 다소 어려워하긴 했지만 나름대로 성과가 있었다고 판단된다. 미학 관련 학문을 전공하는 학생을 대상으로 할 때 이 책이 나름대로 활용도가 있을 것이라는 생각이 들었고 이 책을 출간해야겠다는 용기를 갖게 되었다.

사실 이 책과 나의 인연은 꽤 오래되었다. 이 책을 처음 접하게 된 것은 내가 미학과 학생이던 시절, 지금은 성신여자대학교에 재직 중이신 임성훈 선생님의 대학원 수업 때이다. 임 선생님의 지도로 이 책의 4장에 해당하는 칸트 부분을 한 줄 한 줄 읽어나갔을 때 줄곧 나의 뇌리를 떠나지 않았던 "인식 일반"이라는 알쏭달쏭한 개념이 이 책에 대한 첫 기억이다. 이후 독일 유학 중에 이 책을 본격적으로 읽어보게 되었고, 이 책을 매개로 학생들과 미학에 대해 심도 있는 논의를 해보고 싶은 욕심이 생겼다. 이 책의 저자인 셰어 교수와의 인연은 따져 보면 이보다 더 오래되었다. 내게 가르침을 주셨던 김문환 선생님과 민형원 선생님의 박사과정 지도 교수가 바로 셰어 교수였다. 나는 알게 모르게 두 은사님들을 통해 셰어 교수에게 배워왔던 셈이다. 2008년 5월, 독일 프라이부르크의 한 학회에서 셰어 교수의 강연을 들은 적이 있다. 쇼펜하우어의 비극성에 대한 발표였는데 청중의 질문에 진지하면서도 상냥하게 답변을 하던 그분의 표정이 아직도 생생하다. 그 강연을 들은 직후부터 이 책을 본격적으로 읽기 시작했다.

사실 이 책의 번역 작업은 그저 막연하게 수업의 참고 자료로 사용할 수 있으면 족하다는 생각에서 시작되었다. 이런 책들의 필요성을 절감하고 적극 지지해주신 미술문화 출판사의 지미정 사장님과 정성껏 책을 만들어주신 문혜영 님, 훌륭한 디자인으로 책의 품위를 높여주신 한윤아 님께도 감사드린다. 또한 미술문화와 인연이 닿도록 해주신 서울대학교 임홍배 교수님께도 감사의 말씀을 전하고 싶다.

이 번역서는 오롯이 나 혼자만의 성과물은 아니다. 번역 내용을 검토해주신 권혁성, 서영화, 정진범 박사님께 감사드리며 서울대학교 미학과의 홍혜선, 오윤정, 손민주, 최슬아 님께도 감사드린다. 촉박한 기일 내에, 완성도가 부족한 초벌 번역을 꼼꼼하게 읽고 오류를 바로잡아 대안까지 제시해주신 이분들의 수고는 결코 잊을 수 없다. 그럼에도 곳곳에 숨어 있을 크고 작은 오류들은 전적으로 나 자신의 과문함 탓이다. 앞서 언급한 바와 같이 수업시간에 초벌 번역을 읽어준, 그리고 이를 요약·발제했던 수강생들, 번역을 다듬는 과정에서 직·간접적으로 도움을 준 독일미학 분과 소속 구성원들께도 감사의 마음을 전한다. 유학생활부터 지금까지 내 푸념을 다 받아준 서영석에게는 특별한 감사의 뜻을 전한다. 이 책의 출간 작업을 본격적으로 시작하는 과정에서 그와의 대화는 정말로 큰 힘이 되었다.

감사의 뜻을 표해야 할 이들이 아직 더 남았다. 크로체 미학 번역팀의 이해완, 권혁성 선생님과는 거의 매주 한 번씩 만나 각자 맡은 번역물을 읽고 교정하는 작업을 해오고 있다. 이분들과 함께 했던 경험은 나에게 정말 특별하고 값진 것이었다. 번역을 하면서 엄밀해야 할 경우와 유연해야 할 경우가 언제인지를 바로 이분들을 통해 배우게 되었다. 나를 미학이라는 망망대해로 처음 인도해주신 오병남 선생님, 칸트와 헤겔이라는 두 섬에 정박하여 본격적인 항해를 떠날 용기를 주신 이창환 선생님께도 감사의 마음을 전한다. 인문학자로서, 또한 교육자로서 내가 걸어가는 길을 묵묵히 지켜보고 후원해 주는 가족에게 전할 감사함은 이루 다 말할 수 없다. 학문에 매달리는 시간만큼 결핍을 감수해야 했던 아들 군열에게도 이 자리를 빌려 미안함과 고마움을 전하고 싶다. 마지막으로 각자의 인생에서 절반 이상을 함께 한, 이후에도 함께 할, 동학이자 동지인 아내 조성희 박사에게 깊은 신뢰와 사랑을 담아 감사의 마음을 전한다.

2016년 8월
박정훈

참고문헌

Adorno, Theodor Wiesengrund, *Ästhetische Theorie*(미학 이론), in: ders., *Gesammelte Schrift*, Bd. 7, hrsg. v. G. Adorno u. R. Tiedemann, Frankfurt am Main, 1970.

Alberti, Leon Battista, *Zehn Bücher über die Baukunst*(건축 10서), übers. und eingel. v. Max Theuer, 1912, Repr. Nachdr. Darmstadt, 1988.

Assunto, Rosario, *Die Theorie des Schönen im Mittelalter*(중세의 미론), Köln, 1963.

Augustinus, *Confessiones*(고백), eingel., 1963, übers. und erl. v. Joseph Bernhart, München, ²1960.

Baeumler, Alfred, *Das Irrationalitätsproblem in der Ästhetik und Logik des 18. Jahrhunderts bis zur Kritik der Urteilskraft*(미학과 논리학에서 비합리성의 문제. 18세기부터 판단력 비판까지), ¹1923, Repr. Nachdr., Darmstadt, 1967.

Baumgarten, Alexander Gottlieb, *Meditationes philosophicae de nonnullis ad poema pertinentibus*(Halle 1735), *Philosophische Betrachtungen über einige Bedingungen des Gedichtes*(시의 몇 가지 요건에 대한 철학적 성찰), übers. u. mit Einl. hrsg. v. Heinz Paetzold, lat-dt., Hamburg, 1983.

Baumgarten, Alexander Gottlieb, *Texte zur Grundlegung der Ästhetik*(미학 발췌본), übers. u. hrsg. v. H. Rudolf Schweizer, Hamburg, 1983.

Böhme, Gernot, *Für eine ökologische Naturästhetik*(환경론적 자연미학), Frankfurt am Main, 1989.

Eco, Umberto, *Kunst und Schönheit im Mittelalter*(중세의 미와 예술), München/Wien, 1991.

Fiedler, Konrad, *Schriften zur Kunst*(예술론), 2 Bde., hrsg. v. Gottfried Boehm, München, ²1991.

Franke, Ursala, *Kunst als Erkenntnis. Die Rolle der Sinnlichkeit in der Ästhetik des Alexander Gottlieb Baumgarten*(인식으로서의 미학. 알렉산더 고틀리프 바움가르텐 미학에서 감성의 역할), Wiesbaden, 1972.

Früchtl, Josef, *Mimesis — Konstellation eines Zentralbegriffs bei Adorno*(미메시스 - 아도르노 핵심개념의 성좌), Würzburg, 1986.

Früchtl, Josef, *Ästhetische Erfahrung und moralisches Urteil. Eine Rehabilitierung*(미적 경험과 도덕적 판단. 재고찰), Frankfurt am Main, 1996.

Gadamer, Hans Georg, *Wahrheit und Methode*(진리와 방법), in: ders.: *Gesammelte Werke*, Bd. 1, Tübingen, ⁶1990.

Gethmann-Siefert, Annemarie, *Die Funktion der Kunst in der Geschichte. Überlegungen zu Hegels Ästhetik*(Hegel-Studien. Beiheft 25)(예술의 역사적 기능. 헤겔 미학 고찰), Bonn, 1984.

Gethmann-Siefert, Annemarie, *Einführung in die Ästhetik*(UTB 1875)(미학 입문), München, 1995.

Grassi, Ernesto, *Die Theorie des Shönen in der Antike*(고대의 미론), Köln,²1980.

Hauser, Arnold, *Sozialgeschichte der Kunst und Literatur*(문학과 예술의 사회사), München, 1975.

Hegel, Georg Wilhelm Friedrich, *Phänomenologie des Geistes*, hrsg. von J. Hoffmeister(Philos. Bibliothek 114)(정신현상학), Hamburg, 1952.

Hegel, Georg Wilhelm Friedrich, *Ästhetik*(미학), hrsg. v. J. Friedr. Bassenge, Berlin, 1955.

Hegel, Georg Wilhelm Friedrich, *Enzyklopädie der philosophischen Wissenschaften im Grundrisse von 1830*(1830년판 철학적 학을 위한 백과사전), hrsg. v. F. Nicolin u. O. Pöggeler, Hamburg, ⁶1959.

Heidegger, Martin, *Sein und Zeit*(존재와 시간), Tübingen, ¹¹1967.

Heidegger, Martin, *Der Ursprung de Kunstwerkes*(예술작품의 근원), Stuttgart, 1960.

Heidegger, Martin, *Kant und das Problem der Metaphysik*(칸트와 형이상학의 문제), Frankfurt am Main, ⁴1973.

Heidegger, Martin, *Vom Ursprung des Kunstwerkes. Erste Ausarbeitung*(예술작품의 근원에 관하여. 초판), in: *Heidegger Studies*, Bd. 5, 1989.

Jauß, Hans Robert(Hrsg.), *Die nicht mehr schönen Künste*(더 이상 아름답지 않은 예술들), München, ²1968.

Kant, Immanuel, *Kritik der reinen Vernunft*(순수 이성 비판), in: ders.: Werkausgabe in 12 Bdn., hrsg. v. W. Weischedel, Bd. 3, Frankfurt am Main,¹1781,1968.

Kant, Immanue, *Kritik der Urteilskraft*(판단력 비판), in: ders.: Werkausgabe in 12 Bdn, hrsg. v. W. Weischedel, Bd. 10, Frankfurt am Main, ¹1790, 1974.

Kutschera, Franz von, *Ästhetik*(미학), Berlin/New York, 1988.

Liebrucks, Bruno, *Sprache und Bewußtsein*(언어와 의식), Bd. 1-6, Frankfurt am Main, 1964ff.

Nußbaum, Martha, "'Finely Aware and Richly Responsible': Moral Attention and the Moral Task of Literature" (잘 인지하고 충분히 책임지기. 도덕적 주의, 그리고 문학의 도덕적 책무), in: *The Journal of Philosophy* 82, 1985.

Paetzold, Heinz, "Die beiden Paradigmen der Begründung philosophischer Ästhetik" (철학적 미학의 정초를 위한 두 가지 패러다임), in: *Perspektiven der Kunstphilosophie. Texte und Diskussionen*, hrsg. v. F. Koppe, Frankfurt am Main, 1991.

Perpeet, Wilhelm, *Ästhetik im Mittelalter*(중세 미학), Freiburg/München, 1977.

Perpeet, Wilhelm, *Äntike Ästhetik*(고대 미학), Freiburg/München,¹1961,²1988.

Pöggeler, Otto, *Die Frage nach der Kunst. Von Hegel zu Heidegger*(예술에 관한 물음. 헤겔에서 하이데거까지), Freiburg/München, 1984.

Pries, Christine(Hrsg.), "Einleitung", in: dies.(Hrsg.), *Das Erhabene. Zwischen Grenzerfahrung und Größenwahn*(숭고. 한계경험과 과대망상, 서론), Weinheim, 1989.

Recki, Birgit, "*Aura und Autonomie. Zur Subjektivität der Kunst bei Walter Benjamin und Theodor W. Adorno*" (아우라와 자율성. 벤야민과 아도르노에 있어 예술의 주관성에 대하여), Würzburg, 1988.

Scheer, Brigitte, "Ästhetik als Rationalitätskritik bei Arthur Schopenhauer" (아르투르 쇼펜하우어에서 합리성 비판으로서의 미학), in: *Schopenhauer-Jb.*, 1988.

Scheer, Brigitte, "Mittelsamkeit ohne Mitteilung. Zu einem weiteren Paradoxen der Kantischen Ästhetik" (전달 없는 전달 가능성. 칸트 미학에서의 또 하나의 역설), in:

Forum für Philosophie Bad Homburg (Hrsg.): *Ästhetische Reflexion und kommunikative Vernunft*, Bad Homburg, 1993.

Schiller, Friedrich, "Über die ästhetische Erziehung des Menschen in einer Reihe von Briefen"(인간의 미적 교육에 관한 서한), in: *über Kunst und Wirklichkeit, Schriften und Briefe zur Ästhetik*, hrsg. u. eingel. v. Claus Träger, Leipzig, 1975.

Schopenhauer, Arthur, *Die Welt als Wille und Vorstellung*(의지와 표상으로서의 세계), Bd. 1 und 2, hrsg. v. Arthur Hübscher, Wiesbaden, 1966.

Schopenhauer, Arthur, *Metaphysik des Schönen*(미의 형이상학), hrsg. v. u. eingel. v. Volker Spierling, München, 1985.

Schubert, Venanz, *Plotin. Einführung in sein Philosophieren*(플로티누스 철학 입문), Freiburg/München, 1973.

Schweizer, Hans Rudolf, *Ästhetik als Philosophie der sinnlichen Erkenntnis. Eine Interpretation der Aesthetica A. G. Baumgartens mit teilweiser Wiedergabe des lateinischen Textes und deutscher übersetzung*(감각적 인식의 철학으로서의 미학. A. G. 바움가르텐 미학 독해), Basel/Stuttgart, 1973.

Seel, Martin, *Die Kunst der Entzweiung. Zum Begriff der ästhetischen Rationalität*(분화의 예술. 미적 합리성 개념에 관하여), Frankfurt am Main, 1985.

Zimbrich, Ulrike, *Mimesis bei Platon*, Frankfurt am Main, 1984.

Zimmermann, Jörg, "Das Schöne", in: E. Martens, H. Schnädelbach(Hrsg.), *Philosophie. Ein Grundkurs*(철학의 기초. 미 항목), Hamburg, 1986.

사항색인

경건주의 Pietismus 80, 163

계몽주의 Aufklärung 11, 78

고전주의 klassizismus 60, 61, 138, 141, 150, 182, 186

과거성 Vergangenheitscharakter 191, 196

광채 Glanz 19, 27, 32, 53, 170

구성지식 Konstruktionswissen 48, 60

균제 Symmetrie 25, 27, 45

균형 Gleichmaß, Ebenmaß 25, 43, 44, 253

내용미학 Inhaltsästhetik 175

노에시스 Noesis 27

누스 nous 27, 167

능산적 자연 natura naturans 38, 262

다수성 속의 통일성 Einheit in der Vielheit 24, 67

다양성 속의 통일성 Einheit in der Mannigfaltigkeit 68, 69, 108

메타포 Metapher 13, 34, 45, 49, 139, 145, 151

메텍시스 Methexis 56, 173, 174

명석하고 판명〔한〕 clare et distincte 58, 63, 85, 86

모나드 Monade 66-73, 78, 82, 94, 95, 100

미적 경험 ästhetische Erfahrung 11, 15, 63, 70, 72, 124, 126, 145-149, 232, 237, 266

미적-논리적 ästhetikologisch 98

미학적 전회 aesthetic turn 13

보편수학 mathesis universalis 58

분위기 Atmosphäre 14

비동일자 das Nichtidentische 7, 98, 239, 242, 252, 258, 261, 262, 267

비례 Proportion 24, 41, 44, 49

사물과 지성의 일치 adaequatio rei et intellectus 56

상위 인식능력 gnoseologia superior 77, 83, 91, 143

선험적 종합 판단 synthetische Urteil a priori 104-106

성좌 Konstellation 242

소산적 자연 natura naturata 38

시는 회화와 같다 Ut pictura poesis

276

erit 85

신에 대한 관조 visio dei 50, 56

신인동형론 Anthropomorphismus 184, 212

신적 예술가 artifex divinus 52

아르스 ars 34-37, 45, 86

아이스테시스 aisthesis 12

알지 못하는 무언가 Je ne sais quoi 71

언어적 전회 linguistic turn 13

에로스 Eros 21-23, 26, 53

예술을 위한 예술 L'art pour l'art 248

예술종교 Kunstreligion 182

예지적 intellektuell 27, 53, 130, 148, 165

유명론 Nominalismus 39, 45

유비, 유비적 Analogie, analogisch 14, 22-26, 45, 50, 53, 56, 62, 72, 79, 83, 86, 91, 93, 109, 121, 142, 147-149, 152, 167, 173, 179, 203, 264

유출 Emanation 25, 26, 32

유희 Spiel 71, 115-119, 123-127, 135, 136, 145, 148, 163-165, 231

인문주의자 Humanist 40, 41

일자 das Eine 19, 24-32, 35, 108, 168, 216, 237

자연의 이상화 Idealisierung der Natur 53

자유 7과목 septem artes liberales 37, 54

장인 artifex 37

지배지식 Herrschaftswissen 59, 73

지성 Intellekt, Verstand 16, 22, 39, 56-60, 63-65, 72, 73, 76, 78, 84-87, 90-96, 100, 109, 112, 115, 117, 121-127, 135-138, 142-146, 151, 164, 192, 207, 268, 269

직관 Intuition, Anschauung 7, 27, 33-36, 41, 46, 48, 51, 54-60, 63, 70-74, 87, 89, 96, 105, 106, 109, 112, 114-117, 121-128, 138, 146-151, 166-180, 183-186, 189-210, 231, 233, 254, 266

질서 Ordnung 24, 25, 43, 58, 59, 68-71, 83, 87, 88, 94-97, 100, 108, 216

질풍노도 Sturm und Drang 138

집합공간 Aggregatraum 47

척도 Maß, Maßstab 23-27, 54-58, 61-63, 71, 103, 113, 124, 142, 144, 162, 167, 176, 194, 216, 259

초월론 철학 Transzendental philosophie 104, 107, 118, 153, 156, 160, 199

코페르니쿠스적 전회 Kopernikanische Wende 7, 105-107, 150

포스트모던 Postmoderne 9, 133, 269

하위 인식능력 gnoseologia inferior 77, 79, 83, 84, 90-93, 143, 144

현시미학 Darstellungsästhetik 170, 232

현현 Scheinen 20-23, 54, 168-170, 173, 183, 212, 233-235, 256

형성력 Formkraft, formende kraft 28, 52

환경미학 Ökologische Ästhetik 14

인명색인

가다머, 한스 게오르그 Hans Georg Gadamer (1900-2002) 110, 141, 254

갈릴레이, 갈릴레오 Galileo Galilei (1564-1642) 57

게트만-지페르트, 안네마리 Annemarie Gethmann-Siefert (1945-) 191

고트셰트, 요한 크리스토프 Johann Christoph Gottsched (1700-1766) 78, 138
『[독일 이전의] 비판적 시예술』 78

고흐, 빈센트 반 Vincent van Gogh (1853-1890) 232-234

괴테, 요한 볼프강 폰 Johann Wolfgang von Goethe (1749-1832) 173, 190

누스바움, 마사 Martha Nußbaum (1947-) 14

뉴먼, 바넷 Barnett Newman (1905-1970) 134

니체, 프리드리히 빌헬름 Friedrich Wilhelm Nietzsche (1844-1900) 90, 250

다 빈치, 레오나르도 Leonardo da Vinci (1452-1519) 45

데리다, 자크 Jacques Derrida (1930-2004) 259

데미우르고스 Demiourgos 23, 24

데카르트, 르네 René Descartes (1596-1650) 6, 48, 49, 56-66, 73, 76, 86, 87, 100
『규칙들』 57, 73, 100
『방법 서설』 57
『[제1철학에 대한] 성찰』 57, 60, 63, 86

라이프니츠, 고트프리트 빌헬름 폰 Gottfried Wilhelm von Leibniz (1646-1716) 6, 24, 55, 66-79, 82-88, 94-98, 102, 103
『모나드론』 66-69
『자연과 은총의 이성원리들』 66-70
『형이상학 논고』 70

레싱, 고트홀트 에프라임 Gotthold Ephraim Lessing (1729-1781) 138
『함부르크 연극론』 138

렉키, 비르기트 Birgit Recki (1954-) 246
『아우라와 자율성. 벤야민과 아도르노에 있어 예술의 주관성에 대하여』 246

롱기누스, 카시우스 Cassius Longinos

(217-273) 61, 126
『숭고론』 61, 126
루카치, 게오르크 Georg
　　Lukács(1885-1971) 225, 251, 261
　　『하이델베르크 예술철학』 225
리브룩스, 브루노 Bruno
　　Liebrucks(1911-1986) 5, 161
　　『언어와 의식』 5
리오타르, 장-프랑수아 Jean-François
　　Lyotard(1924-1998) 133, 134
림베르티누스 Rimbertinus 49
　　『천국에서의 감각적 환희에 관한
　　논고』 49
마이어, 게오르그 프리드리히
　　Georg Friedrich Meier
　　(1718-1777) 80, 81, 103
　　『모든 아름다운 예술 및 학문의 정
　　초 근거들』 80
　　『이성론 선집』 103
메르센, 마랭 Marin
　　Mersenne(1588-1648) 61
미란돌라, 조반니 피코 델라
　　Giovanni Pico della Mirandola
　　(1463-1494) 52
　　『인간의 존엄에 대해』 52
바사리, 조르조 Giorgio
　　Vasari(1511-1574) 39, 51
바움가르텐, 알렉산더 고틀리프
　　Alexander Gottlieb Baumgarten
　　(1714-1762) 6, 9, 11, 16, 62, 72-
　　103, 107, 108, 121, 139, 143, 146,
　　163, 176, 263, 264, 268

『미학』 77-91, 94-98, 103, 139, 143
『시의 몇 가지 요건에 대한 철학적
　성찰』 77, 81, 84-88
『형이상학』 77, 82, 83, 91, 94, 95,
　103, 143
바이어발테스, 베르너 Werner
　　Beierwaltes(1931-) 52
박산달, 마이클 Michael Baxandall
　　(1933-2008) 49
버크, 에드먼드 Edmund
　　Burke(1729-1797) 61, 103
　　『숭고와 미 관념들의 기원에 대한
　　철학적 논구』 103
벨쉬, 볼프강 Wolfgang Welsch
　　(1946-) 86
보트머, 요한 야코프 Johann Jakob
　　Bodmer(1698-1783) 92
보임러, 알프레드 Alfred
　　Baeumler(1887-1968) 84, 102,
　　140, 154
볼프, 크리스티안 Christian Wolff
　　(1679-1754) 76, 80-84, 92, 102,
　　103, 139
　　『경험적 심리학』 80
뵈메, 게르노트 Gernot Böhme
　　(1937-) 14
부르크하르트, 야코프 Jacob Burckhardt
　　(1818-1897) 40
부알로-데스프레오, 니콜라
　　Nicolas Boileau-Despréaux
　　(1636-1711) 61, 126

『시학』 61
『숭고론』 126
브라이팅거, 요한 야코프 Johann Jakob Breitinger(1745-1812) 92
브루넬레스키, 필리포 Filippo Brunelleschi (1377-1446) 40, 45
비트루비우스 Marcus Vitruvius Polio 40
『건축 10서』 40
빙켈만, 요한 요하임 Johann Joachim Winckelmann(1717-1768) 181
샤이블레, 하르무트 Harmut Scheible (1942-) 179
샤피로, 마이어 Meyer Schapiro(1904-1996) 234
성 빅토르 위고 Hugo von St. Victor 36
셰익스피어, 윌리엄 William Shakespeare (1564-1616) 138, 188
소크라테스 Sokrates (BC470-BC399) 18-21
쇼펜하우어, 아르투르 Arthur Schopenhauer (1778-1860) 7, 197-212, 237, 270
『의지와 표상으로서의 세계』 197-201, 205-209
『미의 형이상학』 202-204
실러, 프리드리히 Friedrich Schiller (1759-1805) 61, 163-165
아도르노, 테오도어 비젠그룬트 Theodor Wiesengrund Adorno (1903-1969) 7, 9, 73, 97, 98, 132, 150, 156, 157, 227, 233, 236, 240-268
『미학 이론』 156, 227, 240-250, 254-266
『본래성의 은어』 233
『계몽의 변증법』 248, 260
『부정 변증법』 249-252
아르키메데스 Archimedes (BC287?-BC212) 63
아리스토텔레스 Aristoteles (BC384-BC322) 23-27, 33-39, 42, 44, 56, 57, 76, 80, 143, 259
『형이상학』 23, 25, 33
『법률』 24
『시학』 24, 25, 39
『니코마코스 윤리학』 34
『자연학』 37
아우구스티누스, 아우렐리우스 Aurelius Augustinus (354-430) 29, 30
『고백록』 29, 30
『참된 종교』 29
아퀴나스, 토마스 Thomas Aquinas (1225?-1274) 30, 37, 38, 41
『신학대전』 37
알베르티, 레온 바티스타 Leon Battista Alberti (1404-1472) 40-44, 50, 51
『건축론』 40, 44
『회화론』 50
에리우게나, 요하네스 스코투스

Johannes Scotus Eriugena
(810?-877?) 31

에코, 움베르토 Umberto Eco
(1932-2016) 38

위 디오니시오스 Pseudo-Dionysius 31-33
『신명론』 31, 32

유클리드 Euclid(BC330-BC275) 58

제임스, 헨리 Henry James
(1843-1916) 14

젤, 마틴 Martin Seel(1954-) 13

조토 Giotto(1267?-1337) 39

짐머만, 외르크 Jörg Zimmermann 21

치마부에 Cimabue(1240?-1302?) 39

카유아, 로저 Roger Caillois
(1913-1978) 259, 260

칸트, 임마누엘 Immanuel Kant(1724-1804) 6, 42, 46, 48, 56, 61, 65, 73, 76, 87, 96, 100-153, 156-160, 163, 165, 170, 174, 199, 200, 203, 204, 210-212, 225, 237, 241, 245, 247, 252, 262-264, 267-271
『순수 이성 비판』 76, 105-107, 113, 122-124, 145, 210
『판단력 비판』 100-132, 135-153, 203
『미와 숭고의 감정에 대한 고찰』 104

케플러, 요하네스 Johannes Kepler
(1571-1630) 57

코페르니쿠스, 니콜라우스 Nicolaus Copernicus(1473-1543) 48, 57, 105-107, 150

쿠체라, 프란츠 폰 Franz Von Kutschera
(1932-) 12
『미학』 12

클레, 파울 Paul Klee(1879-1940) 38

타타르키비츠, 브와디스와프 Wladyslaw Tatarkiewicz(1886-1980) 43

파노프스키, 에르빈 Erwin Panofsky
(1892-1968) 45-47

파울, 장 Jean Paul(1763-1825) 207
『미학 입문』 207

포프, 알렉산더 Alexander Pope(1688-1744) 61
『비평론』 61

푀겔러, 오토 Otto Pöggeler(1928-) 215

프뤼히틀, 요제프 Josef Früchtl 123, 261

플라톤 Plato(BC427-BC347) 18-36, 42, 44, 50-56, 167, 168, 197-201, 207, 259
『대 히피아스』 18-21
『파이드로스』 19, 22, 23, 207
『향연』 21, 22, 26, 31, 51
『티마이오스』 23
『국가』 25, 35, 167

플로티노스 Plotinos(205?-270) 25-32, 52, 53
『아름다움에 관하여』 27
『에네아데』 27, 30

피들러, 콘라트 Konrad Fiedler

(1841-1895) 14

피치노, 마르실리오 Marsilio Ficino
(1433-1499) 44, 51-54
『사랑에 대하여』 51
『플라톤 신학』 51, 52

하이데거, 마르틴 Martin Heidegger
(1889-1976) 7, 134, 157, 172, 210, 214-236, 254
『예술작품의 근원』 157, 172, 214-217, 225-235
『칸트와 형이상학의 문제』 210
『숲길』 215
『예술과 공간』 215
『존재와 시간』 217-225, 232

허치슨, 프랜시스 Francis Hutcheson
(1694-1746) 14, 104
『미와 선 관념들의 기원에 대한 논구』 104

헤겔, 게오르크 빌헬름 프리드리히
Georg Wilhelm Friedrich Hegel
(1770-1831) 7, 20, 156-197, 212, 235, 237, 240, 243, 247-249, 252, 257, 258, 263, 271
『미학 강의』 156-158, 162, 163, 166-181, 185-196
『정신현상학』 159, 160, 168, 172, 182, 237
『논리학』 158, 166

헤르더, 요한 고트프리트
Johann Gottfried Herder
(1744-1803) 76, 77
『송가 단편』 76

호라티우스 Quintus Horatius Flaccus
(BC65-BC8) 61, 80, 85
『시학』 85

호르크하이머, 막스 Max Horkheimer
(1895-1973) 260

호토, 하인리히 구스타프 Heinrich Gustav Hotho(1802-1873) 157

횔덜린, 프리드리히 Friedrich Hölderlin
(1770-1843) 216

훔볼트, 빌헬름 폰
Wilhelm von Humboldt
(1767-1835) 149

흄, 데이비드 David Hume
(1711-1776) 104

히피아스 Hippias(BC460?-?) 18-21